María-Milagros Rivera Garretas

Orte und Worte von Frauen

Eine Spurensuche
im europäischen Mittelalter

Aus dem Spanischen von Barbara Hinger

Deutscher Taschenbuch Verlag

März 1997
Deutscher Taschenbuch Verlag GmbH & Co. KG,
München
© 1990 María-Milagros Rivera Garretas
© 1993 der deutschsprachigen Ausgabe: Wiener Frauenverlag
(ISBN 3-900399-77-8)
Umschlaggestaltung: Dieter Brumshagen
Umschlagbild: Ausschnitt aus der französischen Buchmalerei
›Die drei Tugenden inspirieren Christine de Pizan zur Niederschrift
der ‚Cité des Dames'‹ (© AKG, Berlin)
Gesetzt aus der Garamond 10/11˙ (Linotron 202)
Satz: IBV Satz- und Datentechnik, Berlin
Gedruckt auf säurefreiem, chlorfrei gebleichtem Papier
Druck und Bindung: C. H. Beck'sche Buchdruckerei, Nördlingen
Printed in Germany · ISBN 3-423-04714-3

»Die Frauen, gutmütig und ohne Falschheit, haben das göttliche Gebot der Langmut befolgt und gelassen die schweren Beschimpfungen erduldet, die ihnen in Rede und Schrift, völlig zu Unrecht, zugefügt wurden. Sie vertrauten dabei auf die göttliche Gerechtigkeit. Aber nun ist es höchste Zeit, ihre gerechte Sache den Händen Pharaos zu entreißen.« So spricht die allegorische Gestalt der Vernunft in Christine de Pizans Vision von der ›Stadt der Frauen‹, und wir dürfen wohl annehmen, daß dies die Stimme der Autorin ist. Hier sind bereits einige der Fragen aufgeworfen, die wir an Schriftstellerinnen des Mittelalters stellen können. Was wissen wir überhaupt von ihnen? Was waren ihre bevorzugten Themen? Welchen Ausdruck fanden ihre persönlichen Probleme und die Lebensverhältnisse ihrer Zeit in ihren Werken? Welche Formen des Schreibens haben sie gewählt? Wie konnten sie sich Raum dafür schaffen in Zeiten, in denen ihnen das Recht dazu grundsätzlich abgesprochen wurde? Rivera Garretas fragt nach spezifisch weiblichen Aussagen und Themen und nach der Bedeutung des Frauseins im historischen Kontext. Konkret bedeutet das die Thematisierung von Räumen weiblicher Lebenserfahrung (wie Mutterschaft, Kindstötung oder Ernährung) oder die Aneignung neuer Räume (wie der Reise, des Ruhms, des Gelächters oder der Macht), von denen Frauen bisher ausgeschlossen waren. Nicht umsonst kehrt da, wo die Frauen die Leser direkt ansprechen, mit schöner Regelmäßigkeit die Bitte um Nachsicht wieder, daß sie überhaupt schreiben, obwohl sie Frauen sind. Mit solchen Fragestellungen setzt sich die Verfasserin bei ihrer neuen Lektüre alter Texte auseinander und interpretiert diese vor dem Hintergrund neuester Ergebnisse der Frauenforschung.

María-Milagros Rivera Garretas, geboren 1947 in Bilbao, studierte Geschichte und Germanistik an der Universität von Barcelona und an der University of Chicago, wo sie den Master of Arts erwarb, und lehrt heute Geschichte des Mittelalters sowie feministische Geschichte in Barcelona. Sie leitet das dortige Zentrum für historische Frauenforschung (Centre d'Investigación Històrica de la Dona). Rivera Garretas veröffentlichte zahlreiche Arbeiten zur Sozialgeschichte Kastiliens und zum Leben und Werk von Frauen im Mittelalter.

Inhalt

Editoriale Notiz der Übersetzerin 7
Einleitung....................................... 9

    I. Die Angst vor dem Schreiben 15
   II. Das Erbe: Eine feindliche Tradition 27
  III. Egeria: Die Reise 35
  IV. Radegunde, Agnes und Baudonivia:
      Die Ernährung............................. 48
   V. Dhuoda: Die Mutterschaft 63
  VI. Hrotsvitha von Gandersheim: Das Lächeln,
      das Lachen und das Gelächter 79
 VII. Trotula: Der Frauenkörper 102
      Die Identität und das Geschlecht von Trotula in
      der Historiographie 103
      Der weibliche Körper im feudalen Europa 113
VIII. Marie de France: Die Kindstötung 130
  IX. Leonor López de Córdoba: Die Selbstdarstellung . 160
   X. Christine de Pizan: Die Utopie
      eines getrennten Raumes 182
      Die Lebensgeschichte von Christine de Pizan
      und der Bezug zu ihrem Schaffen 184
      La ›Cité des Dames‹ und die Gynäkotopien 193

Danksagungen 214
Schlußbetrachtungen 215
Literaturverzeichnis 218
Register 238

Für Laura Pletsch

Editoriale Notiz der Übersetzerin

Eines der größten Probleme beim Übertragen dieses Werkes aus dem Spanischen ins Deutsche war die Wiedergabe der Begriffe »género« und »sexo«, die, wie im Englischen oder Französischen, »soziokulturelles Geschlecht; Menschengeschlecht; grammatikalisches Geschlecht/Genus« bzw. »körperliches, biologisches Geschlecht/Sexus« bedeuten. Im Deutschen habe ich diese Bedeutung, wenn sie nicht ohnehin eindeutig ersichtlich war, durch Hinzufügen von Adjektiven wiedergegeben: kulturelles bzw. soziales Geschlecht für »género« und biologisches Geschlecht für »sexo«.

Der Begriff »diferencia sexual« wird als »sexuelle Differenz« übersetzt, da so der körperliche Bezug eher hergestellt wird als bei »Geschlechterdifferenz«. Und Irigaray, von der Rivera den Begriff übernimmt, geht in ihren Überlegungen vom Körper aus, was nicht bedeutet, daß sie einem Essentialismus das Wort redet, im Gegenteil. Sie sieht den Körper als materielle Grundlage weiblicher und männlicher Personen, als Teil des soziokulturellen Geschlechts, und plädiert somit für eine »Rückeroberung des Körpers«, die nichts mit der Aussage »Die Anatomie ist unser Schicksal« gemein hat.

Was die Übersetzung der Quellentexte betrifft, so habe ich mich in all jenen Fällen an schon vorhandene Übertragungen ins Deutsche gehalten, die mit der spanischen Fassung übereinstimmen. War dies nicht der Fall, so habe ich direkt aus dem Spanischen übersetzt.

Viele Personen haben mich in der einen oder anderen Weise bei dieser Übersetzung unterstützt. Ihnen möchte ich sehr herzlich danken: María-Milagros Rivera, Eva Feenstra, Bettina Müsch, Günther und Regina Nemecz, Gertrude Pauritsch, Maria Pega, Annemarie Schweighofer, Käthe Sonnleitner sowie Max Stelzer, und Verena Mairhofer vom Wiener Frauenverlag.

Einleitung

Dieses Buch stellt Texte vor, die Frauen im Abendland geschrieben haben, und interpretiert sie aus der Perspektive des zeitgenössischen feministischen Denkens.

Die Texte entstanden in jenem langen Zeitraum, der mit den Krisen am Ende des Römischen Reiches einsetzt und mit der Renaissance endet.[1] Meine Interpretationen betrachten die Texte von einem historischen Gesichtspunkt aus, und dies bedeutet, daß es sich um ausgesprochen zeitgenössische Standpunkte handelt (was, nebenbei bemerkt, auf alle historischen Interpretationen zutrifft). Mit diesen Analysen begebe ich mich auf die Suche nach Entwicklungslinien, nach Genealogien für soziale und mentalitätsbedingte Kontexte, die die Frauen in unserer Zeit (oder einige von ihnen) als eigene ansehen können.

Damit will ich aber keinem Anachronismus das Wort reden. Denn als Mediävistin klassischer Prägung und Ausbildung setze ich mich keinesfalls über die Zusammenhänge hinweg, die eine Kultur unerbittlich in ihre Zeit betten. Ich meine vielmehr, daß das abendländische feministische Denken in den letzten 25 Jahren Kategorien aufgestellt und Analysemodelle entworfen hat, die sich sehr gut auf Texte und auf die Geschichte von Frauen anwenden lassen, die in der Zeit vor der italienischen Renaissance lebten. Ich bin davon überzeugt, daß eine nichtanachronistische Frauengeschichte, eine dem Leben kampflustig gegenüberstehende Geschichte (wie dies schon Lucien Febvre vor vielen Jahren vorgeschlagen hat) nicht darauf verzichten kann, sich auf die zeitgenössische feministische Kritik zu stützen.[2] »Denn, einmal mehr« – wie Alice Jardine geschrieben hat –

---

[1] Nach Beendigung dieses Buches sind erschienen: Ferruccio Bertini (Hrsg.): *Medioevo al femminile*. Bari 1989 (deutsche Ausgabe: *Heloise und ihre Schwestern*. München 1991); sowie Sheila Fisher und Janet E. Halley: *Seeking the Woman in Late Medieval and Renaissance Writings. Essays in Feminist Contextual Criticism*. Knoxville/TN 1989. Sie konnten nicht mehr berücksichtigt werden.

[2] Ein Beispiel, das dies nicht berücksichtigt, ist: Edith Ennen: *Frauen im Mittelalter*. Stuttgart 1984. (Ich nenne dieses Buch, weil es dieses Denken offensichtlich, aber ohne sich mit ihm auseinanderzusetzen, disqualifiziert.)

ist der Feminismus für die Frauen notwendig: eine Gruppe menschlicher Wesen in der Geschichte, *deren Identität über die Darstellung der Sexualität in dieser Geschichte definiert wird.*[3]

Seit dem Erscheinen von Kate Milletts ›Sexual Politics‹[4] im Jahre 1969 ist eines der grundlegenden Konzepte des feministischen Denkens das der Geschlechterpolitik. Dieses Konzept liegt auch meinen Textanalysen zugrunde. Unter Geschlechterpolitik verstehe ich die Machtbeziehungen, die sich geschlechtsspezifisch zwischen Männern und Frauen entwickelt haben und weiterhin entwickeln. Diese Beziehungen sind denen, die offenbar der »Gesellschaftsvertrag« regelt (und die beispielsweise die Klassenunterschiede hervorbringen), vorgelagert. In den patriarchalen Gesellschaften wirken sich diese Machtbeziehungen von vornherein negativ auf die Frauen aus. Geschlecht und Politik sind somit aufs engste miteinander verknüpft.

Die durch die Geschlechterpolitik bestimmten Machtbeziehungen legen Formen der Unterdrückung von Frauen unter Bezugnahme auf deren Sexualität und Reproduktionsfähigkeit fest. Sie gehen den Formen der sozialen Produktionsbeziehungen, welche die Klassenzugehörigkeit der Menschen bestimmen, voran. Das bedeutet nicht, daß sie außerhalb des Sozialen stehen, sie stehen nur außerhalb des Sozialen, wie es traditionellerweise im Patriarchat verstanden wird.

Die geschlechtsbedingte Unterdrückung der Frauen nimmt je nach Kultur und Zeitalter sehr unterschiedliche Formen an. Ihre Komponenten verändern sich im Laufe der Zeit, und dies hängt von ihrer inneren Dynamik sowie den weltweiten sozialen Beziehungen ab. Insofern würde eine Revolution der Geschlechterbeziehungen aller Wahrscheinlichkeit nach die allgemeinen sozialen Beziehungen kurz- oder mittelfristig verändern, eine soziale Revolution würde hingegen die herrschenden Geschlechterbeziehungen nur vielleicht verändern.

Dennoch gibt es einige grundlegende Konstanten, die allen

---

[3] Alice A. Jardine: *Gynesis. Configurations of Woman and Modernity*. Ithaca – London 1985, S. 82 (Hervorhebungen von der Autorin).

[4] Spanische Übersetzung in Mexico, Aguilar, 1975. Deutsch: Kate Millett: *Sexus und Herrschaft. Die Tyrannei des Mannes in unserer Gesellschaft*. 3. Aufl. München 1980.

patriarchalen Gesellschaften gemeinsam sind. Eine dieser Konstanten ist die materielle und symbolische Auslöschung der mütterlichen Genealogie, eine Auslöschung, die Luce Irigaray mit dem Begriff des Muttermordes bezeichnet hat und die sie an den eigentlichen Ursprung unserer Gesellschaft stellt.[5]

Das systematische Auslöschen der mütterlichen Genealogie verweist auf die Feindseligkeit, die zwischen Frauen wahrgenommen werden kann. Gewöhnlich wird diese – indem die Schuld dem Opfer zugewiesen wird – als Ursache (auch wenn sie eigentlich die Folge ist) für die soziale Unterdrückung der Frauen und für ihre fast völlige Abwesenheit in dem, was traditionellerweise als Geschichte definiert wird, genannt. In Suzanne Blaises Worten:

> *Die Geschlechterpolitik ist unserer Meinung nach Politik des Muttermordes. Sicher kennen wir das zweiseitige Gesicht der patriarchalen Ideologie: Idealisierung und Mutterkult auf der einen Seite, Verachtung und Mord eines Lebewesens auf der anderen. Nun müssen wir aber wissen, daß sich der Mord als Ergebnis der männlichen Beherrschung in und über die Beziehung zwischen Frauen fortsetzt. Unsere Rivalitäten, unsere internen Kämpfe sind oft nicht mehr als Tünche. So ist die grundlegende Strategie der patriarchalen Macht die älteste, komplexeste und perverseste.*[6]

Das Auslöschen der mütterlichen Genealogie in den patriarchalen Gesellschaften (und die griechisch-römische, die jüdisch-christliche wie auch die germanische sind patriarchale Gesellschaften) hat sich auf die Frauengeschichtsschreibung äußerst negativ ausgewirkt.

Bedeutet dies nun, daß das Konzept der Geschlechterpolitik einen Zusammenhang zwischen dem weiblichen Geschlecht und dem Denken/den Texten von Frauen impliziert? Sicherlich nicht in einem biologistischen Sinn; nicht weil »die Anatomie Schick-

---

[5] Luce Irigaray: *El cuerpo a cuerpo con la madre*. Barcelona 1985. Deutsch: *Körper-an-Körper mit der Mutter*. In: Zur Geschlechterdifferenz. Wien 1987 (= Reihe Frauenforschung Bd. 5).

[6] Suzanne Blaise: *Le rapt des origines ou le meurtre de la mère. De la communication entre femmes.* O. O., o. J., S. 11.

sal ist«, wie Freud[7], in welcher Form auch immer, offensichtlich dachte; und schon gar nicht, weil ich annehmen würde, daß es eine organische Entsprechung zwischen dem Körper und dem Subjekt, das schreibt, gibt. Aber doch in einem kulturellen Sinn: Denn es besteht ein Zusammenhang zwischen dem weiblichen Geschlecht und dem, was wir Frauen machen und was wir über uns selbst denken, sei es nun, um das, was wir in einer geschlechtsspezifischen Sozialisation gelernt haben, zu befolgen oder abzulehnen. Das bedeutet, daß die Tatsache, dem weiblichen Geschlecht anzugehören, die historische Erfahrung von Frauen in abendländischen Gesellschaften geprägt hat und weiterhin prägt.

Die Interpretationen in diesem Buch sind daher weder dem Geschlecht derer gegenüber gleichgültig, die den Text geschrieben haben, noch dem Geschlecht der in diesen Texten vorkommenden Charaktere, ja nicht einmal dem Geschlecht der historischen Probleme, die diese Texte aufwerfen, und auch nicht meinem Geschlecht als Autorin der vorgeschlagenen Interpretationen. Mein Interesse gilt also der geschlechtlichen Differenzierung meiner Deutungen, wobei ich die Absicht verfolge, die Unterschiede zwischen der historischen Erfahrung von Frauen und der von Männern sichtbar zu machen. Denn meiner Ansicht nach ist im Abendland der geschlechtsspezifische Unterschied sozial bedingt. Er ist überall anwesend, und ihm kann nicht ausgewichen werden.

Ich bin mir dessen bewußt, daß ich durch das Einnehmen dieser Haltung mit schon etablierten Kritiken an traditionellerweise als unumstößlich angesehenen Wahrheiten – wie die »Autonomie des Autors«, »historische Erfahrung«, »Wirklichkeit« oder »Kausalität« – in Konflikt gerate, Kritiken, die im philosophischen Rahmen der Krise der Moderne formuliert wurden.[8] Die Krise der Rationalität hatte zwar sehr positive Auswirkungen

---

[7] Sigmund Freud: *El final del complejo de Edipo*. In: Obras completas, II, S. 503 (zit. in Luce Irigaray: *Speculum*. Übers. von B. Alberdi, Madrid 1978, S. 32). Deutsch: Sigmund Freud: *Der Untergang des Ödipuskomplexes*. In: Studienausgabe, Bd. V, Sexualleben. Frankfurt am Main 1982, S. 249. Eine erst vor kurzem erschienene Interpretation der weiblichen Sexualität bei Freud ist: Silvia Tubert: *La sexualidad femenina y su construcción imaginaria*. Madrid 1988.

[8] In der Zeitschrift Debats 14, Dezember 1985, findet sich eine gute Einführung ins Thema.

auf das feministische Denken. Dennoch bin ich wie Rosi Braidotti der Ansicht, daß die Dekonstruktion einer möglichen Autonomie von Frauen als Schöpferinnen von Texten, noch bevor sie überhaupt die Möglichkeit hatten, sich als vollständige Subjekte des Diskurses zu konstruieren, bedeutet, die Unsichtbarkeit zu betonen, zu der sie traditionellerweise in den abendländischen Kulturen verurteilt sind. (Und an dieser Feststellung wird heute kaum noch gezweifelt.)[9]

Die Analyse zu sexualisieren bedeutet nicht, die gesellschaftliche Gleichheit von Männern und Frauen zu verwerfen. Vielmehr das Gegenteil: Nur wenn institutionelle Gleichheit besteht (auch wenn sie bis jetzt noch nie völlig erreicht wurde), ist es möglich, nichtdiskrimierende Unterschiede zu etablieren. Um aber die Grenzen des Gesellschaftsvertrages zu überschreiten, ist die institutionelle Gleichheit als Ziel nicht ausreichend. Die Berücksichtigung geschlechtsspezifischer Unterschiede, deren Analyse und Aufhebung die Grenzen des Gesellschaftsvertrages überschreiten, bringt hingegen mit sich, daß der Geschlechtervertrag, der dem Gesellschaftsvertrag vorangeht und Unterschiede zwischen Männern und Frauen prägt, radikal in Frage gestellt wird.

Die Analyse zu sexualisieren bedeutet schließlich, eine neue Form von Subjektivität zu suchen, eine Form von Subjektivität, die von vornherein davon ausgeht, daß wir Frauen (aufgrund unseres Geschlechts, das sich über die sexuelle Differenz konstruiert) etwas zu sagen haben und in der Vergangenheit zu sagen hatten. Dies war zweifelsohne nie völlig unbeeinflußt von dem, was Männer über Frauen und über sich selbst zu sagen hatten; dennoch spiegelt es weder den männlichen Diskurs einfach wider noch ist es eine schlichte Entgegnung auf ihn.

Genau an diesem Punkt setzen meine Interpretationen der Texte von Frauen an. Die Frauen hatten in allen Texten über die Bedeutung ihres Frauseins im konkreten historischen Kontext etwas zu sagen.[10] Gerade deshalb hatten sie auch über das, was

---

[9] Rosi Braidotti: *Modelli di dissonanza. Donde e/in filosofia*. In: Patrizia Magli (Hrsg.): Le donne e i segni. Ancona 1988, S. 23–37, sowie dies.: *Patterns of Dissonance*. Übers. von Elisabeth Guild. Cambridge 1991.

[10] Zu diesem Thema siehe: Karen Offen: *Defining Feminism. A Comparative Historical Approach*. In: Signs 14, 1988, S. 119–157. Zur Geschichte der Frauen, verstanden als anthropologische Gruppe, die durch das Geschlecht definiert ist, siehe: Denise Riley: *Am I That Name? Feminism and the Category of »Women«*

das Weibliche ausmachte, etwas zu sagen. Und das, was sie zu sagen hatten, läßt sich leicht mit den sehr vielfältigen und interessanten Inhalten der heutigen feministischen Theorie verbinden.

Barcelona, 1989

in History. London 1988 sowie die kritische Rezension von Karen Offen: *The Use and Abuse of History*. In: The Women's Review of Books VI/7, April 1989, S. 15–16.

I. Die Angst vor dem Schreiben

Untersuchen wir die Theorien, die die Unterwerfung der Frauen aus nichtandrozentrischer Sicht historisch zu erklären versuchen, so scheinen sich die beiden anerkanntesten zu widersprechen. Haben sie einmal die heikle Frage des Beginns dieses Unterwerfungsprozesses hinter sich gelassen, so beschreiben beide sein Ergebnis auf sehr ähnliche Art und Weise. Eine der Theorien geht davon aus, daß sich die Menschheit immer patriarchal organisiert hat und daß eine Machtübernahme der Männer daher weder in geschichtlicher Zeit noch in vorgeschichtlicher Zeit stattgefunden hat, weil der Traum der Gynäkokratie nie Wirklichkeit geworden war. Die andere meint, daß in den Anfängen der menschlich-sozialen Beziehungen eine gynäkokratische Gesellschaft existierte und diese von der zahlenmäßigen, kulturellen, sozioökonomischen und politischen Vorherrschaft der Frauen bestimmt war. Diese Gynäkogesellschaft ist – örtlich und zeitlich jeweils unterschiedlich – vom Patriarchat gewaltsam verdrängt worden, das nun sowohl dem Weiblichen als auch der Homophilie nur untergeordnete oder marginale Räume zugesteht.[1] In diesen untergeordneten und/oder marginalen weiblichen Räumen haben die Worte von Frauen nur ein schwaches Gewicht und sind zusammenhanglos. Denn für die Konsolidierungsprozesse und die Aufrechterhaltung des Patriarchats ist es wichtig, daß die Frauen sich weder durch ihre Stimme noch durch ihr Denken eigene materielle und symbolische Räume systematisch aneignen oder diese definieren können.

Welche Theorie auch immer uns näher steht, gewiß ist, daß die europäischen Frauen in dem Zeitraum, den ich hier behandle, sehr weit davon entfernt waren, kulturell tonangebend zu sein oder ihre Vorstellungskraft auf den Mythos eines verlorenen weiblichen Paradieses zu lenken. Wie allgemein bekannt ist, haben die Frauen im Mittelalter viel weniger geschrieben als die

---

[1] Diese Hypothesen fasse ich im Buch: ›Las teorías en torno al origen y a las causas de la subordinación de las mujeres‹, das demnächst erscheinen wird, zusammen.

Männer (vor allem in der Zeit vor dem 12. Jahrhundert). Haben sie es dennoch getan, so scheint es, daß sie sich für ihren Mut entschuldigen und den Männern ihrer Umgebung so weit wie möglich gleichen mußten.

Beim Versuch, diese Anomalien zu erklären, beschränkte sich der androzentrische Beobachter meist darauf zu sagen, daß es nur deshalb wenige schriftliche Werke von Frauen gibt, weil die Schriftkultur im Mittelalter sehr lange ein Monopol des Klerus war und die Frauen bekanntlich keinen Zugang zum Priesteramt hatten, wenngleich es im Mittelalter viele Nonnen gab, zu manchen Zeiten vielleicht sogar mehr als Mönche. Als aber mit dem Entstehen der Universitäten und der Entwicklung des städtischen Lebens die Kultur allmählich von Laien beherrscht wurde, schrieben die Frauen auch nicht mehr als früher. An diesem Punkt angelangt, sagen wir gewöhnlich, daß es nach so langer Zeit der Abstinenz nicht leicht war, kulturelle Räume zurückzuerobern, die die Mehrheit der Frauen nicht einmal in weit zurückliegenden Zeiten als ihnen gehörende identifizieren konnte. Der androzentrische Beobachter würde nun vielleicht hinzufügen, daß ein kleinerer oder größerer Teil der Schriften von Frauen im Laufe der Zeit bei den Prozessen der Textüberlieferung und beim Abschreiben der Handschriften im Mittelalter verlorengegangen war, sei es aufgrund ihres Stils, ihres Inhalts oder einfach wegen der herrschenden Misogynie. Die Welt des *scriptorium* war aber den Nonnen im Mittelalter ganz und gar nicht fremd oder unbekannt.

Bei solchen Erklärungsversuchen sieht sich die gynäkozentrische Beobachterin vor eine ambivalente Situation gestellt. Natürlich geht es ihr nicht darum, zu beweisen, daß die Frauen genau so viel und genau so gut schrieben wie die Männer und dabei heroisch die ihnen durch häufige Schwangerschaft und Mutterschaft auferlegten oder durch ihre schwankende Kontrolle der Machtinstanzen zugewiesenen Schranken überwanden. Sie ist mehr daran interessiert zu verstehen, wie Frauen trotz dieser Hindernisse zum Schreiben gekommen sind und warum sie in ihren Werken die Elemente einer Tradition, die Glieder einer Genealogie, die als weiblich angesehen werden könnte, weder aufnehmen noch in die Zukunft projektieren wollten. Dabei vergißt sie natürlich nicht, daß die schreibenden Frauen eine Minderheit innerhalb der Elite waren und beim Schreiben ihrer Werke fast nie an ein weibliches Publikum dachten.[2]

Das Schreiben war für die Frauen im Mittelalter mit einer enormen Anstrengung verbunden. Daraus läßt sich ihr aufdringliches Bestehen auf ihrer Unwissenheit, ihrer Schwäche und ihrer geringen geistigen Kompetenz (das auf den ersten Blick hin etwas enttäuscht) erklären. Sogar Schriftstellerinnen, die schon zu Lebzeiten sehr berühmt waren, wie z. B. Hrotsvitha von Gandersheim, Hildegard von Bingen oder Christine de Pizan, erinnern uns des öfteren daran, daß ihr Frausein für sie als Schriftstellerin ein Problem war. Es gibt unzählige Beispiele dafür.

Eine sehr schöne Beschreibung davon stammt aus dem 8. Jahrhundert von der angelsächsischen Nonne Hugeburc, die Äbtissin im Kloster von Heidenheim in Deutschland war. Im Vorwort zur ›Vita Willibaldi‹ stellt sie einen ungewöhnlichen Zusammenhang zwischen ihrer Angst als Frau und ihrem Stolz als Schriftstellerin her:

> *Von all denen, die hier vom Heiligen Geist geführt leben, bin ich, unwürdig wie ich bin, aus dem angelsächsischen Geschlecht stammend, die letzte, die ankam, nicht nur wegen des Alters, auch wegen meines bisherigen Lebens. Trotzdem beschloß ich, die ich im Vergleich mit den anderen Christen eine schwache Kreatur bin, einige Anmerkungen in Form einer Einleitung zu machen, die sich auf den Beginn des Lebens des heiligen Willibald beziehen, und schreibe sie hier nieder, damit sie nicht vergessen werden. Trotz allem möchte gerade ich, die ich durch die zerbrechliche weibliche Einfachheit meines Geschlechts beeinflußbar bin und mich nicht auf das Vorrecht der Weisheit oder einer großen Kraft, die mich beseelt, stütze, wie ein unwissendes Wesen, das vom Scharfsinn des Herzens und von den vielen dichtbelaubten Bäumen voller Blüten einige Gedanken gewinnt, damit beginnen, ein paar dieser Gedanken zu sammeln und darzulegen, mit einer schwachen Kunst von den untersten Zweigen zusammengetragen, damit ihr sie in eurer Erinnerung bewahrt. Und jetzt sage ich mit erneuter Stimme und*

---

[2] Es wurden weniger Mädchen als Jungen im Lesen unterrichtet. Egeria ist hier eine Ausnahme (siehe weiter unten, Kapitel III).

wiederhole, ohne in das Erwachen meines eigenen Stolzes zu vertrauen, ohne meiner vermessenen Kühnheit zu vertrauen, daß ich nicht (oder vielleicht fast nicht) wage anzufangen.[3]

Im 9. Jahrhundert bezeichnete sich die adelige und gebildete Dhuoda, Gräfin von Septimanien, als »unwürdig und schwach wie der Schatten«, als ein Wesen, das die Hilfe Gottes dringend benötige. Dennoch war sie davon überzeugt, daß sie mit seiner Hilfe ein intelligentes und geeignetes Buch für ihren Sohn Wilhelm schreiben werde:

Wir müssen Gott suchen, mein Sohn, ich wie du. In seiner Macht bestehen wir, leben, schweben und sind wir. Was mich, die Unwürdige und Gebrechliche, betrifft, bitte ich ihn nach bestem Wissen und Gewissen unaufhörlich um seinen Beistand, obwohl ich unwürdig bin und schwach wie der Schatten. Denn dieser ist mir in allem sehr notwendig, und es geschieht da wohl, daß auch die Hündlein unter dem Tische ihres Herrn einige herabfallende Brosamen erwischen. Denn derjenige, welcher dem stummen Tiere die Sprache gab, kann auch mir in seiner heiligen Milde das Herz öffnen und die Einsicht mitteilen. Und derjenige, welcher seinen Gläubigen in der Wüste einen Tisch bereitet und Speise gibt zur rechten Zeit, kann auch den Wunsch seiner Magd erfüllen, damit auch mir und dir, mein teurer Sohn Wilhelm, von den Brosamen der geistigen Einsicht etwas zukomme, woraus ich für dich einen geistlichen Strauß winden kann. Denn ich weiß, daß seine Barmherzigkeit kein Ende hat.[4]

---

[3] Zitiert in: Peter Dronke: *Women Writers of the Middle Ages*. Cambridge 1984, S. 34. Der lateinische Text der ›Vita‹ findet sich in: MGH: Scriptores, XVI, S. 86–106 sowie: S. 106–117.

[4] Dhuoda: *Liber manualis Dhuodane quem ad filium suum transmisit Wilhelmun*, I, 2. Ausgaben in französischer und italienischer Übersetzung: Dhuoda: *Manuel pour mon fils*. Einleitung, Text und Anmerkungen von Pierre Riché, übers. von B. Vregille und C. Mondésert. Paris 1975; Dhuoda: *Educare nel Medioevo. Per la formazione di mio figlio. Manuale*. Übers. von Gabriella Zanoletti. Mailand 1982. Katalanische Übersetzung: Duoda: *De mare a fill. Escrits d'una dona del segle IX*. Übers. von Mercè Otero. Barcelona 1989. Die deutsche Übersetzung folgt, mit einigen Modifikationen: *Ausgewählte Schriften von Colum-*

Eine uns in Erstaunen versetzende Hrotsvitha von Gandersheim sprach im 10. Jahrhundert von ihrer eigenen Begabung (nicht ohne Ambivalenz) in der Verkleinerungsform *ingeniolum*; erst als ihr eigenes Werk ihr Sicherheit verlieh, erlaubte sie sich den Rückgriff auf das alte Spiel von Bescheidenheit und Stolz, Eigenschaften, die von ihrem Frausein bestimmt waren. Sie tat dies mit folgenden Worten:

> *Freilich zweifle ich nicht, daß mir einige vorwerfen werden, daß diese meine wertlose Darstellung weitaus armseliger, weitaus karger ist und im Sprachlichen ganz und gar nicht zu vergleichen mit der des Vorbildes, das nachzuahmen ich mir vorgenommen. Ich gebe das zu, erkläre ihnen aber, daß man mir gerechterweise nicht vorwerfen kann, ich wolle mich vermessen, mich mit denen zu vergleichen, die mir, der Unwissenden, in Kenntnissen weit voraus sind. Denn ich leide nicht an so großer Überheblichkeit, daß ich mir anmaßen würde, mich auch nur mit dem geringsten Schüler dieser Meister zu vergleichen. Das allein strebe ich an – mag ich auch sonst in keiner Weise genügen – mit demütig ergebenem Sinn, die Gabe, die ich empfangen, ihrem Spender wieder zurückzuerstatten. Denn meine Eigenliebe ist nicht so groß, daß ich, um Tadel zu entgehen, davon abgehen würde, Christi Wunderkraft, die in den Heiligen wirkt, zu künden, sofern er mir nur das Vermögen dazu verleiht. Wenn jemandem meine fromme Gabe gefällt, freue ich mich; wenn sie aber wegen meiner Unwürdigkeit oder wegen der ungepflegten und fehlerhaften Sprache niemandem gefällt, so freut mich selber doch, was ich geschaffen, denn während ich bei der Abfassung meiner minderwertigen Arbeit in den anderen Werken meiner Unwissenheit eine Darstellung in heroischem Versmaß verwendete, wähle ich hier eine in dramatischer Form, wobei ich mich aber der verderblichen heidnischen Blendkünste enthalte und sie vermeide.*[5]

ban, Alkuin, Dodana, Jonas, Hrabanus Maurus, Notker Balbulus, Hugo von Sankt Viktor und Peraldus. Einleitung und Übers. von P. Gabriel Meier. Freiburg im Breisgau 1980, S. 57.

[5] Hrotsvitha: *Obras dramáticas*. Übers. von Julián Pemartín und Fidel Perrino. Barcelona 1959. Deutsche Fassung: Hrotsvitha von Gandersheim: *Werke*

Im 12. Jahrhundert nahmen die beiden großen Schriftstellerinnen und Denkerinnen, Heloise und Hildegard von Bingen, dieses Thema wieder auf. Heloise bat Abaelard brieflich um eine Regel für das Frauenkloster, dem sie als Äbtissin vorstand, und spielte dabei wiederholt auf die Schwäche der Frauen im allgemeinen an:

> *Bedenke, daß jede Logik fehlt, wenn jetzt Männer und Frauen gleichermaßen auf das Bekenntnis zu ein und derselben Regel hin aufgenommen werden und dem schwachen Geschlecht dasselbe Joch der Klosterordnung auferlegt wird wie dem starken. Dich selbst aber, der du nicht bloß Christ, sondern auch seines Apostels Nacheiferer bist durch deine Klugheit wie durch deinen Namen, beschwöre ich: Halte in den Forderungen äußerer Werke das Maß, wie es für unsere schwache Natur geboten ist, damit wir uns um so mehr dem Dienst und Lobpreis widmen können.*[6]

Hildegard von Bingen ist vielleicht diejenige, die, trotz der universellen Anerkennung ihrer Begabungen, ihre Unsicherheit und ihre Ängste im Ausdruck am dramatischsten beschrieb. Im hohen Alter schrieb sie in einem Brief an den Mönch Wibert, einen ihrer Bewunderer, der so fasziniert von Hildegard war, daß es ihm gelang, bis zu ihrem Tod an ihrer Seite in ihrem Kloster leben zu dürfen, folgendes:

> *Wie wäre es also zu verstehen, wenn ich Armselige mich nicht erkennen würde? Gott wirkt, wo er will, zur Ehre Seines Namens und nicht zur Ehre des erdhaften Menschen. Ich aber bin ständig von zitternder Furcht erfüllt. Denn keine Sicherheit irgendeines Könnens erkenne ich in mir. Doch strecke ich meine Hände zu Gott empor, daß ich von Ihm gehalten werde wie eine Feder, die ohne jedes Gewicht von Kräften sich vom Wind dahinwehen läßt.*

in deutscher Übertragung. Hrsg. von Helene Homeyer. Paderborn 1973, S. 141–142. Die englische Version dieses Fragments, die von Peter Dronke stammt (1984, S. 66), hält an der Stärke und den Nuancen des Originaltextes fest, was hingegen die spanische Übersetzung, die herablassend und androzentrisch ist, nicht zustandebringt.

[6] Abaelard: *Der Briefwechsel mit Heloisa*. Übers. und mit einem Anhang hrsg. von Hans-Wolfgang Krautz. Stuttgart 1989, S. 117 und 137.

> *Das, was ich schaue, kann ich nicht vollkommen wissen, solange ich in der Dienstbarkeit des Leibes und der unsichtbaren Seele bin; denn an beidem besteht beim Menschen ein Mangel. [...]*
> *Von meiner Kindheit an, als meine Gebeine, Nerven und Adern noch nicht erstarkt waren, erfreue ich mich der Gabe dieser Schau in meiner Seele bis zur gegenwärtigen Stunde, wo ich doch schon mehr als siebzig Jahre alt bin. Und meine Seele steigt – wie Gott will – in dieser Sache empor bis in die Höhe des Firmaments, bis in die Luft, die sich verändert und auf die verschiedenen Nationen herabströmt, auch wenn sie in weit auseinandergelegenen Gebieten und Orten, die von mir weit entfernt sind, liegen. Und da ich diese Sache auf diese Weise wahrnehme, behalte ich sie auch in den Formen der Wolken und anderer Sachen der Schöpfung in meinem Gedächtnis. Ich höre diese Dinge aber nicht mit den äußeren Ohren, auch nehme ich sie nicht mit den Gedanken meines Herzens wahr noch durch irgendwelche Vermittlung meiner fünf Sinne. Ich sehe sie vielmehr einzig in meiner Seele, mit offenen leiblichen Augen, so daß ich dabei niemals die Bewußtlosigkeit einer Ekstase erleide, sondern wachend schaue ich dies, bei Tag und Nacht.*
> *Und ich werde durch Krankheiten stark gehemmt und oft derart in schwere Schmerzen verstrickt, daß sie mich zu Tode zu bringen drohen. Doch hat Gott mich bis jetzt immer wieder neu belebt.*[7]

Das Bedürfnis, sich auf die eigene Unwissenheit zu berufen, reicht bis zum Beginn des 15. Jahrhunderts. Selbst Christine de Pizan, vom Lesen eines äußerst misogynen Buches verwirrt, schreibt im Vorwort zu ›La Cité des Dames‹, einer leidenschaftlichen Verteidigung der Frauen, wie wir später noch sehen werden, folgendes:

---

[7] Zitiert bei Dronke 1984, S. 168; textkritische Ausgabe des gesamten Briefes: A. a. O: S. 250–256. Siehe auch Michela Pereira: *Le visioni di Ildegarda di Bingen*. In: Memoria 5, 1982, S. 34–45; S. 43–44. Die deutsche Übersetzung stammt großteils aus: Hildegard von Bingen: *Briefwechsel*. Nach den ältesten Handschriften übers. und nach den Quellen erläutert von Adelgundis Führkötter Osb. Salzburg 1965, S. 226f.

Aber trotz allem, was ich auf diesem Wege erfuhr, und obwohl ich äußerst gründlich beobachtete und prüfte, fand ich keinerlei Anhaltspunkte für solche abschätzigen Urteile über meine Geschlechtsgenossinnen und die weiblichen Stände. Dennoch bezog ich Position gegen die Frauen und meinte, es sei völlig unvorstellbar, daß so bedeutende Männer – berühmte Gelehrte von beträchtlichem intellektuellen Format, scharfsinnig in jeder Hinsicht, wie jene es zu sein schienen –, daß diese Männer Lügen über die Frauen verbreitet hätten; und dies an so vielen Stellen, daß ich kaum einmal einen Band moralischen Schrifttums fand (ganz gleich, aus welcher Feder), ohne bereits nach kürzester Zeit auf frauenfeindliche Kapitel oder Aussprüche zu stoßen! Schon daraus schloß ich, dies müsse stimmen – auch wenn ich selbst in meiner Einfalt und Unwissenheit unfähig war, meine eigenen schlimmen Schwächen und die der anderen Frauen zu erkennen. Und so verließ ich mich mehr auf fremde Urteile als auf das, was ich als Frau fühlte und wußte.[8]

Gewiß waren die Schriftstellerinnen im Mittelalter nicht die einzigen, die die eigenen Schwächen benutzten, um das Wohlgefallen des Publikums zu erlangen. Als ein Beispiel unter vielen sei auf Einhard verwiesen, der wie Dhuoda im karolingischen Frankenreich lebte. Einhard schrieb in der Einleitung zur ›Vita Caroli‹, seiner berühmten Biographie Karls des Großen:

---

[8] Christine de Pizan: *Das Buch von der Stadt der Frauen.* Übers. von Margarete Zimmermann. 3. Aufl. München 1992, S. 36. Die deutsche Übersetzung wurde mit einigen Modifikationen daraus entnommen. Pizan nimmt das Thema später wieder auf: »Wie ist es möglich, daß Eure Hoheit einer solchen Erniedrigung gewichen ist und Ihr geruhtet von Euren päpstlichen Stühlen und funkelnden Thronen herabzusteigen in die trübe, dunkle Behausung der einfältigen und unwissenden Studierenden? [...] außerdem versteht sich mein schwacher Verstand weder auf Technik oder bauliche Berechnungen, noch hat er sich jemals mit der Theorie und Praxis des Maurerhandwerks befaßt. Und selbst wenn ich diese Dinge theoretisch beherrschte, woher sollte mein schwacher Frauenkörper die notwendige Kraft für die Durchführung eines so gewaltigen Projekts nehmen? [...] Vor Euch steht Eure Magd, zum Gehorsam bereit. Nun befehlt, ich werde gehorchen, und alles soll von mir nach Euren Anordnungen ausgeführt werden.«, S. 47–48.

So nimm hin dies Buch, das die Erinnerung an den ausgezeichneten und großen Mann enthält! Du wirst darin nichts finden, was du bewundern kannst, als seine Taten und höchstens noch, daß ich, ein Barbar, der nur wenig Übung in der lateinischen Sprache hat, glaube, gefällig und angenehm Latein schreiben zu können; und daß ich mich unverschämt über einen Satz des Cicero hinwegsetzen zu dürfen wähne. Er schreibt nämlich im ersten Buche seiner Tuskulanen, da er von den lateinischen Schriftstellern spricht, also: [...] Dieser Gedanke des vortrefflichen Redners hätte mich wohl vom Schreiben abgeschreckt, wenn ich nicht von vornherein entschlossen gewesen wäre, mich lieber jeglichem Urteil der Welt auszusetzen und durch diese Schrift den Ruf meines unbedeutenden Talentes zu gefährden, als aus Rücksicht auf mich die Lebensgeschichte eines solchen Mannes nicht zu schreiben.[9]

Der Inhalt und die Reichweite der Bescheidenheitsbeteuerungen von Einhard unterscheiden sich aber von denen Dhuodas und Hildegards erheblich. Sie dienen ihm in Wirklichkeit dazu, nicht nur den Ruhm Karls des Großen, sondern auch die Kunst Ciceros für sich in Anspruch zu nehmen. Man könnte sogar behaupten, daß Einhard und Schriftsteller im allgemeinen ihre formalen Beschränkungen, ihre Unvollkommenheit und ihre Wissenslücken akzeptieren und nicht darüber nachdenken. Niemals jedoch verfallen sie auf den Gedanken, ihre Beschränkungen mit ihrem Geschlecht in Zusammenhang zu bringen. Die Schriftstellerinnen hingegen vermitteln uns immer wieder eine spezifische Unsicherheit. Sie spiegelt ihre Angst wider, in eine fremde und feindliche Welt vorzudringen, nämlich in die männliche Welt der Schriftkultur, von der sie weder die Mechanismen der Schöpfung und Verbreitung von Geschaffenem kennen, geschweige denn beherrschen. Und dessen sind sich die Frauen sehr bewußt. Meine Hypothese lautet daher, daß sie sich weder für mittelmäßig, schwach, unintelligent noch unbegabt hielten (der Stolz, zu schreiben begonnen zu haben, kommt immer zum Ausdruck), sondern daß sie sich lediglich durch die patriarchale Kultur von den sozialen Räumen, in denen ein Text produziert und konsumiert wird, ausgeschlossen fühlten.

---

[9] Einhard: *Das Leben Kaiser Karls des Grossen.* Leipzig o. J., S. 6f.

Dem möchte ich noch hinzufügen, daß das Bestehen der Frauen auf ihrer eigenen Unwissenheit als eine Art Verschwörung zu verstehen ist, als ein Initiationsritual, das ihnen das Überschreiten der Schwelle zur dominanten Kultur erlaubt. Denn ohne diesen geheiligten Satz könnten sie nicht in diese Kultur eintreten oder würden dies zumindest mit dem linken Bein zuerst tun. Die Beständigkeit, mit der Dhuoda immer wieder versichert, daß Gott beim Schreiben an ihrer Seite sein werde, oder der subtile Witz bei Hrotsvitha über die notwendige Behauptung, daß sie schwach und unwissend sei, weil sie eine Frau ist, wohl wissend, daß kaum jemand am Ottomanischen Hof in der Lage ist, so zu schreiben wie sie, kann meiner Ansicht nach nur so verstanden werden. Diese Haltung finden wir schon bei jenen christlichen Märtyrerinnen, die besonderen Mut zeigten, als sie sich von den ihnen aufgezwungenen Kolonisierungen ihres Körpers befreiten und sich in *mulieres viriles* verwandelten, in Grenzen überschreitende Frauen, die sich weder so verhielten noch so sahen, wie ihnen befohlen wurde. Ihnen wurde dabei vielleicht bewußt, daß diese ungleiche Behandlung eine kollektive, eine von allen Frauen erlebte Erfahrung war, eine historische und somit veränderbare Erfahrung.

Bedeutet dies nun, daß die Frauen, die im Mittelalter schreiben, ein männliches Ich annehmen, weil sie die Schranken des weiblichen Geschlechts überschreiten? Versuchen sie, ohne eigene Identität auszukommen, um so – wenn auch zögernd – am Spiel des dominanten männlichen Geschlechts teilzunehmen?

Wenn wir die Texte von Frauen isoliert und außerhalb ihres historischen Kontextes betrachten, können wir uns diesem Anschein nicht entziehen. Es scheint, daß die Frauen den patriarchalen Diskurs oft nachhaltiger akzeptiert haben als die Männer selbst.

Dabei fällt auf, daß es fast unmöglich ist, bei den Schriftstellerinnen des Mittelalters die Entwicklung von eigenen Themen oder Einstellungen zu finden; noch überraschter sind wir, wenn wir feststellen, daß es oft die Frauen selbst waren, die mit großer Überzeugung Moralpredigten über die Schuld Evas hielten, über den Wert der Keuschheit, über die Bescheidenheit und den Gehorsam oder über die Notwendigkeit, Frauen zu bestrafen, die die aufgezwungenen Verhaltensnormen nicht strikt befolgten. Ich meine jedoch, daß dieses Bestehen auf der Stärke der patriarchalen Ideologie, das uns manchmal voller Widersprüche und manchmal lächerlich erscheint, verdächtig ist und uns darauf hinweisen soll, daß es sich weniger um eine wirkliche Überzeugung handelt als vielmehr um die Notwendigkeit, die Stärke der eigenen Stimme zu entschuldigen. Vielleicht wird so auch nur die Angst davor bewältigt, daß allein schon das Schreiben als Widerstandsform, was es in Wirklichkeit ja auch war, aufgefaßt werden könnte. Vielleicht versuchten sie so aus dem Gefängnis und der Stille auszubrechen, die ihre Texte zerstören oder dem Vergessen preisgeben würden. Betrachten wir die Texte von Frauen aus der Perspektive der historischen Periodisierung, so erkennen wir, daß die Schriftstellerinnen zunehmend schöpferischer werden und immer mehr symbolische Räume einnehmen. Manchmal nähern sich diese Räume der Lebenserfahrung von vielen Frauen (wie bei der Mutterschaft, der Kindestötung, der Ernährung), andere Räume müssen aber auch in weiblichen Begriffen neu interpretiert oder erst als eigene eingefordert werden (die Reise, der Ruhm, das Gelächter, die Macht ...). Auf den ersten Blick scheint dieser Prozeß unzusammenhängend zu sein. Den Höhepunkt bildet aber ein Werk, das äußerst genau einen symbolischen Raum ausschließlich für Frauen, eine symbolische und utopische Gynäko-Gesellschaft entwirft: ›La Cité des Dames‹ von Christine de Pizan. Diese uneinnehmbare Stadt ist von der, die Augustinus 1000 Jahre zuvor beschrieben hat, weit entfernt und unterscheidet sich sehr von dieser. Es leben in ihr ausschließlich Frauen, die von ihren Vorfahrinnen nicht durch eine Heirat getrennt werden können. In diesem Raum können sich Frauen – wie die Autorin in ihrer kleinen Gelehrtinnenstube – eine eigene Weltsicht aneignen. Christine de Pizan hat darüber hinaus in Europa einen entscheidenden Schritt in der Geschichte von weiblichen Texten gemacht: Denn sie beschloß, sich anzumaßen, von sich selbst als *auctoritas* zu sprechen, ihrer eigenen Stimme selbst Autorität zu verleihen, ohne auf die Meinungen der gebildeten Männer und auf deren heftige und eigenartige Misogynie zu achten. Christine de Pizan beschloß, als sie mit dem Verfassen von ›La Cité des Dames‹ begann, in ihrem eigenen Namen zu schreiben und vertraute dabei nicht so sehr auf die Meinungen anderer als vielmehr »auf das, was ich [sie] als Frau fühlte und wußte«.

Ich mache mich nun auf, diesen undurchsichtigen und schwierigen Prozeß des Einnehmens von Räumen in von Frauen bestimmten Begriffen zu untersuchen. Dabei bedenke ich selbstverständlich, daß der geschriebene Text nur einen sehr geringen Teil der Kultur der Frauen jener Zeit widerspiegelt. Und diese Kultur kam wie die Musik nichtabendländischer Länder ohne Partitur aus und wurde ohne Noten weitergegeben. Ihre Bewegungen und Tonspiele waren aber dennoch sehr komplex. Die mehr oder weniger systematische Aneignung des schriftlichen Textes von Frauen im Mittelalter scheint mir von besonderem Interesse zu sein. Sie geht, wenn auch nur auf dem Pergament oder Papier, Hand in Hand mit dem Eingrenzen von materiellen und symbolischen Räumen in Begriffen, die die Frauen als von ihnen selbst bestimmte verstanden.

II. Das Erbe: Eine feindliche Tradition

Immer wieder überrascht es uns, daß sich die Schriftstellerinnen im Mittelalter weder für eine intellektuelle weibliche Genealogie interessierten noch sich an ein weibliches Publikum richten wollten. War dies aber überhaupt möglich? Einfach war es gewiß nicht. Denn in der griechisch-römisch-christlichen Tradition wurde die Erinnerung an ihre Vorfahrinnen – falls es beim Entstehen dieser Kulturen welche gab – ausgelöscht.[1] Dieser Auslöschungsprozeß zeigt sich insbesondere bei historischen Werken, was wiederum erklärt, warum die wenigen Autorinnen, die sich auf die Suche nach Ursprüngen machten, auf Legenden oder Mythen zurückgreifen mußten. Sie konnten ihrer Argumentation so mehr Glaubwürdigkeit verleihen.

Suchen wir nach Gründen für diese Unsicherheit und Armut an Traditionen, so können wir rein technische von politischen unterscheiden, wobei beide eng miteinander verknüpft sind. Unter technischen Gründen verstehe ich das Aneinanderreihen von Modellen, das Beziehen auf *auctoritates*, die uns in der abendländischen Schriftkultur (auf ihre Weise) gelehrt haben, zwischen dem zu unterscheiden, »wie es eigentlich gewesen ist« (wie Ranke sagte), den Persönlichkeiten und den historischen Fakten also, und dem Imaginären, den Gespenstern der Vergangenheit. Die politischen Gründe stehen in engem Zusammenhang mit dem patriarchalen Gesellschaften eigenen Bedürfnis, den weiblichen Bereich von einem hierarchisch übergeordneten männlichen zu trennen, ihn zu unterdrücken und ihm keine Macht zu geben. In den Texten, die der europäischen Schriftkultur – wie der griechisch-römisch-christlichen – zugrundeliegen, lassen sich diese technischen und politischen Gründe leicht feststellen.

Athen und Sparta waren – mit ihren jeweiligen Verbündeten – im klassischen Griechenland des 4. und 5. Jahrhunderts Städte, die in Kriege verwickelt waren, zwischen 431 und 404 v. Chr. in

---

[1] Den weiten Weg, der zwischen der Entstehung des Patriarchats und der Entwicklung dieser Kulturen zurückgelegt worden ist, beschreibt Gerda Lerner in: *The Creation of Patriarchy*. New York 1986. (Deutsch: *Die Entstehung des Patriarchats*. Frankfurt am Main, New York 1991.)

den Peloponnesischen Krieg beispielsweise. Thukydides kommt auch heute noch durch die Berichterstattung über diesen Krieg in unseren Geschichtsbüchern zu Ehren. Dieser Krieg und die ›Geschichte des Peloponnesischen Krieges‹ hatten für die nachfolgenden Denker und Historiker Modellcharakter. Die unbedeutende Rolle, die Frauen noch heute in den Geschichtsbüchern spielen, wird auf Thukydides zurückgeführt: Denn er schenkte den Müttern, Ehefrauen, Töchtern und Freundinnen der Männer, die im »klassischsten Jahrhundert« der abendländischen Zivilisation lebten, nur sehr wenig Aufmerksamkeit.[2] Im Grunde erwähnt er die Frauen nur, um zu zeigen, daß die Ehefrauen der besiegten Krieger als Sklavinnen verkauft wurden:

die Athener [...] beschlossen im Zorn, nicht nur die, die sie hatten [die Gefangenen], umzubringen, sondern gleich sämtliche erwachsene Mytilener, und Frauen und Kinder als Sklaven zu verkaufen.
Sie töteten nicht weniger als 200 Plataier und 25 Athener, die mit ihnen eingeschlossen waren; die Frauen machten sie zu Sklavinnen. Und alle Frauen, die sie in der Festung gefangen hatten, verkauften sie in die Sklaverei.
Um die gleiche Zeit in diesem Sommer eroberten die Athener Skione, töteten die Mannbaren, machten Kinder und Frauen zu Sklaven und gaben das Land zum Bebauen den Plataiern.
Die Athener richteten alle erwachsenen Melier hin, soweit sie in ihre Hand fielen, die Frauen und Kinder verkauften sie in die Sklaverei.
Den Ort gründeten sie selber neu, indem sie später 500 attische Bürger dort ansiedelten.[3]

Thukydides Auffassung stellt keine Ausnahme dar. In der berühmtesten Rede von Perikles, die uns ebenfalls von Thukydides überliefert wird, treffen wir auf den gleichen Inhalt:

---

[2] Susan G. Bell (Hrsg.): *Women. From the Greeks to the French Revolution. An Historical Anthology.* Belmont/CA 1973, S. 8.
[3] Thukydides: *Geschichte des Peloponnesischen Krieges.* Eingeleitet und übertragen von Georg Peter Landmann. Zürich, Stuttgart 1960, S. III-36 und 67, IV-48, V-32 und 116. Die Übersetzung wurde modifiziert übernommen.

Soll ich nun auch der Tugend der Frauen noch gedenken, die jetzt im Witwentum leben werden, so wird mit kurzem Zuspruch alles gesagt sein: für euch ist es ein großer Ruhm, unter die gegebene Natur nicht hinabzusinken, und wenn eine sich mit Tugend oder Tadel unter den Männern möglichst wenig Namen macht.[4]

Aristoteles kam zu einer, ich möchte fast sagen, definitiven Formulierung des patriarchalen Schweigegebots für die Frauen:

Wie der Dichter also von der Frau sagt, so muß man es in allem halten: »Dem Weibe bringt das Schweigen Ehre ein, aber nicht dem Manne.«[5]

Die christliche Kirche übernahm im Rom der Kaiserzeit diese klassische Tradition des Schweigens und verbreitete in Europa eine Religion, die, was ihre Sicht der Frauen betrifft, schon sehr früh »einen Rekord an Widersprüchen«[6], wie Mary Daly es ausdrückt, aufwies. Das Christentum proklamiert, wie wir wissen, (in all seinen Strömungen) die Gleichheit aller Personen vor der Gnade. Der allmächtige christliche Gott ist das Wort, nachzulesen im Johannesevangelium. Wir Frauen sind jedoch nicht im Besitz dieses Wortes, das am Anfang aller Dinge[7] steht. Uns gehören weder die Phantasie des Wortes bei der Prophezeiung noch seine Weitergabe bei der Predigt und auch nicht der Einfluß des Wortes in der Theologie. Daher muß uns der Zugang zur Gnade notwendigerweise von Männern vermittelt werden. Paulus von Tarso, einer der großen Träger der christlichen Kirche, verweigerte uns schon in der Mitte des ersten Jahrhunderts den Zugang zum eigentlichen Wissen über das Wort, als er an die Kirche in Korinth das folgende, so oft wiederholte, Fragment schrieb:

---

[4] A. a. O: S. II-45.
[5] Aristoteles: *Politik. Die Lehrschriften.* Hrsg., übertragen und in ihrer Entstehung erläutert von Paul Gohlke. Paderborn 1959, S. 56 (I-13). Siehe: Amparo Moreno: *La otra »politica« de Aristóteles.* Barcelona 1988.
[6] Mary Daly: *Kirche, Frau und Sexus.* Olten, Freiburg im Breisgau 1970, S. 41.
[7] Joh 1,1.

> *Wie in allen Gemeinden der Heiligen, so sollen (auch bei euch) die Frauen in den Versammlungen schweigen; denn es ist ihnen nicht gestattet zu reden, sondern sie sollen sich unterordnen, wie es auch das Gesetz sagt. Wenn sie sich aber über etwas unterweisen lassen wollen, sollen sie zu Hause ihre Ehemänner befragen; denn es ist unschicklich für eine Frau, in einer Gemeindeversammlung zu reden.*[8]

Die Reichweite dieser Pauluswortes wird heute abgeschwächt, indem gesagt wird, daß sie damals notwendig waren, um gewisse Tendenzen zum Aufruhr unter Kontrolle zu bringen, die zu jener Zeit die Gruppe der in Korinth Bekehrten spaltete. Stellten sich die Frauen gegen die Vermännlichung des Kultes und der Hierarchie? Wir wissen es nicht. Aber selbst wenn dies so gewesen wäre, ist es nur schwer vorstellbar, daß der tausendjährige Erfolg dieser Pauluswortes als Zufallsprodukt der Textüberlieferung anzusehen ist.

Mit der Absicht auf ewige Gültigkeit erstellte der Bischof Clemens Romano in der zweiten Hälfte des zweiten Jahrhunderts eine Genealogie der Beziehung zum Wort, die auf Gottvater selbst zurückging und deren Bindeglieder einzig und allein Männer waren. Ich beziehe mich auf die – zumindest im Mittelalter berühmte – *successio apostolorum*, den Beginn der apostolischen Nachfolge. Diese bestand aus Männern, den Bischöfen. Sie reichte zurück bis zu den Aposteln und stellte über diese und Christus die Verbindung mit der höchsten christlichen Macht her, dem Gott der drei männlichen Personen. Die Frauen wurden bei diesem Prozeß des Aufnehmens und Ausgrenzens endgültig von der Genealogie des orthodoxen christlichen Wissens ausgeschlossen. Um dies zu sichern, mußten die kirchlichen Theoretiker dem Zeugnis der Frauen systematisch Autorität entziehen und es widerlegen (die Frauen wurden besonders mit dem Auftragen von Salben assoziiert). Dies war vor allem dann notwendig, wenn es sich um im frühen Christentum so bedeutende Ereignisse wie die Auferstehung oder das letzte Abendmahl handelte, wo die Anwesenheit von Frauen wesentlich war, die Wörter darüber aber auf den Altären der Vermännlichung der Kirche geopfert wurden.

[8] 1 Kor 14, 34–35.

Selbstverständlich befolgten nicht alle Frauen der römischen Zeit das patriarchalische Schweigegebot widerstandslos, seien sie nun heidnischer, jüdischer oder christlicher Herkunft gewesen.[9] Einige Stimmen von diesen heidnischen, christlichen oder anderen Frauen, insgesamt aber nur eine kleine Minderheit, wurden uns dennoch überliefert.

Die faszinierendste Stimme aus dem römisch-heidnischen Raum, die noch in unseren Tagen vernommen wird, ist wohl die von Hortensia, der Tochter des berühmten gleichnamigen Redners. Hortensia hielt im Jahre 42 vor unserer Zeitrechnung auf dem Forum Romanum im Namen einer Gruppe aristokratischer Frauen (wahrscheinlich ungefähr vierzehnhundert) eine Rede. Sie weigerten sich, eine von der Regierung eingeforderte Spezialsteuer zu zahlen. Als Vorwand für diese Steuer diente der Bürgerkrieg und die damit in Zusammenhang stehende Landesverweisung von Männern, die mit diesen Frauen verwandt waren. Die Rede von Hortensia überliefert uns Appian, ein Historiker des zweiten Jahrhunderts, den einige Autoren für unzuverlässig halten (auch wenn der durchaus ernstzunehmende Quintilian die Rede von Hortensia in seinen ›Institutiones Oratoriae‹ ebenfalls lobte). Die Formulierungskraft von Hortensia ist aber so beeindruckend, daß ich von der Echtheit des Inhalts überzeugt bin, auch wenn Appian ihre Worte neu gestaltet haben mag:

> *Ihr habt uns von unseren Vätern, unseren Söhnen, Ehemännern und Brüdern unter dem Vorwand, daß sie euch Unrecht angetan haben, getrennt; wenn ihr uns nun aber auch unser Eigentum nehmen wollt, verurteilt ihr uns zu einem Leben, das unserem Stand, unserer Lebensart und unserem Geschlecht unwürdig ist.*
> *Wenn wir euch Schaden zugefügt haben, was ihr von unseren Ehemännern behauptet, dann verbannt uns wie sie. Aber wenn wir Frauen keinen von euch in der Öffentlichkeit als Feind bezeichnet haben, eure Häuser nicht zerstört haben, euren Herrn nicht bekämpft haben, uns an niemanden gegen euch gewandt haben, euch nicht daran gehindert haben, daß ihr Ämter und Ehren erlangt, warum werden*

---

[9] Eine sehr schöne Beschreibung und Analyse einiger Mythen, in denen die Schweigepflicht der Frauen im klassischen Rom eingehüllt wurden, findet sich im Buch von Eva Cantarella: *Tacita Muta. La donna nella città antica*. Rom 1985.

wir dann bestraft, wenn wir keinen Anteil an den Verbrechen haben?
Warum müssen wir Steuern zahlen, wenn wir keine Ämter innehaben, uns keine Ehre zuteil wird, wir keine Stellen im Heer oder in der Regierung bekleiden, wofür ihr untereinander aufs Schändlichste kämpft? Ihr sagt: ›Weil wir im Krieg leben.‹ Und als es keine Kriege gegeben hat? Als den Frauen, deren Geschlecht sie von den Männern trennt, Steuern auferlegt wurden? Unsere Mütter überwanden ein Mal ihr Geschlecht und leisteten einen Beitrag für die Punischen Kriege, als euer Imperium und Rom selbst Gefahren ausgesetzt waren. Aber sie beteiligten sich damals gerne, nicht mit ihrem Besitz, ihren Ländereien, ihrer Mitgift oder ihren Häusern, ohne die freie Frauen nicht leben können, sondern nur mit ihrem Schmuck [...] Wenn es einen Krieg gegen die Kelten oder die Parther gibt, werden wir unseren Müttern in nichts nachstehen, wenn es um die Sicherheit von allen geht. Aber an Bürgerkriegen werden wir uns nie beteiligen und euch auch nicht helfen.[10]

Bei der komplexen und äußerst klaren Argumentationslinie von Hortensia stechen zwei Themen ins Auge: einerseits der Bruch mit Solidaritäten, die auf einer verwandtschaftlichen Bindung beruhen, und deren Ersatz durch geschlechts- und klassenspezifische Solidaritäten, andererseits das Bewußtsein ihres Ausschlusses von der Macht. Die Stimme von Hortensia bleibt für uns, auch wenn sie für viele adelige Frauen ihrer Zeit repräsentativ war, ein isoliertes Zeugnis. Vor dem Erscheinen des ›De mulieribus claris‹ von Giovanni Boccaccio ist mir kein mittelalterlicher Text bekannt, der auf Hortensia Bezug nimmt.[11] Die erste

---

[10] Appian: *Bürgerkrieg* 4, S. 32–34, zit. bei Mary R. Lefkowitz und Maureen B. Fant: *Women's Life in Greece and Rome. A Source Book in Translation.* London 1982, S. 207–208; zu Quintilian siehe a. a. O., S. 235.

[11] Eine lateinische Ausgabe mit italienischer Übersetzung des *De mulieribus claris* in: Giovanni Boccaccio: *Tutte le opere di Giovanni Boccaccio.* Hrsg. von Vittore Branca. Verona 1970, Bd. 10; das Kapitel 84 verweist auf Hortensia. 1494 wurde es in Zaragoza ins Spanische übersetzt mit dem Titel ›De las ilustres mujeres en romance‹ (Faksimileausgabe der Real Academia Española, 1951); hier bezieht sich das Kapitel 74 auf Hortensia. Zur spanischen Version und deren Problematik siehe F. Fernandez Murga und J. A. Pascual: *La traducción española del »De mulieribus claris« de Boccaccio.* In: Filología Moderna 55, 1975, S. 499–511.

Frau, die dies tut, ist Laura Cereta. Sie lebte wie Boccaccio im Zeitalter der Renaissance und bezieht sich in einem Brief, in dem sie im Jahre 1488 die liberale Erziehung der Frauen verteidigt, auf Hortensia.[12]

Ein wichtiges Zeugnis einer Frau ist uns aus dem römisch-christlichen Raum überliefert: das ›Marienevangelium‹, ein gnostischer prophetischer Text, der wie alle gnostischen Texte von der christlichen Kirche in der zweiten Hälfte des zweiten Jahrhunderts als häretisch bezeichnet und bis ins Jahr 200 versteckt wurde.[13] Maria, durch die dieses Evangelium angeregt wurde, ist Maria Magdalena, die Anhängerin von Christus, von der im ›Philippevangelium‹ gesagt wird:

> *Die Gefährtin des Erlösers ist Maria Magdalena. Aber Christus liebte sie von all seinen Schülern am meisten und küßte sie oft auf den Mund. Seine anderen Schüler fühlten sich dadurch verletzt [...]. Sie sagten zu ihm: »Warum liebst du sie mehr als uns alle?« Der Erlöser antwortete ihnen so: »Warum liebe ich euch nicht so, wie ich sie liebe?«*[14]

Maria von Magdala kannte also das Wort und verbreitete es mit der Stärke, die sie aus ihrer Nähe zu Christus gewann. Ihr erschien Christus nach seiner Auferstehung als erster, was der Heiligkeit ihrer Person und ihres Wortes im damaligen Christentum ein überaus großes reales und symbolisches Gewicht verlieh. Die Schüler Christi und ihre Nachfolger, die Bischöfe, verfälschten jedoch systematisch ihr Zeugnis und die Bedeutung ihrer Person, indem sie sie als sexuelle Sünderin ausgaben. Obwohl im Markusevangelium zu lesen ist:

---

[12] Von Laura Caretas Brief gibt es eine englische Fassung in M. L. King und A. Rabil: *Her Immaculate Hand. Selected Works by and about the Women Humanists of Quattrocento Italy. Medieval and Renaissance Texts and Studies.* Binghamton/NY 1983, S. 81–84; 83.

[13] Die gnostischen Texte von Nag Hammadi sind von J. M. Robinson herausgegeben worden: *The Nag Hammadi Library.* New York 1977.

[14] Zit. bei Elaine Pagels: *The Gnostic Gospels.* New York 1979. Daß es sich um ein ›Evangelium von Maria Magdalena‹ handelt, bedeutet für die Gnostiker, daß es von einer Prophetin geschrieben wurde, die nach Maria Magdalena lebte und die die Wahrheit im Geist der Maria Magdalena aussprach und kannte. Dabei kommt es nicht darauf an, ob sie einen früheren Text bearbeitete oder nicht.

> *Nach seiner Auferstehung, in der Frühe des ersten Wochentages, erschien er zuerst Maria von Magdala, [...]. Die ging hin und verkündete es seinen trauernden und weinenden Gefährten. Als diese aber hörten, daß er lebe und von ihr gesehen worden sei, glaubten sie es nicht.*[15]

Die Schriftstellerinnen des Mittelalters kannten das ›Marienevangelium‹ nicht. Es wurde erst am Ende des 19. Jahrhunderts wiederentdeckt. Sie besaßen über die gnostischen Prophetinnen auch keine Informationen aus erster Hand. Die Erinnerung an sie ging in den folgenden Jahrhunderten verloren und tauchte nur vereinzelt in Bewegungen oder Werken von mystischen und häretischen Denkerinnen auf.[16]

Andere christliche Texte, die sehr wahrscheinlich in einer von Frauen dominierten Umgebung geschrieben wurden, sind die sogenannten Apokryphen (ein Wort, das nichts anderes bedeutet als *Geheimnis*). Steven Davies behauptet, daß die apokryphen Werke von Johannes, Petrus, Paulus, Andreas und Xantipa ungefähr zwischen 160 und 225 in christlichen Frauengemeinschaften in Kleinasien und Griechenland geschrieben wurden; in »Witwen«-Gemeinschaften, die im Laufe der Zeit von der männlichen Hierarchie besiegt wurden.[17] Diese Hypothese ist unter anderem deswegen interessant, weil diese evangelischen Apokryphentexte fast das gesamte Mittelalter hindurch denjenigen Künstlerinnen und Künstlern der plastischen Kunst und der Literatur als Inspirationsquelle dienten, die die Bedeutung der Frauen im frühen Christentum hervorheben wollten. Aber als Bezugspunkt für Worte von Frauen konnten sie nicht dienen. Indem fast alle Texte unter dem Namen eines Mannes überliefert wurden, setzte die siegreiche männliche Hierarchie das Schweigegebot für die Frauen äußerst erfolgreich durch.

---

[15] Mk 16, 9–20 (zit. a. a. O.: S. 52).

[16] In den letzten Jahren sind faszinierende Erzählungen von Frauen über Maria Magdalena erschienen wie z. B.: Margarita Yourcenar: *María Magdalena o la salvación*. In: Fuegos. Madrid 1983, S. 73–78; sowie L. Rinser: *Mirjam*. 6. Aufl. Frankfurt am Main 1991.

[17] Steven L. Davies: *The Revolt of the Widows. The Social World of the Apocryphal Acts*. Carbondale/IL 1980, S. 50, 69, 114, 128–129. Siehe auch Luce Irigaray: *Egales à qui?* In: Critique 43.480, 1987, S. 420–437.

III. Egeria: Die Reise

Reisen ist in patriarchalen Gesellschaften keine Aktivität von Frauen, sagt Tamar Pitch. Im Abendland sind Reisen, Entdekken, Handel treiben und Kolonisieren Männersache. Nach Beendigung oder Unterbrechung ihrer Reise kehren die Männer in ein Heim zurück, in dem Frauen auf sie warten und sie erwarten. Durch die Seßhaftigkeit und Gegenwart der Frauen wird die männliche Reise erst Wirklichkeit und ist mehr als ein bloß nomadenhafter Ortswechsel ohne Rückkehr und ohne Chronik.[1]

Im Gegensatz dazu macht sich die Frau, die reist, verwundbar, weil sie nicht mehr im Schutz und/oder Gefängnis des familiären Heimes lebt. Sie setzt ihren Körper Gefahren aus und macht ihn Gewalttätigkeiten zugänglich, die normalerweise von Männern ausgeübt werden. In patriarchalen Gesellschaften, die im allgemeinen auch virilokal organisiert sind, gibt es für Frauen nur einen Ortswechsel – es ist eher ein Ortswechsel als eine Reise, denn im Idealfall gibt es keine Rückkehr. Es ist der Ortswechsel, der ihre Hochzeit begleitet. Glückel Hameln, eine Hamburger Jüdin im 17. Jahrhundert, erzählt in ihren ›Memoiren‹ mit ungeheuerlicher und erstaunlicher Ehrlichkeit, was für sie das Fortgehen ins Dorf ihres Ehemannes bedeutete, als sie heiratete:

Nach meiner Hochzeit ist mein Vater und meine Mutter wieder heimgezogen und ich habe, ein Kind von noch nicht vierzehn Jahren alt, ohne Vater und Mutter in fremdem Land bei fremden Leuten sein müssen. Aber es ist mir alles nicht schwer angekommen, da ich sogar große Seelenfreude von meinem frommen Schwiegervater und Schwiegermutter gehabt habe. Sie sind gar fromme, brave Leute gewesen, die mich so gut gehalten haben, mehr als ich es wohl wert gewesen bin. Was kann oder soll ich viel schreiben von der Frömmigkeit und Gerechtigkeit meines Schwiegervaters und meiner Schwiegermutter, und was er für ein wackerer Mann – er ruhe in Frieden – gewesen ist, wie ein Engel Gottes.

[1] Vgl. Tamar Pitch: *In viaggio*. In: Memoria 3, 1982, S. 32–38.

Es ist allbekannt, was Hameln gegen Hamburg gewesen ist. Ich bin ein junges Kind gewesen, das in allem Wohlbehagen aufgezogen war, von meinen Eltern sowohl, als von Freunden und Bekannten. Von einem Ort wie Hamburg dann nach einem Platz, wo nur zwei jüdische Familien gewohnt haben! Und Hameln an sich selbst ist ein lumpiger, unlustiger Ort.[2]

Das Auf-Reisen-Gehen, um einen abenteuerlustigen Ehemann zu begleiten, wurde in der abendländischen Überlieferung vor der italienischen Renaissance als einer der schwersten Fehler oder eine der größten Tugenden (es handelte sich jedenfalls immer um eine Ausnahme) für Frauen angesehen. Seit vielen Jahrhunderten wird von Frauen erwartet, zurückgezogen und seßhaft zu leben (ob mit gebrochenen oder gesunden Beinen).

Aber zu Beginn des Christentums gab es Frauen, die das Tabu der weiblichen Mobilität durchbrachen, auch wenn sich ihre Forderungen und ihre Erfolge nicht durchsetzten. Diese alleinstehenden Frauen lebten im 1. und 2. Jahrhundert. Sie reisten durch das römische Imperium und widmeten sich der Predigt. Als die Kirchenväter die kirchliche Form des Christentums zu festigen begannen, mißfiel ihnen dieses unkontrollierbare Herumreisen. Die Christinnen, die wie beispielsweise Pemenia, Silvia, Egeria, Fabiola, Paula, Melania die Ältere und Melania die Jüngere im 4. Jahrhundert reisten, gehörten hauptsächlich dem Adel an. Außerdem schienen sich ihre Reisen auf Pilgerfahrten ins Heilige Land zu beschränken. Eine Folge dieser Veränderungen war das Auftreten und die allmähliche Verfestigung eines der spezifisch weiblichen Züge des Klosterlebens: Die Klausur, die die alleinstehenden Frauen (die wieder Jungfrauen geworden waren) in einem ummauerten Raum einschließt, der jetzt der Konvent ist.[3]

Die gewalttätige Feindlichkeit der Kirchenväter (wie allge-

---

[2] Die Memoiren der Glückel von Hameln. Autorisierte Übertragung nach der Ausgabe des Prof. Dr. David Kaufmann von Bertha Pappenheim. Wien 1910, S. 54.

[3] Eine interessante Synthese über die Klausur von Frauen findet sich bei Jane T. Schulenburg: *Strict Active Enclosure and Its Effects on the Female Monastic Experience (500–1000).* In: John A. Nichols und Lillian T. Shank (Hrsg.): Distant Echoes. Medieval Religious Women, I. Kalamazoo/MI 1984, S. 51–86.

mein bekannt ist, gibt es keine Frauen in der Patristik) gegenüber der Mobilität alleinstehender Frauen mit religiösen Neigungen zeigt sich auf sehr bezeichnende und betrübliche Weise in einem berühmten Brief des Heiligen Hieronymus an die junge Römerin Eustochium, die Tochter der von ihm bewunderten Paula:

> *Dein verborgenes Kämmerlein sei Dein ständiger Schutz. Dort im geheimen möge Dein Bräutigam sich zärtlich gegen Dich zeigen. Betest Du, so sprichst Du mit Deinem Bräutigam; liest Du, dann redet er mit Dir. [...]*
> *Verlasse das Haus nicht und verlange nicht, die Töchter eines fremden Landes zu schauen, wenn Du auch Patriarchen zu Brüdern hast und Dich Israels als Deines Vaters erfreuen darfst. Dina ging aus und wurde geschändet. Du sollst Deinen Bräutigam nicht in den Straßen suchen, Du sollst nicht in den Stadtvierteln herumschweifen. Wenn Du sagst: »Ich will mich aufmachen und in der Stadt umhergehen, auf dem Markt und in den Straßen will ich den suchen, den meine Seele liebt«, und wenn Du dann fragst: »Habt ihr ihn gesehen, den meine Seele liebt?«, dann wird Dich niemand einer Antwort würdigen. Den Bräutigam kannst Du in den Straßen nicht finden. »Schmal und eng ist der Weg, der zum Leben führt.«*
> *Auch die Braut im Hoheliede sagt zuletzt: »Ich habe ihn gesucht, aber nicht gefunden; ich habe nach ihm gerufen, aber er antwortete mir nicht.« Und wenn dies noch das einzige wäre, daß Du ihn nicht findest. Vielmehr wird man Dich verwunden und entblößen, und jammernd wirst Du berichten: »Die Wächter, die in der Stadt umhergehen, haben mich gefunden; man schlug und verwundete mich und raubte mir mein Gewand.« Das ist jener Braut, als sie ausging, zugestoßen: [...] Wie mag es da erst uns jungen Mädchen gehen, die wir draußen bleiben, wenn die Braut mit dem Bräutigam ins Hochzeitsgemach eingeht? Jesus ist eifersüchtig. Er will nicht, daß ein anderer Dein Antlitz sieht. Du magst zu Deiner Entschuldigung sagen: »Ich habe den Schleier angelegt und mein Gesicht verdeckt. Ich habe dich gesucht und gesprochen [...]« Er aber wird in seinem Unwillen und Zorn erwidern: »[...] Magst du auch schön sein, mag unter allen Frauen deine Schönheit das Wohlgefallen*

des Bräutigams erwecken, wenn du dich nicht selbst kennst und mit der größten Sorgfalt dein Herz bewahrst, wenn du nicht den Blicken der jungen Männer aus dem Wege gehst, dann mußt du mein Brautgemach verlassen und Böcke weiden, die einstens zur Linken zu stehen kommen.«[4]

Den Erfolg von Hieronymus bestätigt Caesarius von Arles, der das Prinzip der Klausur für Nonnen in seine ›Regula ad virgines‹ (513) aufnahm. Er rechtfertigte die Durchsetzung dieser Norm mit dem Schutz der Jungfrauen vor Vergewaltigungen. Seiner Meinung nach wurden Frauen vergewaltigt, weil sie Frauen ohne Männer waren und nur die Begleitung anderer Frauen suchten.[5]

Wenn man den an Eustochium adressierten Text des Hieronymus mit dem Ausschnitt des Hoheliedes der Liebe, der ihn inspirierte, vergleicht, so wird der Zusammenhang von weiblicher Einschließung und sexueller Gewalttätigkeit, der dem kirchlichen Modell der Geschlechterbeziehungen entsprach, noch deutlicher. In der Textstelle aus dem Hohelied der Liebe (3, 1–4) – das den Frauen im allgemeinen nicht sehr freundlich gesinnt ist – wird von der Sehnsucht der Ehefrau und von der aktiven Suche nach dem Geliebten genau an jener Stelle gesprochen, an der Hieronymus von Vergewaltigung und Gewalttätigkeit gegen Frauen sprechen wird. Im Hohelied heißt es:

Nächtens auf meinem Lager suchte ich, den meine Seele liebt; ihn suchte ich, doch ich fand ihn nicht.
So will ich denn aufstehn, die Stadt zu durchstreifen; will auf Straßen und Plätzen den suchen, den meine Seele liebt!

---

[4] Hieronymus: *Cartas.* Hrsg. und übers. von D. Ruiz Bueno. Madrid 1962, 2 Bde. (Biblioteca de Autores Cristianos 219–220), S. 382–384, 22. Brief, Absatz 25. Die deutsche Übersetzung ist entnommen aus: Hieronymus: *Briefe. Über die christliche Lebensführung.* Dt. Übers. von Ludwig Schade, bearbeitet von Johannes B. Bauer. München 1983, S. 60 f. Ein sehr anregender Artikel über den Briefwechsel von Frauen im frühen Mittelalter: Eleanor Duckett: *Women and Their Letters in the Early Middle Ages.* Baltimore 1965.

[5] Vgl. Caesarius: *Regula ad virgines* wurde ins Französische übers. in: *Règles monastiques d'Occident,* IV–VIe siècle, d'Augustin à Ferréol. Eingeleitet von V. Desprez. In: Vie Monastique 9, Abbaye de Bellenfontaine 1980, S. 169–211. Offiziell wird die weibliche Klausur erst später, nämlich 1298, in der Bulle Periculoso von Bonifatius VIII. festgelegt. Die Klostergeschichtsschreibung diskutiert dennoch das Ausmaß – nicht die Existenz – der weiblichen Klausur im Hochmittelalter.

Ich suchte ihn, doch ich fand ihn nicht.
Die Wächter trafen mich an auf ihrer Runde durch die Stadt. »Habt ihr, den meine Seele liebt, gesehen?«
Kaum war ich an ihnen vorüber, da fand ich, den meine Seele liebt.
Ich hielt ihn fest und will ihn nicht lassen, bis ich ihn gebracht ins Haus meiner Mutter, in die Kammer von der, die mich getragen.
(3, 1–4)

Eine der Reisenden, die im 4. Jahrhundert ins Heilige Land kamen, hat uns außer ihren Reiseerinnerungen auch eine schöne Erzählung über ihre Pilgerfahrt hinterlassen. Es ist Egeria. Eine Frau, die darauf aus war, gerade das zu tun, wovon Hieronymus den Frauen abriet: »[ausziehen, um] die fremden Jungfrauen zu sehen«. Egeria war Christin und kam wahrscheinlich aus einem Ort, der an der Westgrenze des Weströmischen Reiches lag, in der Provinz *Gallaecia*.

Wir wissen nicht, ob Egeria, die Demut und Reichtum besaß, Jungfrau war oder nicht. Einige Autoren nahmen sie allerdings unter diesem Vorzeichen in die Geschichtsschreibung auf. Sie selbst kümmerte sich nicht um solche Einzelheiten. Einige haben sie mit Kaiser Theodosius in Zusammenhang gebracht, der aus dem heutigen Coca in der Provinz Segovia stammte, einem Ort, der damals zu *Gallaecia* gehörte. Egeria lebte und reiste zu Lebzeiten des Heiligen Hieronymus. Die beiden trafen aber im Heiligen Land nie aufeinander. Ihr ›Itinerarium‹, das nur unvollständig überliefert ist, wurde 1884 entdeckt und ist in über zwölf Sprachen übersetzt worden.[6]

Egeria gehörte zu einer Gruppe adeliger Römerinnen, die im 4. Jahrhundert einen Teil ihres Lebens ganz dem Reisevergnügen widmen konnten. Sie verbrachte drei Jahre in Jerusalem (381–384) – Hieronymus kam 384 dorthin – und spricht in ihrer Erzählung von ihren Reisen nach Sinai, auf den Berg Nebo, zum Grab von Job in Carneas, nach Mesopotamien und Konstantino-

---

[6] Eine katalanische Übersetzung mit lateinischem Text ist: Egeria: *Pelegrinatge*. Hrsg. von Sebastià Janeras. Fundación Bernat Metge 1986. Eine deutsche Übersetzung von Egeria erschien unter dem Namen: *Die Pilgerreise der Aetheria (Peregrinatio Aetheriae)*. Eingeleitet und erklärt von Hélène Pétré, übers. von Karl Vretska. Stift Klosterneuburg bei Wien/NÖ 1958.

pel. Aufgrund ihrer eigenen Angaben sowie indirekter Zeugnisse von Valerius von Bierzo (ein Asket und Schriftsteller des 7. Jahrhunderts) und Paulus Diaconus (ein lombardischer Geschichtsschreiber im 8. Jahrhundert) kann nachgewiesen werden, daß sie auch nach Ägypten und in andere Orte Palästinas reiste, die in ihrer Pilgerreise nicht aufscheinen, beispielsweise Bethlehem, Bithynien, der Berg Tabor, Jericho, Kafarnaum, der See Genezareth, Nazareth usw. In Ägypten wird sie außer den Klöstern (eine ihrer großen Schwächen, wie sie in ihrer Erzählung betont) auch die Pyramiden und Alexandrien besucht haben.

Egeria schrieb ihre Erzählung in Konstantinopel. Beim Schreiben denkt sie bereits wieder an die Abreise. Diesmal soll es nach Ephesos in Kleinasien gehen. Von Konstantinopel aus widmet sie ihr Werk einer Gruppe demütiger und sicherlich privilegierter Frauen, an die sie sich mit »domnae« und »sorores« (meine Gebieterinnen, Schwestern) richtet und denen sie verspricht, bei ihrer Rückkehr mit lebendiger Stimme alles zu erzählen, was sie gesehen hat. Und dies erzählt Egeria:

Wozu viele Worte? Ein schöneres Land habe ich wohl nirgends gesehen, als es das Land Gessen ist. Und so zogen wir von Arabia zwei Tage immer durch das Land Gessen und kamen nach Tanis, in die Stadt, wo geboren war der heilige Moses. Dies ist die Stadt Tanis, die einst die Hauptstadt Pharaos war.

Und nun baten sie anderntags in der Früh den Bischof, das Opfer darzubringen, wie er es auch zu tun geruhte, und nachdem uns der Bischof gesegnet hatte, brachen wir auf. Kommunizierend auch dort und Gott dankend immerdar, kehrten wir nach Jerusalem zurück über alle Haltplätze, durch die wir schon vor drei Jahren gezogen waren.

Und von dort erstieg ich am andern Tag den Taurus und zog auf schon bekanntem Weg durch alle Provinzen, die ich schon bei der Herreise durchzogen hatte, das ist Kappadozien, Galatien und Bithynien, und kam nach Chalzedon, wo ich wegen des hochberühmten Martyriums der heiligen Euphemia, das mir seit langem bekannt war und das dort liegt, am Orte blieb.

Und also am nächsten Tag übers Meer ziehend, kam ich nach Konstantinopel, Christus, unserem Gott, dankend,

weil er mich Unwürdige und Verdienstlose solcher Gunst gewürdig hat, d. h. daß er geruht hat, mir nicht nur den Wunsch nach der Reise zu gewähren, sondern auch die Möglichkeit, dorthin zu gehen, wohin ich wünschte, und wieder nach Konstantinopel zurückzukehren.
Von diesem Platz aus, meine Frauen, mein Licht, war es, da ich dies an Euer Liebden schrieb, mein Vorsatz, im Namen Christi, unseres Gottes, nach Asien zu gehen, d. h. nach Ephesus, wegen des Martyriums des heiligen und seligen Apostels Johannes, wegen des Gebetes. Wenn ich aber nachher noch lebe und irgendwelche Stätten noch besichtigen kann, werde ich entweder persönlich, falls Gott mir das zu erfüllen geruht, Euer Liebden berichten oder, wenn ein anderer Entschluß in meinem Geist reift, es Briefen anvertrauen. Ihr nur, meine Frauen, mein Licht, geruhet, meiner zu gedenken, ob ich im Leibe bin oder außerhalb dieses.[7]

Warum reist Egeria eigentlich? Vor allem aus Vergnügen und um sich einen Wunsch zu erfüllen. Denn sie selbst bezeichnet ihre Reiselust ja als göttliche Gnade. Diese göttliche Gnade hilft ihr, in schwierigen Zeiten – bei der Besteigung des Berges Sinai beispielsweise – die Müdigkeit zu überwinden. Aber sie reist auch – und darauf verweist sie in ihrem Bericht immer wieder –, um mit eigenen Augen die Spuren und lebendigen Zeugnisse der Geschichte und Erinnerung des Christentums kennenzulernen. Egeria, die eine ausgezeichnete christliche Bildung besaß, die Bibel kannte und sicher auch das Griechische beherrschte und die als eines ihrer hervorstechendsten Charaktermerkmale die Neugierde nannte,[8] zieht aus, um selbst nachzuvollziehen, was sie über die christliche Kultur – die sich auf der Iberischen Halbinsel übrigens seit dem 3. Jahrhundert ausbreitet – gelesen und gehört hat. Sie berichtet die Ergebnisse ihrer Reise einer Gruppe von Frauen, mit denen sie sich emotional verbunden fühlt. Bei ihren Nachforschungen kommt es Egeria v. a. darauf an, ihren Freundinnen zu versichern, daß all das, was sie gelernt haben, stimmt, daß das Christentum ausgezeichnet funktioniert, daß es keine

---

[7] A. a. O.: S. 9, 4–5; 16, 7; 23, 7–10.
[8] »Tunc ego, ut sum satis curiosa«, Egeria 1986, S. XVI, 3.

Erinnerung, keinen Bischof, keinen Mönch gibt, die dieses Bild trüben würden.

Läßt sich in dieser Haltung, die viele Kommentatoren Egerias eher negativ überrascht, etwas spezifisch Weibliches feststellen? Will Egeria damit beweisen, daß ihrer Reise nichts Verdächtiges anhaftet? Will sie sagen, daß weder ihr Unternehmungsgeist noch das Erfüllen ihres Wunsches eine Übertretung bedeuten, daß alles, was sie sieht, hört und tut, völlig in Ordnung ist und daß das Reisen deshalb nicht anrüchig sein kann? Beim Lesen ihres ›Itinerariums‹ gewinnen wir den Eindruck, daß sich Egeria auf ihren Reisen an den Rändern des von Frauen erwarteten Benehmens und der Erwartung der Männer ihrer Kultur und Zeit bewegt. Was den materiellen Aspekt betrifft, reist Egeria »wie ein Herr« mit einem bedeutenden Gefolge, auf gefährlichen Strecken von kaiserlichen Soldaten begleitet.[9] Sie macht sich keine Sorgen um das Essen oder um Geld. Trotzdem scheint sie ängstlich bemüht zu sein, aller Welt – und vielleicht auch sich selbst – die Richtigkeit ihrer Haltung versichern zu wollen, weil sie wahrscheinlich wußte, daß reisende Frauen auf Ablehnung stießen. In diesem Zusammenhang fällt uns die negative Einstellung des Heiligen Hieronymus zu Pilgerinnen ein oder wenigstens zu einer von ihnen, die er ihres Reichtums und ihrer Großzügigkeit wegen zum Gespött macht.[10]

Die eben zitierten Auszüge des ›Itinerariums‹ zeigen meiner Ansicht nach, daß Egeria sich auf ihren Reisen materielle und symbolische Räume des Männlichen aneignet. Sie bewahrt sich wie Odysseus einen Leuchtturm in der Heimat, einen sicheren Bezugspunkt, der sie erwartet, an sie denkt, sie bei ihrer Rückkehr empfangen und, sollte sie nicht zurückkommen, ihr Andenken bewahren wird. Und genau das ist, nach Tamar Pitch, die Achse, um die sich eine männliche Reise dreht.

Die frommen Frauen und Freundinnen, denen Egeria ihre Berichte widmet und die sie immer wieder *Lumen meum*, mein Licht, Licht meines Lebens, nennt, sind ihr Bezugspunkt. Gleichzeitig aber versucht Egeria nicht zurückzukehren, sondern immer wieder neue Reisen zu unternehmen. Es verlockt sie,

---

[9] A. a. O.: S. VII, 2; IX, 3.
[10] Im Brief 54: *A Furia*. Es scheint sich nicht um Egeria zu handeln, was aber umstritten ist (siehe Dronke 1984, S. 20).

vielleicht als Frau, auf der Reise zu sterben. Das große Abenteuer des ständigen Verlassens und Veränderns zieht sie an.[11]

Aber was reizt die Frauen gerade am Nichtzurückkehren, an der ständigen Auflösung? Warum existiert die Phantasie der Reise ohne Rückkehr überhaupt? Warum zieht dies gerade Frauen an, die wir oft mit der Seßhaftigkeit, der Weitergabe der Kultur, mit dem Bewahren herkömmlicher sozialer Werte in Verbindung bringen?

Betrachten wir die Reise in unserer abendländischen Gesellschaft ganz allgemein (u. a.) als Übergangsritus, dann gelingt es uns vielleicht, eine plausible Antwort zu finden. Wenn wir davon ausgehen, daß Reisen, insbesondere Abenteuerreisen wie die von Egeria, zu einem wesentlichen Teil darin besteht, sich einem Risiko auszusetzen, dessen Bestehen (öffentlich oder privat) den Reisenden nach seiner Rückkehr (vor sich selbst oder vor den anderen) in eine höhere Position als vor der Reise bringt, dann sehen wir, daß die ständige Auflösung, die Reise ohne Wiederkehr, eine Anziehung ist, die etwas mit dem Geschlecht der reisenden Person zu tun haben kann.

Arnold van Gennep hat gezeigt, daß Übergangsriten, die sehr häufig und auf unterschiedlichste Arten in Gesellschaften auftreten, gewöhnlich aus drei Abschnitten bestehen: Trennung, Grenz- oder Schwellenbereich und Angliederung bzw. Wiedereingliederung.[12] Der zweite Abschnitt, der des Grenz- oder Schwellenbereiches, vollzieht den Bruch mit der eigenen Normalität. Dieser Abschnitt entspricht der Reise und wird als besonders geeignet für Kreativität und Nachdenken angesehen. Meist werden Symbole eingeführt und tatsächliche Erfahrungen angeregt, die auf einen neuen Status verweisen. Der dritte Abschnitt, die An- oder Wiedereingliederung, wäre schließlich die Heimkehr und die damit verbundene Erkenntnis, den Übergang hinter sich gelassen und einen höheren Zustand erreicht zu haben.

Victor Turner hat diese von van Gennep vorgeschlagene Deu-

---

[11] Für Kinder aufbereitet wurde dieses Thema von: Adela Turín und Nella Bosnia: *Arturo y Clementina*. Barcelona 1976.
[12] Arnold van Gennep veröffentlichte ›Les rites de passage‹ 1908. Montserrat Roset möchte ich an dieser Stelle für ihre Anregung danken, die Reise als Übergangsritus zu verstehen.

tung erweitert, indem er das Modell einer symbolischen Prozeßanalyse entworfen hat.[13] Dieses Modell kann sich für Historikerinnen als äußerst nützlich und anregend erweisen, weil es den sozialen Kontext, in dem Symbole und ihre semantischen Bedeutungen entstehen und/oder erweitert werden, in seine Analyse miteinbezieht. Vor allem ein Bereich dieses Modells wurde (durch Zustimmung und Kritik) berühmt, die sogenannte »Theorie der Liminalität«. Turner untersuchte mit Hilfe dieser Theorie innovative, soziale Bewegungen, die an den Rändern der allgemeinen sozialen Organisation entstanden. Diese Bewegungen erwiesen sich durch die Phase der Ausgrenzung in ihrem Ursprung als sehr kreativ, manchmal revolutionär.[14]

Die Mediävistin Caroline W. Bynum hat die Theorie der Liminalität kritisiert. Ihre Kritik bezieht sich nicht auf die Analyse der Rituale (die die wichtigsten Quellen für Victor Turner sind), sondern auf die Analyse der Erzählungen und ganz konkret auf die spätmittelalterlichen hagiographischen Erzählungen.[15]

Ich habe die Korrektur, die Bynum am Turnerschen Modell vorgenommen hat, auf spätmittelalterliche rituelle Texte angewandt und bin zu Ergebnissen gekommen, die Bynums Thesen unterstützen.[16] Bynums Kritik (und es ist wichtig, dies an dieser Stelle zu sagen) zweifelt nicht die Gültigkeit von Turners Modell an, sondern seine universelle Anwendbarkeit. Bynum bezweifelt, daß das Modell menschliche religiöse Erlebnisse in ihrer umfassenden Bedeutung erklären kann. Nach Bynum läßt Turners Modell für hagiographische Erzählungen von Männern nicht die gleichen Schlüsse zu wie für solche von Frauen. Dem

---

[13] Vgl. Victor Turner: *The Forest of Symbols. Aspects of Ndembu Ritual.* Ithaca, New York 1967. Ders.: *Dramas, Fields, and Metaphors. Symbolic Action in Human Society.* Ithaca, New York 1974. Ders.: *The Ritual Process. Structure and Anti-Structure.* Ithaca, New York 1977.

[14] Vgl. Turner 1977, S. 131–165. Ders.: 1974, S. 69–97. Ders.: *Social Dramas and Stories About Them.* In: W. J. T. Mitchell (Hrsg.): On Narrative. Chicago 1981, S. 137–164. Victor Turner und Edith Turner: *Image and Pilgrimage in Christian Culture Anthropological Perspectives.* New York 1978.

[15] Vgl. Caroline W. Bynum: *Women's Stories, Women's Symbols. A Critique of Victor Turner's Theory of Liminality.* In: R. L. Moore und F. E. Reynolds (Hrsg.): Anthropology and the Study of Religion. Chicago 1984, S. 105–125.

[16] Vgl. Milagros Rivera: *Las freilas y los ritos de iniciación a la Orden de Santiago en la Edad Media.* In: Quaderni Stefaniani 7, 1988, S. 19–26.

möchte ich hinzufügen, daß dies auch zutrifft, wenn es auf das Ritual bezogen wird.[17]

Bynum weist darauf hin, daß sich das Modell auf das Leben von männlichen Heiligen anwenden läßt. In diesem Fall lassen sich Krise, die Phase der Liminalität (des Grenzbereiches) mit dem gewichtigen Vorhandensein von Symbolen der Statusumkehrung und Wiedereingliederung auf einer höheren Ebene als zu Beginn des Prozesses nachweisen. Wird das Modell auf das Leben von weiblichen Heiligen angewandt, so muß festgestellt werden, daß die Krisen, die die Veränderungen bewirken, nicht sehr häufig und wenig dramatisch sind. Hinweise auf eine rituelle Statusumkehrung in der Grenzbereichsphase treten kaum in Erscheinung. Es gibt auch keine eindeutige Wiedereingliederung. Im Grunde ereignet sich also nichts wirklich Wesentliches: Die weiblichen Heiligen gelangen in Wirklichkeit nirgendwohin. Bei diesen Frauen scheint vielmehr die Kontinuität über den Bruch zu siegen, die Normalität über die Erneuerung.

Warum existieren diese Unterschiede und warum lassen sie sich am Faktor Geschlecht festmachen? Wenn ich Bynums These richtig deute, dann lautet ihre Antwort: weil es notwendig ist, sich in der Norm und der Struktur zu befinden, um die Elemente, aus denen sie zusammengesetzt sind, zu hinterfragen, zu verändern oder zu modifizieren. Für die Mehrzahl der von ihr untersuchten Frauen gibt es keine Beteiligung an der Definition der Norm und den Strukturen. Die Frau ist vielmehr der asymmetrische Gegensatz für den Mann, sein Grenzbereich.

So läßt sich auch erklären, warum eines der Symbole, das für die Männer ihre Statusumkehrung in der Phase des Grenzbereichs ausdrückte, häufig im Annehmen weiblicher Charaktereigenschaften bestand: Bei Franz von Assisi war dies die Annahme der heiligen christlichen Armut und die Geburt seines ersten Schülers, um nur eines der bekanntesten Beispiele zu nennen. Für Frauen erwies sich ihre Nichtbeteiligung an der Definition der Strukturen oft als unüberwindbares Hindernis. Ihr Verhalten wurde mit Normen und Erwartungen konfrontiert, die im

---

[17] Das Modell von Turner habe ich auf Initiationsrituale für Männer angewandt in: *Los ritos de iniciación a la Orden Militar de Santiago*. In: Anuario de Estudios Medievales 12, 1982, S. 279–301 sowie in: Acta Historica et Archaeologica Mediaevalia 5–6, 1984–85, S. 111–128. Ich vergleiche es mit dem Ritual für Frauen in: *Las freilas y los ritos de iniciación* 1988.

Gegensatz zu ihrem Verständnis von Heiligkeit standen und damit nicht vereinbar werden konnten.

Wie Caroline Bynum sehr anschaulich zeigt, konnten die Frauen dem Beispiel des Heiligen Franz nicht folgen, der sich, um allen seine Verachtung dieser Welt und seine Berufung zur absoluten Armut zu beweisen, öffentlich entblößte.[18]

Kehren wir mit diesen Deutungsvorschlägen zu Egeria zurück. Wir verstehen nun ihre ständigen Reisepläne besser. Auch ihre geheimen Andeutungen im Text, kein wirkliches Interesse an einer Rückkehr und Wiedereingliederung in den Kreis ihrer Freundinnen zu haben, obwohl sie sie sehr liebte, sind uns jetzt verständlicher. Nicht nur das Reisen war damals keine Frauensache, die Frauen konnten bei ihrer Rückkehr (falls sie überhaupt zurückkamen) auf keine kulturell legitimierten Muster zurückgreifen, die ihnen eine völlige Wiedereingliederung ermöglicht hätten. Daher konnte Egeria bei ihrem Ritual als letzte Phase nur die des Grenzbereichs (ihre Reisen und Abenteuer) verwirklichen. Sie konnte nur diese Phase voll ausleben, selbst auf die Gefahr hin, daß es daraus keinen Ausweg gab. Die Erfahrung der Grenze/an den Rändern bei Egeria erinnert uns an die *mulieres viriles* ihrer Epoche, aber auch an die außergewöhnliche Beschreibung einer anderen Art von Frauen in unserer Zeit durch Clarice Lispector, die sich nicht an die dem weiblichen Geschlecht zugeschriebenen Eigenschaften halten:

Ich handle als Person, von der man sagt, daß sie sich selbst verwirklicht hat. Das Anfertigen von Skulpturen während einer nicht bestimmten und nicht kontinuierlichen Zeit gab mir eine Vergangenheit und Gegenwart, die es den anderen erlaubte, mich einzuordnen: Sie beziehen sich auf mich wie auf eine Person, die Skulpturen macht, die nicht schlecht wären, wäre es nicht ein Hobby. Für eine Frau bedeutet dieser Ruf schon viel. Er hat mich auch, für mich wie für die anderen, an eine Stelle gerückt, die sozial zwischen der eines Mannes und der einer Frau angesiedelt ist. Und das ließ mir als Frau mehr Freiheiten, da ich mich ja formal nicht darum kümmern mußte, Frau zu sein.[19]

---

[18] Vgl. Bynum: *Women's Stories* 1984, S. 109.
[19] Clarice Lispector: *La pasión según G. H.* Übers. von Alberto Villalba. Barcelona 1988. (Deutsch: *Die Passion nach G. H.* Frankfurt am Main 1990.)

Dieser letzte Satz der Autorin von ›La pasión según G. H.‹ – »Und das ließ mir als Frau mehr Freiheiten, da ich mich ja formal nicht darum kümmern mußte, Frau zu sein.« – ist für das Projekt von Egeria, die schriftliche Chronik ihrer Reisen, sehr aufschlußreich, und auch für die Anziehung, die der Frauentyp *mulieres viriles* auf einige Frauen der ersten christlichen Jahrhunderte ausübte. Das Sich-Befinden »an einer sozialen Stelle zwischen Frau und Mann« bedeutet nicht, die Identität als Frau aufzugeben, um die vorherrschende männliche (ob besser oder schlechter) anzunehmen, sondern, ganz im Gegenteil, die eigene Identität als Frau von einem interstrukturellen sozialen Raum aus, der vom Geschlechtersystem mehr schlecht als recht begrenzt wird, freier aufzubauen.

Die Tradition reisender Frauen scheint nach dem 4. Jahrhundert in Europa abzubrechen oder sich zu verlieren. Jo-Ann McNamara hat tausend Jahre später in der Frau von Bath, die der Feder von G. Chaucer (ca. 1340–1400)[20] entstammt, ein Gegenstück zu den luxuriös anmutenden Pilgerinnen à la Egeria gesehen; die Frau von Bath war allerdings eine literarische Schöpfung, nicht sehr christlich und sicher nicht ledig. Boccaccio zeichnet uns am zweiten Tag seines ›Decameron‹ eine junge, weltliche Frau ohne Mann, Tochter eines englischen Königs, die als Abt verkleidet nach Rom reist, um einer Heirat mit einem alten Mann zu entkommen. Wir wissen auch von einigen Königinnen und Adeligen, die Pilgerfahrten unternahmen. Aber als Prototyp der Frau des Mittelalters um vieles berühmter als all diese ist leider Griselda, die sich in ihrem ganzen Leben nicht weiter bewegte als zwischen der Hütte ihres Vaters und dem Palast ihres grausamen Herrn und Gemahls.[21]

---

[20] Vgl. Jo-Ann McNamara: *Muffled Voices. The Lives of Consecrated Women in the Fourth Century.* In: J. A. Nichols und L. T. Shank (Hrsg.): Distant Echoes. Medieval Religious Women, I. Kalamazoo/MI 1984, S. 11–27; hier: S. 25.

[21] Deutsche Übersetzung: Boccaccio: *Das Dekameron.* Vollständige Ausgabe. 9. Aufl. München, Zürich 1991. Siehe Kap. VIII: Marie de France: Die Kindestötung.

IV. Radegunde, Agnes und Baudonivia: Die Ernährung

Wie in vielen anderen Epochen, so waren auch im Mittelalter die Frauen für die Herstellung und Verteilung der Nahrungsmittel zuständig. Die Ernährung der Kinder und Männer der Gruppe ist möglicherweise eine der wenigen wirtschaftlichen und sozialen Machtstellungen, die die Frauen mit einem gewissen Grad an Unabhängigkeit innehaben konnten. Andere zu ernähren ist eine der Verhaltensnormen für das weibliche Geschlecht, die die patriarchale Kultur von allen Frauen, ohne Beachtung der Klassenschranken, erwartet.

Mit Frauen verbinden wir nicht so sehr den Verzehr von Nahrungsmitteln, sondern vielmehr deren Zubereitung und Aufbewahrung. Sie sind es, die die Nahrungsmittel bearbeiten, damit andere sie genießen können. Einige behaupten sogar, daß die Frauen mehr Vergnügen daran fänden, wenn ihre Mitmenschen und nicht sie selbst die Nahrungsmittel verspeisen. Es handelt sich jedenfalls um eine überaus unbefriedigende Art der Machtausübung. Am Beispiel einer alten Frau aus einem Dorf in Gothien, an der Westgrenze des Weströmischen Reiches, sehen wir eine enge Beziehung zwischen Kontrolle und Enthaltsamkeit, die die Ernährung der Gruppe für die Frauen mit sich bringt. Es ist gerade deswegen signifikant, weil es eine so selbstverständliche und alltägliche Situation beschreibt, die eigentlich niemandem weiter auffallen würde. Diese alte Frau hat am Ende des 4. Jahrhunderts einem Mann, der später heiliggesprochen wurde, das Leben gerettet. Es war der Heilige Sabas. Ohne ihre Hilfe wäre er niemals in den Himmel gekommen, weil er vor seinem Martyrium verhungert wäre. Sabas wurde nach seiner Folterung mitten in der Nacht auf die Straße gesetzt und an die Achsen eines Karren gebunden. Die Alte, die Mitleid mit ihm empfand und ihn befreite, »war die ganze Nacht aufgeblieben, weil sie für ihre Familie Fleisch kochte.«[1]

---

[1] Zitiert bei E. A. Thompson: *The ›Passio S. Sabae‹ and Early Visigothic Society*. In: Historia 4, 1955, S. 331–338; 337.

Auch wenn die Zubereitung der Nahrungsmittel sehr schwierig war, so verschaffte sie den Frauen im Mittelalter weder Reichtum noch soziales Ansehen. Das Produkt ihrer Arbeit entglitt täglich ihren Händen, um in den Stoffwechsel der Familienmitglieder zu wandern. Außerdem wurde ihnen die Kontrolle der Nahrungsmittel nur vom Ehemann oder Vater, dem Familienoberhaupt übertragen. Ihm waren sie Rechenschaft schuldig. Auf der Ebene der Repräsentationen wird ihre Rolle als Ernährerin eng mit der Natur in Verbindung gebracht und verwandelte sich deshalb für sie in eine unveränderbare Last, die von der Geschichte nicht bewegt werden konnte. Die Erfahrung der Kinder, daß die Mutter fähig ist, sie zu ernähren, wird folgendermaßen als ideologische Rechtfertigung benutzt: Weil sie das Kind stillt (scheint der Diskurs zu sagen), könne sie sich ebenfalls der Ernährung der ganzen Familie widmen. Der ab dem 12. Jahrhundert (ab dem Zeitpunkt, als die Frauen als Kollektiv für die Männer in Europa zu einem Problem wurden) festzustellende ikonographische Erfolg der Stillenden Jungfrau, die den vor ihr knienden Gläubigen großzügig ihre Milch gibt, scheint, neben vielen anderen Bedeutungen, zu suggerieren, daß die den Frauen zufallende Rolle der Ernährerinnen der Gruppe den Charakter eines Wunders hat. Vielleicht mußte es wirklich als Wunder angesehen werden, daß die Frauen weiterhin ohne großen Widerstand ihre Rolle als Ernährerinnen der Gruppe ausübten.[2]

Die Frauen mußten im Mittelalter den materiellen und symbolischen Raum der Ernährung nicht erst für sich fordern. Einige Frauen scheinen ihn vielmehr abzulehnen, nicht betreten zu wollen und sich selbst mehr oder weniger offen zu verweigern. Ida Magli betrachtet die Entscheidung, in dieser Zeit Nonne zu werden, als Widerstand gegen diese soziokulturell aufgezwungene Rolle, als einen Ausweg innerhalb der dominanten Kultur, die nicht an deren Rand führt wie die Prostitution oder der Wahnsinn. Für die Frauen war dieser Ausweg befreiend. Sie mußten nun nicht mehr für andere kochen. Im Mittelalter finden

---

[2] Eine Studie zur Bedeutung der Ikonographie der stillenden Jungfrau in der Toskana des 14. Jahrhunderts ist: Margaret R. Miles: *The Virgin's One Bare Breast. Female Nudity and Religious Meaning in Tuscan Early Renaissance Culture*. In: Susan R. Suleiman (Hrsg.): The Female Body in Western Culture. Contemporary Perspectives. Cambridge/MA 1986, S. 193–208.

wir wirklich einige merkwürdige Verhaltensweisen bei Nonnen in bezug auf Nahrungsmittel und Ernährung. Falls dieses Verhalten auch bei den Müttern auftrat, so waren die Quellen bei dessen Überlieferung nicht sehr großzügig.[3]

Radegunde und Agnes, zwei Nonnen, die im 6. Jahrhundert in einem französischen Kloster lebten, legen ein sehr frühes und überaus interessantes Zeugnis vom besonderen Verhalten von Frauen bei der Zubereitung, dem Verzehr, dem Genuß und der Verweigerung von Nahrung ab.

Die Heilige Radegunde (518–13. August 587) war Tochter des Königs von Thüringen und eine berühmte Frau im merowingischen Frankenreich. Der Frankenkönig Chlodwig eroberte 531 Thüringen, heiratete Radegunde und machte sie zur Königin der Franken. Nach sechs Ehejahren ohne Nachkommenschaft verließ Radegunde den Hof. Es gelang ihr, wenn auch nicht ohne Schwierigkeiten, Diakonissin in Noyon zu werden. Später gründete sie das Kloster Sainte Marie in Poitiers, das, nachdem Radegunde vom Kaiser Justin II. eine Reliquie des Heiligen Kreuzes erhalten hatte, den Namen Sainte-Croix erhielt. Bei der Klostergründung ernannte sie Agnes zur Äbtissin. Beide haben einen Großteil des ihnen noch verbliebenen Lebens im Kloster in Poitiers verbracht.

Um das Jahr 565 kam der Priester Venantius Fortunatus bei seiner Wallfahrt zum Heiligen Martin von Tours nach Poitiers, nachdem er das Gebiet von Treviso in Norditalien hinter sich gelassen hatte. Er war Musikant, Komponist, Sänger und Dichter.

---

[3] Vgl. Ida Magli: *Monachesimo femminile*. In: Serena Castaldi und Liliana Caruso: L'altra faccia della storia (quella femminile). Mesina, Florenz 1975, S. 125–132. Über rituelle Gewohnheiten bei der Ernährung im Kloster: Patricia Curran: *Grace Before Meals. Food Ritual and Body Discipline in Convent Culture*. Urbana/IL 1989. Über Anorexie bei Nonnen gibt es außer den Hinweisen in den anderen Fußnoten dieses Kapitels folgende Studien: Rudolph M. Bell: *Holy Anorexia*. Chicago 1985; Caroline W. Bynum: *Women Mystics and Eucharistic Devotion in the Thirteenth Century*. In: Women's Studies 11, 1984, S. 179–214; Dies.: *Holy Feast and Holy Fast. The Religious Significance of Food to Medieval Women*. Berkely/CA 1987. Eine frühe feministische Herangehensweise an die Anorexie: Marlene Boskind-Lodhal: *Cinderella's Stepsisters. A Feminist Perspective on Anorexia Nervosa*. In: Signs 2, 1976, S. 342–346. Zwei jüngst erschienene Synthesen der Geschichte der Beziehungen zwischen Frauen und dem Essen oder dem Nichtessen: Joan J. Brumberg: *Fasting Girls. The History of Anorexia Nervosa*. New York 1989; Hillel Schwartz: *Never Satisfied. A Cultural History of Diets, Fantasies, and Fat*. New York 1986.

Im merowingischen Frankenreich kannte er den Geschichtsschreiber und Bischof Gregor von Tours, den König von Austrasien, Sigibert, und dessen Frau Brunhilde. Er kam sicherlich auf deren Empfehlung nach Poitiers, wo er Radegunde kennenlernte und bis an sein Lebensende (ca. 605) blieb. Er wurde persönlicher Berater von Radegunde, Verwalter des klösterlichen Besitzes und kurz vor seinem Tod auch Bischof der Stadt.

Zwischen Venantius, Radegunde und Agnes entstand eine enge und dauerhafte Freundschaft, in der merkwürdigerweise das Essen eine zentrale Rolle spielte. An diesem Punkt der Analyse angelangt, wird die Rekonstruktion und Interpretation der Ereignisse aufgrund der Quellenlage schwierig: Es muß darauf hingewiesen werden, daß wir weder von Radegunde noch von Agnes ein Schreiben persönlichen Inhalts besitzen.[4] Beide Frauen waren sehr gebildet. Was wir über sie wissen, stammt jedoch von Venantius Fortunatus, von Gregor von Tours und der Nonne Baudonivia, einer ihrer Klostergefährtinnen und Mitbewohnerinnen. Im Geschichtswerk von Gregor von Tours finden wir einige Hinweise auf sie. Von Fortunatus besitzen wir mehr als 20 Epigramme, die er Radegunde und Agnes schickte[5], sowie eine hagiographische Biographie Radegundes: ›Vita Sanctae Radegundis‹[6]. Baudonivia hat kurz nach 600 ebenfalls eine Hagiographie über die Gründerin des Klosters verfaßt.[7] Von Fortunatus wissen wir auch, daß sowohl Radegunde als auch Agnes ihm Verse *(carmina magna)* schickten, durch die sie wahrscheinlich mit seinen Versen in einen Dialog traten. Aber obwohl die Schriften von Fortunatus im Kloster von Poitiers aufbewahrt

---

[4] Dronke (1984, S. 28) erwähnt ein paar Briefe in Versform von Radegunde an einen Cousin und an einen Neffen.

[5] Charles Nisard hat dies sehr genau studiert in: *Des rapports d'intimité entre Fortunat, S. Radegonde et l'abbesse Agnès*. In: Comptes Rendus de l'Académie des Inscriptions et Belles Lettres 15, 1889, S. 30–49.

[6] Venantius Fortunatus: *Vita S. Radegundis*. In: MGH: Scriptores rerum merovingicarum, II, S. 364–377; von René Aigrain gibt es davon eine französische Übersetzung, die 1909 bei Bloud in Paris erschienen ist.

[7] Baudonivia: *De Vita Sanctae Radegundis Liber II*. In: MGH: Scriptores rerum merovingicarum, II, S. 377–395. Zur Biographie von Radegunde siehe: Franca Ela Consolino: *Due agiografie per una regina. Radegonda di Turingia fra Fortunato e Baudonivia*. In: Studi Storici 29, 1988, S. 143–159. Cristina Papa bereitet in Rom eine Dissertation über die heiligen Königinnen des Hohen Mittelalters vor.

wurden, sind uns die der beiden Frauen nicht überliefert. Entweder hat sie Fortunatus nicht mit viel Liebe aufbewahrt, oder sie gingen später verloren.

Die beiden hagiographischen Biographien von Radegunde, die für ihre Kanonisierung geschrieben wurden, lassen sich wie alle Heiligenleben nur beschränkt als historische Quellen nutzen. Sie haben jedoch den Vorteil, daß beide von Personen geschrieben wurden, die Radegunde sehr nahe standen. Aber die geschichtlichen Daten über ihr Leben bleiben wegen der übertriebenen Lobgesänge auf die Königin zu oft im Dunkeln.

Vergleichen wir die beiden Biographien miteinander, so stellen wir sofort eine unterschiedliche Darstellung der Heiligen fest. Bei der Beschreibung ihres Charakters betont Venantius Fortunatus (seine ›Vita‹ war übrigens, historisch gesehen, die erfolgreichere) die stereotypen Züge wie Bescheidenheit, Selbstverleugnung und Dienst an anderen – Züge also, die einen wichtigen Teil des von Frauen erwarteten Benehmens und der Charakterisierung des weiblichen Geschlechts ausmachten – so stark, daß letztlich nur eine schablonenhafte Figur überbleibt. Baudonivia hingegen spricht vom Interesse Radegundes für die Politik des Königreiches, für den Frieden und das Verhalten der königlichen Familie, von ihrer Leselust und ihrer Zuneigung zu den Nonnen ihrer Kongregation, die sie förderte und die ihr halfen, ihre Blutsverwandten zu vergessen. Die zwei folgenden Zitate illustrieren diese Unterschiede sehr gut. Baudonivia sagt:

Immer um den Frieden bemüht und jedesmal, wenn die verschiedenen Königreiche aufeinanderstießen, um das Wohl des Vaterlandes besorgt; denn sie liebte alle Könige, legte Fürbitte für das Leben aller ein und lehrte uns, ohne Unterlaß für ihre Dauer und Unversehrtheit zu beten. Wenn sie erfuhr, daß zwischen ihnen schändlicher Streit aufgebrochen war, dann zitterte sie am ganzen Körper und schickte Briefbotschaften zu dem einen wie dem anderen, nur damit sie nicht zu den Waffen greifen und einen Krieg vom Zaun brechen, sondern Frieden halten sollten und so das Vaterland keinen Schaden leiden mußte. Andere Briefe sandte sie an die hohen Amtsträger, damit diese ihre Könige so beraten sollten, daß ihre Völker und das Vaterland selbst in größerer Sicherheit leben konnten [...]

Und als es fast Nacht war und sie meinte, dem Schlaf noch eine Stunde rauben zu können, so tat sie das, um noch zu lesen [...]
Sie liebte ihre Klostergemeinschaft so sehr, daß sie ganz auf ihre Verwandten und ihren königlichen Ehemann vergaß. Bei ihren Predigten sagte sie uns oft: »Euch, meine Töchter, habe ich erwählt, Euch, mein Augenlicht, mein Leben, meine Ruhestätte und mein ganzes Glück, euch, ihr neuen Früchte. Betet mit mir heute, damit wir unsere Zukunft genießen können. Dienen wir dem Herrn aus ganzem Herzen und in tiefem Glauben, damit wir ihm in Vertrauen sagen können: Herr, gibt uns, was du uns versprochen hast, denn wir haben gemacht, was du verlangt hast.«[8]

Soweit Baudonivia. Venantius Fortunatus sagt über Radegunde:

Während alle Nonnen noch schliefen, putzte und polierte Königin Radegunde die Schuhe und gab sie jeder Nonne. Sie führte immer, außer zu Ostern oder bei wichtigen Festen oder wenn eine Krankheit es verhinderte, ein genügsames Leben, einfach gekleidet. Sie stand immer vor der Gemeinschaft auf. Was die Pflichten des Klosterlebens betrifft, so machte sie nichts lieber, als die erste zu sein, und sie freute sich, wenn sie eine gute Tat vor allen anderen beendet hatte. Sie kehrte die Straßen und Ecken des Klosters, reinigte es und schreckte vor keinen Arbeiten zurück, deren Anblick andere erzaudern ließ: Sie schleppte Baumstämme, hütete das Feuer mit dem Blasebalg und der Feuerzange. Es war ihr egal, ob sie dabei stürzte, sie stand immer wieder auf. Sie kümmerte sich nach dem siebenten Arbeitstag noch um die Kranken, kochte selbst ihr Essen und wusch das Gesicht der Leidenden. Sie brachte ihnen warme Getränke und kehrte selbst in ihre Zelle zurück, ohne zu essen.
Wer könnte auch nur annähernd beschreiben, mit wieviel Sorgfalt sie die Küche betreute und so ihre septimana *erfüllte? Keine andere Nonne, nur sie, schleppte das Brenn-*

---

[8] Baudonivia: *De Vita*, Kap. 8, 9 und 10. Die Worte, die Baudonivia Radegunde in Latein in den Mund legt, sind sehr schön: »Vos elegi filias, mea lumina, vos, mea vita, vos, mea requies totaque felicitas, vos novella plantatio.« (Kap. 8, S. 383).

holz von der Hintertür dorthin, wo es gebraucht wurde. Sie brachte das Wasser vom Brunnen und verteilte es auf die Krüge. Sie putzte und wusch das Gemüse, ließ das Feuer nicht ausgehen, wusch und servierte das Essen. Nach dem Essen spülte sie das Geschirr, reinigte die Küche, bis sie glänzte und trug das, was schmutzig war, an den dafür vorgesehenen Platz nach draußen. Mit der allerheiligsten Geduld wusch und küßte sie Füße. Als sie krank wurde, bat sie alle um Verzeihung für die Nachlässigkeiten, derer sie sich schuldig gemacht hatte.[9]

Der Realismus und die Komplexität der Nuancen, die Baudonivia bei der Beschreibung der Persönlichkeit von Radegunde erreicht, stehen in einem starken Gegensatz zum tragikomischen Bild, das Venantius Fortunatus zeichnet. Ich gehe deshalb davon aus, daß Angaben in der ›Vita Radegundis‹ von Baudonivia trotz der hagiographischen Absicht des Werkes als historische Informationen benutzt werden können. Konkret beziehe ich mich auf das, was über die Einstellung der Heiligen zur Nahrung gesagt wird. Die Epigramme von Venantius, die er Radegunde und Agnes schrieb und ihnen schickte, enthalten wunderbare Aussagen zu eben diesem Thema. (Wie schon erwähnt, besitzen wir die Antworten, die die Nonnen ihm zukommen ließen, leider nicht.)[10]

Schon vor der Gründung des Klosters Sainte-Marie von Poitiers zeigte Radegunde eine besondere Vorliebe für das Fasten, obwohl von ihr nie behauptet wurde, sie ernähre sich nur von der heiligen Kommunion, was von vielen anderen weiblichen Heiligen und auch einigen wenigen männlichen im Frühmittelalter bekannt ist. Keine Nahrung zu sich zu nehmen war für Radegunde die Lösung für Probleme, die gemeinhin als fleischliche bezeichnet werden. Baudonivia erzählt, daß der königliche Ehemann von Radegunde sich noch vor ihrem Klostereintritt nicht mit ihrem Fortgehen zufriedengeben wollte und sie suchte, um sie zur Rückkehr an den Hof zu bewegen. Radegunde, die nicht zu ihrem Ehemann zurückkehren wollte, benutzte alle ihr zur Verfügung stehenden göttlichen Mittel, um Chlodwig davon ab-

---

[9] Venantius Fortunatus: *Vita S. Radegundis*, Kap. 23.
[10] Diese Epigramme sind in der: MGH: *Auctores antiquissimi*, IV, 1/2 ediert.

zubringen, trug außerdem einen rauhen Bußgürtel und hörte auf zu essen.[11]

Nach ihrem Eintritt ins Kloster, in dem ihre Freundin Agnes Äbtissin war, kam der König noch einmal, um sie zu suchen. Diesmal gelang es Radegunde mit Hilfe des Bischofs von Paris, den König von seinem Irrtum zu überzeugen. Als Dank fastete sie um so strenger. Von Caesaria, der Äbtissin von Arles (Schwester Caesaria von Arles), besitzen wir einen Brief an Radegunde, in dem sie ihr rät, die Askese nicht zu lange auszudehnen.[12] Ihr Ruf als Fastende blieb ihr in ganz Mitteleuropa erhalten: Der später entstandene Roman ›Die Goldene Legende‹, eine berühmte Quelle vom Ende des 13. Jahrhunderts, verbindet dieses Thema mit ihr und berichtet über so grausame Bußmaßnahmen an Körper und Taille, daß es aussah, als wollte sie ihre Verdauung endgültig erwürgen. ›Die Goldene Legende‹ berichtet:

> *Zu bestimmten Anlässen trug sie vierzig Tage lang Eisenringe um ihren Hals und an ihren Armen. An diesen Eisenringen waren drei Ketten befestigt, die ihren Körper so zusammendrückten, daß sie sie nach der Fastenzeit nicht mehr heruntergeben konnte, weil sie sich so sehr in ihr Fleisch eingeschnitten hatten, daß man sehr heftig daran ziehen mußte. Durch kräftiges Ziehen gelang es schließlich, sie davon zu befreien. Aber um ihre Taille blieb eine riesige Wunde zurück, aus der Blut spritzte.*[13]

Baudonivia bemüht sich, vor allem Radegundes strenge Fastenzeiten während des Rest ihres Lebens als Nonne hervorzuheben. In dieser Zeit widmete sie sich der Essenszubereitung für andere. Sie selbst, sagt Baudonivia, verteilte Nahrungsmittel unter den Armen, während »sie sich, so lange ihre Krankheit es erlaubte,

---

[11] Die Sätze von Baudonivia, voll dramatischer Stärke, müssen im Original wiedergegeben werden: »Haec audiens beatissima, nimio terrore perterrita, se amplius cruciandam, tradidit cilicio asperrimo ac tenero corpori aptavit; insuper et ieiunii cruciationem indixit.« (Kap. 4).

[12] MGH: *Briefe*, I, S. 450–453 (zit. bei Dronke 1984, S. 28).

[13] Santiago de la Vorágine: *La Leyenda Dorada*. Übers. von J. M. Macías. 2 Bde. Madrid 1982, S. 982. Diese Sammlung von Heiligenleben wurde um das Jahr 1264 geschrieben, bestand aus 182 Kapiteln, denen im Laufe der Zeit weitere hinzugefügt wurden, um der Nachfrage des europäischen Publikums gerecht zu werden. Das Kapitel über Radegunde, das 240., wurde später hinzugefügt.

selbst eine so mühselige Enthaltsamkeit abverlangte, daß ihr Geist, eingegangen in Gott, nach keiner irdischen Nahrung mehr verlangte«. Für die anderen der Gemeinschaft vollbrachte sie aber das Wunder der Vermehrung des Weines. Die Äbtissin Agnes hatte ihr ein Faß, das acht Scheffel maß, gegeben, und Radegunde verteilte daraus Wein an die Heiligen, ohne daß der Inhalt je zur Neige ging.[14]

Als Venantius Fortunatus nach Poitiers kam und seine Freundschaft mit Radegunde und Agnes begann, wurde das Verhalten der drei in bezug auf die Ernährung zu einem zentralen und konfliktreichen Thema zwischen ihnen. Radegunde war damals zwischen 45 und 50 Jahre alt, Fortunatus zehn oder 15 Jahre jünger, und Agnes war wahrscheinlich in seinem Alter. Das können wir aus Bemerkungen von Fortunatus, der Agnes zum Beispiel als seine Schwester oder als geistige Tochter von Radegunde bezeichnet, schließen. Radegunde setzte ihr strenges Fasten fort und ging dabei so weit, sich während der ganzen Fastenzeit an einem Ort zu verstecken, den nur Agnes kannte. Sie nahm keinerlei Nahrung zu sich, was ihre Freunde, die sie zu Ostern triumphierend empfingen, mit Angst erfüllte. Venantius Fortunatus aß außerhalb und innerhalb des Klosters mit außergewöhnlicher Gefräßigkeit. Agnes bereitete ihm die besten Leckerbissen zu. Sie genoß die Lust, die dieser beim Essen der von ihr zubereiteten Speisen empfand. Aus den Epigrammen des Venantius wissen wir, daß Agnes von ihm ganz genau wissen wollte, was er beim Essen der verschiedenen Lebensmittel empfand, in welcher Reihenfolge sie ihm aufgetragen wurden, wieviel er zu sich nahm und was er über ihre Qualität dachte. Wir wissen auch, daß Radegunde sich bei einem speziellen festlichen Anlaß, nämlich beim Festessen zum Jahrestag der Ernennung von Agnes zur Äbtissin von Sainte-Marie (durch Radegunde), weigerte, etwas zu essen. Die zu Tode betrübte Agnes nahm ebenfalls kein Essen zu sich. Venantius aber, den die Sorgen der beiden Freundinnen nicht zu beunruhigen schienen, verschlang, soviel er konnte. In einem seiner Gedichte erzählt er uns davon.[15]

Die Bedeutung der angespannten Haltung dieser beiden

---

[14] Baudonivia: *De Vita*, Kap. 8 und 10, S. 383, 384.

[15] Vgl. MGH: *Auctores Antiquissimi*, IV, 1/2, S. 54. Nisard 1889, S. 44–46. Über das Alter von Radegunde siehe: MGH: *Auctores Antiquissimi*, IV, 1/2, S. XI–3, 6 und 7.

Frauen zur Ernährung ist nur sehr schwer verständlich. Bei Radegunde könnten wir von Anzeichen einer Anorexie sprechen, obwohl die Studien über diese bezeichnenderweise weibliche Krankheit – die bis ins 18. Jahrhundert nicht als Krankheit angesehen wurde – besagen, daß keine Fälle anorektischer Heiliger (wie beispielsweise Katharina von Siena, 1347/1380, oder Lidwina von Schiedam, geboren 1433) vor dem 11. Jahrhundert auftreten.[16] Aber welchen Sinn ergibt die ausgesprochen widersprüchliche Haltung von Agnes? Spiegelt sie die Spannungen zwischen Radegunde und Venantius wider wegen der Zuneigung, die beide für Agnes empfanden? Charles Nisard, der die Beziehungen dieser drei Personen am genauesten beleuchtet hat, geht bezeichnenderweise von einer Rivalität zwischen den beiden Frauen um die Zuneigung des Priesters aus. Aus dieser Perspektive interessiert ihn in erster Linie der Beweis, daß die Liebe von Fortunatus völlig unschuldig war.[17] Was die mir bekannten Studien über die Haltungen der mittelalterlichen Frauen zur Nahrung betrifft, so berücksichtigt keine den hier behandelten Fall, dennoch können ihre Hypothesen zu seinem Verständnis beitragen.

Caroline W. Bynum geht in ihrer Studie über das Fasten, das Feiern und das Fleisch (›Fast, Feast, and Flesh‹) und deren Bedeutung für die Frauen von der Annahme aus, daß das Essen im

---

[16] Vgl. Caroline W. Bynum: *Fast, Feast, and Flesh. The Religious Significance of Food to Medieval Women.* In: Representations 11, 1985, S. 1–25;4–9. Genauer bei: Ginette Raimbault und Caroline Eliacheff: *Les indomptables. Figures de l'anorexie.* Paris 1989, S. 13–32 (hier geht es auf den Seiten 231–264 um Katharina von Siena).

[17] Vgl. Nisard 1889, S. 48. Ein Beispiel für den Ton des Gedichts von Fortunatus findet sich im Kapitel XI–6:
»Mater honore mihi, soror autem dulcis amore,
quam pietate fide pectore corde colo,
caelesti affectu, non crimine corporis ullo:
non caro, sed hoc quod spiritus optat amo.
Testis adest Christus, Petro Pauloque ministris,
cumque piis Sociis sancta Maria videt,
te mihi non aliis oculis animoque fuisse,
quam soror ex utero tu Titiana fores,
ac si uno partu mater Radegundis utrosque,
visceribus castis progenuisset, eram,
et tamquam pariter nos ubera cara beatae,
pavissent uno lacte fluente duos.«
(MGH: *Auctores Antiquissimi*, IV, 1/2, S. 260).

Mittelalter als zentrales religiöses Symbol im christlichen Ritual zu verstehen ist. Denn es wurde mit der Erlösung und dem Kontakt mit dem Göttlichen assoziiert, die über die Eucharistie hergestellt wurden. Dieses religiöse Symbol war aus drei Gründen für die Frauen (es gibt mindestens 30 anorektische weibliche Heilige, aber nur zwei oder drei männliche) von größerer Bedeutung als für die Männer: Die Frauen waren die Ernährerinnen der Gruppe, sie traten in ihre Umgebung über die Nahrung ein und kontrollierten ihren Körper durch das Fasten. Die weibliche Anorexie im Mittelalter und insbesondere das damit verbundene körperliche Leiden sind nach Bynum nicht als Verweigerung der Rolle der Ernährerinnen der Gruppe, die den Frauen von der Gesellschaft auferlegt wurde, zu verstehen, sondern vielmehr als völlige Identifikation mit dieser Rolle.

> *Die Frauen verwandeln sich durch die mystische Nahrung in eine noch vollständigere Form des Essens und des Fleisches, als die ohnehin von ihnen erwartete. Durch die Vereinigung mit Christus wurde die Frau ein Wesen ganz aus Fleisch und Nahrungsversorgung, eins mit dem von Gott erzeugten Leiden. [...] Nahrung bedeutete vor allem Fleisch; und Fleisch bedeutete Leiden; [...] und dieses wiederum bedeutete Erlösung. Fasten, sich ernähren und Feste feiern waren also nicht Gegensätze, sondern vielmehr Synonyme.*[18]

Für die Frauen war das anorektische Verhalten also keinesfalls befreiend.

Margaret R. Miles geht in einer kritischen Rezension des Werkes von Bynum hingegen davon aus, das übermäßige Fasten doch als eine Form des Widerstands zu verstehen. Ihr zufolge

> *könnten die modernen Anorektikerinnen, die sich darüber aufregen, daß ihre Körper zu dick sind, wie die Frauen des Mittelalters eine unerträgliche Asymmetrie zum Ausdruck bringen wollen zwischen dem, was die Kultur ihnen zuschreibt und ihren eigenen Ansprüchen.*[19]

---

[18] Bynum 1985, S. 16. Dies.: *Holy Feast and Holy Fast* 1987, S. 114.

[19] Margaret R. Miles: *From Ascetics to Anorexics*. In: The Women's Review of Books V/2, Nov. 1987, S. 22–23. Noelle Caskey kommt in einer Jungschen Interpretation der heutigen *anorexia nervosa* zum Schluß, daß es sich um eine auto-

Rudolph Bell schlägt in einer Studie über die »anorexia sacra« des mittelalterlichen und neuzeitlichen Europa vor, die besondere Tendenz vieler weiblicher Heiliger zum rigorosen Fasten mit einer besonderen, geschlechtsspezifischen Beziehung zur Sünde zu erklären. Den Frauen sei im Mittelalter eingeschärft worden, daß die Sünde im Inneren ihres Selbst zu Hause sei. Deshalb mußte die ethische Beziehung zu ihrem Körper notwendigerweise entfremdet und selbstzerstörerisch sein. Für die Männer hingegen war die Sünde eine irrige Antwort auf einen von außen kommenden Reiz. Die Anorexie würde demnach die Sünde und den eigenen Körper gleichzeitig negieren. Außerdem würden die Anorektikerinnen, ich verfolge dabei immer noch die Gedanken von Bell, mit diesem auffallenden und extremen Verhalten die von ihnen erwartete soziale Rolle passiver Wesen verweigern, denn durch das Fasten werden Krankheit und Tod aktiv hervorgerufen. Gleichzeitig wird der Pflicht, sich für andere aufzuopfern, zuwidergehandelt.[20]

Wenn wir das übertriebene Fasten mit einer Grenzüberschreitung, einer Sünde, assoziieren, könnten wir dann die Beziehung zwischen Radegunde und Agnes als eine jener Episoden von Liebe und intimer Freundschaft zwischen Frauen deuten, von denen wir Historikerinnen behaupten, daß sie so schwer nachzuweisen sind?[21] Da wir über keine persönlichen Schriften der beiden Nonnen verfügen, von den Informationen, die wir von Venantius Fortunatus haben, einmal abgesehen, scheint uns diese Interpretation den Vergleich mit Personen nahe zu legen, die später gelebt haben, sich ebenfalls dem religiösen Leben widmeten und über die wir mehr wissen. Der Heilige Aelred von

---

nome oder unabhängige Wahl handelt: »Anorexia, then, calls attention to the plight of its sufferer in a way that is intended to bring resolution to the problem. In its misguided and paradoxical way, anorexia is a search for autonomy, independence, and spiritual growth.« (*Interpreting anorexia nervosa*. In: Suleiman [Hrsg.] 1986, S. 174–189; 189.)

[20] Vgl. Rudolph Bell 1985.

[21] Siehe beispielsweise John Boswell: *Christianity, Social Tolerance, and Homosexuality. Gay People in Western Europe from the Beginning of the Christian Era to the Fourteenth Century*. Chicago 1980. Auf den Seiten 220 und 221 stellt Boswell seine Übersetzung der zwei schönsten mittelalterlichen Liebesgedichte vor, die wir von einer Nonne an eine andere besitzen. Eine andere Version davon finden wir bei Peter Dronke: *Medieval Latin and the Rise of European Lovelyric*, 2 Bde., II. Oxford 1968, S. 476–482.

Rievaulx (ca. 1110–1167) beispielsweise war einer der wenigen anorektischen männlichen Heiligen des Mittelalters.[22] Er leitete als Abt das Zisterzienserkloster Rievaulx in Nordengland, war bischöflicher Freund des Heiligen Bernhard von Clairvaux und Verfasser einer Abhandlung über die geistige Freundschaft (›De spriruali amicitia‹). Darüber hinaus war er einer der leidenschaftlichsten Liebhaber von Männern, die uns aus dieser Zeit bekannt sind. Auch Benedetta Carlini hatte Schwierigkeiten mit der Nahrungsaufnahme. Sie war im 17. Jahrhundert Äbtissin in der Toskana und verbrachte 35 Jahre im Gefängnis, weil sie sexuelle Beziehungen zu einer anderen Nonne hatte. Ihre Geschichte wurde durch das kürzlich erschienene Buch von Judith Brown berühmt.[23] Wenn die Vermutung zutrifft, daß zwischen Radegunde und Agnes eine intime Freundschaft bestand, dann würde Radegunde ihr Körper als semantisches Mittel dienen, mit dem sie ihr eigenes Verlangen ausdrückt. Weil ihr die Worte fehlten, um dies auszudrücken, oder weil es ihr nicht gestattet war, die Worte, falls sie ihr zur Verfügung standen, auch zu benutzen, griff sie auf eine in ihren Körper eingeschriebene Sprache zurück.

John Boswell hat das erste Gesetz gegen Homosexualität auf das 6. Jahrhundert, in dem Radegunde, Agnes und Venantius Fortunatus gelebt haben, datiert. Die Homosexualität wurde nun zu einem schweren Vergehen und ab 533 mit Ehebruch gleichgesetzt und deshalb, zumindest dem Gesetz nach, mit der Todesstrafe geahndet.[24] Diese gesetzliche Normierung (unter

[22] Über die Homosexualität von Aelred siehe Boswell 1980, S. 221–226. Daß er Anorektiker war, nimmt Caroline W. Bynum (1985) an. Boswell interessiert dieser Aspekt nicht.

[23] Judith C. Brown: *Immodest Acts. The Life of a Lesbian Nun in Renaissance Italy*. New York, Oxford 1986. (Deutsch: *Schändliche Leidenschaften. Das Leben einer lesbischen Nonne in Italien zur Zeit der Renaissance*. Übers. von Barbara Rojahn-Deyk. Stuttgart 1988.) Von Janice G. Raymond gibt es einen sehr interessanten Essay über die Freundschaft zwischen Frauen: *A Passion for Friends. Towards a Philosophy of Female Affection*. Boston 1986. (Deutsch: *Frauenfreundschaft. Philosophie der Zuneigung*. München 1990.) Der Versuch einer allgemeinen Darstellung der Homosexualität ist das kürzlich erschienene Buch von Martin B. Duberman, Martha Vicinus und George Chauncey Jr. (Hrsg.): *Hidden from History. Reclaiming the Gay and Lesbian Past*. New York 1989.

[24] Vgl. Boswell 1980, S. 171 bezieht dieses Gesetz allgemein auf *gay people*. Seine Studie ist, obwohl außergewöhnlich anregend, sehr androzentrisch. Ins Zentrum der menschlichen Sexualität stellt er den freien, erwachsenen Mann, der

Justinian) sei der Gipfelpunkt eines sozialen Prozesses fortschreitender Intoleranz gewesen, die ihren Ausgang im 3. Jahrhundert, dem Jahrhundert der großen Krisen des Imperium Romanum, genommen habe. Die Besorgnis der Kirchenväter über den Lesbianismus in den Klöstern, den es zu unterdrücken galt, zeigt sich schon sehr früh. Im Jahr 423 legt davon eine dem Lesbianismus feindlich gesinnte Stelle von Augustinus Zeugnis ab, als er in einem Brief an seine Schwester, die Nonne geworden war, folgendes schreibt:

> *Die Liebe, die ihr euch entgegenbringt, darf keine fleischliche Liebe sein, sondern eine geistige; denn die Dinge, die unanständige Frauen sogar mit anderen Frauen aus Spaß und Lust an schamlosen Spielen machen, dürfen weder verheiratete Frauen noch junge Frauen, die kurz vor der Hochzeit stehen, tun und schon gar nicht Witwen oder keusche Jungfrauen, die ihr Leben Christus geweiht haben.*[25]

In den irischen und englischen Bußbüchern (Handbücher der Beichtenden) des Hohen Mittelalters wird die Liebe zwischen Nonnen manchmal in der Kasuistik erwähnt. Dies geschieht aber viel weniger oft als der Hinweis auf die männliche Homosexualität.[26]

Kehren wir nun mit diesem Material zu einer der Episoden der Beziehung zwischen Radegunde und Agnes zurück, die uns Venantius Fortunatus schildert, nämlich zur Feier und dem Festessen anläßlich des Jahrestages der Ernennung von Agnes zur Äbtissin, bei dem beide keine Nahrung zu sich nahmen. Wir stoßen dabei auf jene drei Elemente, die Bynum analysiert (ohne dabei auf ihre religiösen Konnotationen einzugehen): das Feiern, das Fasten und das Fleisch. Während sich die Männer – oder zumindest Venantius Fortunatus – satt essen, scheinen die Frauen we-

---

sich von Männern, Frauen oder von beiden angezogen fühlt. Deshalb ist es sicher nicht zulässig, seine generellen Schlußfolgerungen über Homosexualität auch auf die Beziehungen zwischen Frauen zu übertragen. Siehe zu diesem Thema: Rosanna Fiocchetto: *L'amante celeste. La distruzione scientifica della lesbica.* Florenz 1987.

[25] Heiliger Augustin, Brief 211 (›At virgines‹), zit. bei Judith Brown 1986, S. 8.
[26] Vgl. Pierre J. Payer: *Sex and the Penitentials. The Development of a Sexual Code 550–1150.* Toronto 1984, insbes. S. 40–44.

gen des Fleisches zu fasten und zerstören so das Fest. Die Parallelitäten scheinen bis hierher eindeutig zu sein. Wir könnten dem aber eine weitere Frage hinzufügen: Der zentrale Punkt scheint das Fleisch zu sein. Ja. Aber welches Fleisch ist gemeint? Das Fleisch als Nahrungsmittel oder als Synonym für Sexualität? Es erscheint mir schwierig, nicht zu sehen, daß es hier um Fleisch in Beziehung zu etwas anderem geht und daß dieses Fleisch – unter anderem – Begehren bedeutet, weibliches Begehren. Es ist ein konkretes Begehren, kein undifferenziertes und allgegenwärtiges, wie es der dominante Diskurs dem weiblichen Körper zuschreibt. Radegunde zerstört wegen dieses Begehrens sich selbst und zieht Agnes mit in diesen Prozeß. Das Begehren wird im Grunde von einem »zu großen« Körper (wie Margaret Miles sagen würde) hervorgerufen, einem Körper, der über seine Ufer tritt und in den geschlechtsspezifischen Merkmalen keinen Platz mehr findet.

V. Dhuoda: Die Mutterschaft

Die Mütter wurden von den mittelalterlichen Denkern, die die Gesellschaftsordnung des Hohen Mittelalters theoretisch untermauerten, als Gegensatz zu den Nonnen und den weltlichen Frauen, die ihr Leben der Askese und dem Fasten verschrieben hatten, angesehen. Die der Sinnlichkeit ergebenen, faszinierenden Geschöpfe, wie Pelagia oder Thais, siedelten sie am völlig anderen Ende dieser Gesellschaft an. Die Mütter waren, weil sie sich der Fortpflanzung verschrieben hatten, sehr weit vom besten aller Himmel entfernt und brauchten Jahrhunderte, um in die Kategorie von Heiligen im christlichen Europa aufgenommen zu werden.[1]

Dhuoda ist ein ausgezeichnetes Beispiel, einzigartig im 9. Jahrhundert für das Bewußtsein des materiellen und symbolischen Wertes der Mutterschaft sowie für die Angst der Frauen, daß diese politisch genutzt werden könne. Diese uns in Erstaunen versetzende Frau war alles andere als nur Mutter. Ihre Worte beziehen sich dennoch hauptsächlich auf ihre Mutterrolle.

Dhuoda gehörte dem fränkischen Adel an. Durch ihre Heirat wurde sie mit der Familie Karls des Großen verwandt (trotzdem wissen wir über ihr Leben nur das, was sie uns in ihrem Werk darüber sagt).[2] Wir nehmen an, daß sie um das Jahr 803 geboren

---

[1] Birte Carlé sagt, daß es in ›Die Goldene Legende‹ (Angabe siehe Kapitel IV, Fußnote 17), keine verheiratete Frau gibt, der eine Legende gewidmet worden wäre; nur zehn Prozent des gesamten Textes sind Frauen gewidmet (Birte Carlé: *Structural Patterns in the Legends of the Holy Women of Christianity*. In: Aspects of Female Existence. Kopenhagen 1980, S. 76–86; 81). Über Heilige im Hohen Mittelalter siehe: Jo-Ann McNamara: *A Legacy of Miracles. Hagiography and Nunneries in Merovingian Gaul*. In: Jules Kirshner und Suzanne F. Wemple (Hrsg.): Women of the Medieval World. London 1985, S. 36–52; Suzanne F. Wemple: *Sanctity and Power. The Dual Pursuit of Medieval Women*. In: Renate Bridenthal, Claudia Koonz und Susan Stuard (Hrsg.): Becoming Visible. Women in European History. 2. Aufl. Boston 1987, S. 131–151. Über weibliche Heiligkeit im Spätmittelalter siehe: Angela Muñoz Fernandez: *Mujer y experiencia religiosa en el marco de la santidad medieval*. Madrid 1988 (Colección Laya 2).

[2] Zu Dhuoda siehe: James Marchand: *The Frankish Mother. Dhuoda*. In: Wilson (Hrsg.): Medieval Women Writers 1984, S. 30–63; Dronke 1984, S. 36–53; Y. Bessmertny: *Le monde viste par une femme noble au IX siècle*. In: Le Moyen

wurde, wissen aber weder Näheres über ihre Familie noch über ihren Geburtsort. Vielleicht wurde sie im Norden des Frankenreichs, im südlichen Teil oder in Katalonien geboren. Dronke hat aus ihrer Poesie geschlossen, daß sie eine germanische Muttersprache gehabt haben muß. Ihr Werk aber schrieb sie in einem farbenfrohen und intimen Latein voller umgangssprachlicher Ausdrücke. Am 29. Juni 824 heiratete sie in der Pfalzkapelle von Aachen Bernhard von Septimanien, einen bedeutenden Adeligen und Neffen zweiten Grades von Karl dem Großen. Bernhard war für die Regierung und die Verteidigung der Spanischen Mark unter Kaiser Ludwig dem Frommen (814–840) verantwortlich. Diese Mark bestand aus den Mittelmeergrafschaften Katalonien (Barcelona, Gerona, Ampurien und Roussillon) sowie den Grafschaften von Septimanien und war deshalb den kriegerischen Feindlichkeiten der Araber ausgesetzt. Einige Zeit hindurch begleitete Dhuoda Bernhard von Septimanien bei seinen Regierungsgeschäften, bis dieser sie aus uns unbekannten Gründen zwang, von ihm getrennt in Uzès zu leben. Dort wurde am 29. November 826, zwei Jahre nach der Eheschließung, ihr »heiß ersehnter« Sohn Wilhelm geboren. Dhuoda kümmerte sich von Uzès aus um die Angelegenheiten ihres Gemahls »in den Marken und vielen anderen Gebieten«, wobei sie sich oft mit großen Summen bei jüdischen und christlichen Geldverleihern verschuldete. Wie sie ihrem Sohn erklärt, nahm sie diese Verantwortung auf sich, damit der Ehemann und Vater, der sie in Wirklichkeit verlassen hatte, »sich nicht von dir und mir trennt, wie es bei anderen üblich ist« (X/4).

Als Ludwig der Fromme im Juni 840 starb, kehrte Bernhard von Septimanien, der mehrere legitime Nachfahren brauchte, kurz nach Uzès zurück. Dhuoda brachte am 22. März 841 ihren zweiten Sohn zur Welt. Die Situation im karolingischen Frankreich war damals sehr angespannt. Der Adel war in zwei Gruppen gespalten, die gegeneinander Krieg führten. Die einen traten für die Erstarkung der königlichen Autorität ein, die anderen für eine Aufteilung der politischen Macht unter den Adeligen. Außerdem kämpften die Söhne Ludwigs des Frommen untereinander um die Vorherrschaft. Bei Fontenay trug Karl der Kahle

---

Age 93, 1987, S. 161–184. Über den politischen Kontext, in dem Dhuoda lebte, siehe Pierre Riché: *Les carolingiens. Une famille qui fit l'Europe.* Paris 1983.

(840–877) den Sieg davon, genau drei Monate nach der Geburt des zweiten Sohnes von Dhuoda. Sein Vater gehörte zu den Adeligen, die diesen Krieg verloren hatten.

Als Beweis seiner zukünftigen Treue dem neuen Monarchen gegenüber ordnete Bernhard von Septimanien an, daß der vierzehnjährige Wilhelm an den Hof Karls des Kahlen kommen solle. Außerdem befahl er, daß sein jüngerer Sohn, der noch nicht einmal getauft worden war, von der Mutter getrennt werden solle und vom Bischof von Uzès, Elefantus, und anderen Gefolgsleuten des Herzogs zu ihm nach Aquitanien gebracht werde.

In dieser Zeit von Einsamkeit und Verlust entschließt sich Dhuoda, das Buch ›Liber manualis Dhuodane quem ad filium suum transmisit Wilhelmum‹ für ihren Sohn Wilhelm (und für den jüngeren, wenn er einmal lesen könne) zu schreiben. Es sollte die Söhne an sie erinnern und ihnen ihre Gedanken über das Göttliche und das Menschliche nahebringen.[3] Dieses Buch wird gewöhnlich der Gattung der Fürstenspiegel zugeordnet. Alkuin von York war der erste karolingische Schreiber, der ein solches verfaßte (›Liber de virtutibus et vitiis‹). Dhuodas Buch ist jedoch origineller. Sie sagt, sie habe am 30. November 841 (also kurz nachdem ihr der Ehemann den jüngeren Sohn weggenommen hatte und einen Tag nach dem 15. Geburtstag des älteren) zu schreiben begonnen und das Buch am 2. Februar 843 beendet, ohne zu wissen, auf welchen Namen der jüngere getauft worden war. Es scheint, daß das ganze Werk von der Angst Dhuodas durchsetzt ist, ihren Sohn Wilhelm, den sie am kaiserlichen Hof in großer Unsicherheit wähnte, nie wiederzusehen. Im Jahr nach der Beendigung ihres Buches ließ Karl der Kahle Bernhard von Septimanien in Tolosa tatsächlich hinrichten. Wilhelm schloß sich den Feinden des Kaisers an, um wieder die Macht über die Mark zu erlangen. Er wurde einige Jahre danach besiegt und geköpft, wahrscheinlich 849 oder 850 in Barcelona, das er eingenommen hatte.

Der zweite Sohn von Dhuoda, den sein Vater auf den Namen Bernhard taufen ließ, schien diese Kämpfe überlebt zu haben. Es

---

[3] Über die Ausgaben des ›Liber Manualis‹ siehe Kapitel I, Fußnote 4. Die deutschen Übersetzungen stammen, wenn nicht anders angegeben, aus: Dhuoda 1890.

wird angenommen, daß sein Enkel, Bernhard, der Gründer von Cluny (910) war.[4] Wir wissen weder über das Leben von Dhuoda nach der Vollendung ihres Buches etwas noch über ihren Tod. Im ›Liber manualis‹ verfaßte sie ihre eigene Grabesinschrift, von der wir aber nicht wissen, ob sie tatsächlich in ihren Grabstein gemeißelt wurde.

Beim oberflächlichen Lesen des ›Liber manualis‹ bleibt der bittere Nachgeschmack eines tiefen Einverständnisses mit der patriarchalen Ideologie zurück. Wir stoßen vor allem in den Zeilen, die dazu auffordern, Gott, den König und den Vater zu lieben, darauf. Bei einer aufmerksameren Lektüre hingegen entsteht das ambivalente Gefühl, daß Dhuoda das, was sie sagte und dachte, selbst nicht ganz glauben wollte. Trotzdem sagt sie es und ist auch bereit, es zu glauben, weil ihre Kinder wie der Vater männlichen Geschlechts sind und weil es ihr größter Wunsch ist, daß ihre Kinder leben und Erfolg haben. Sollte aber die Gesellschaft der Väter nicht funktionieren, (und im Grunde scheint sie dies zu befürchten), könnte die nahe und fernere Zukunft ihrer Söhne in eine Tragödie münden, die die Mutter nicht ertragen könnte. Diese schwierige Zweideutigkeit kann in einigen Abschnitten des ›Liber manualis‹ wahrgenommen werden.

So ermahnt Dhuoda beispielsweise ihre Söhne inständig, zu dem Gott der drei männlichen Personen zu beten, der das Modell der Gesellschaft dieser Väter des 9. Jahrhunderts von oben sanktioniert. Und sie verlangt von ihnen, vor allem wegen ihres »Herrn und Vaters« zu ihm zu beten, obwohl sie ihren Ehemann nicht als liebenswerte Person beschreiben kann. Für sie selbst aber ist das Beten langweilig:

Ich aber, Dhuoda, lau und träge, unbeständig und mehr zum Bösen als zum Guten geneigt, habe wenig Lust zu langen Gebeten, ja nicht einmal zu einem kurzen. Doch ich setze meine Hoffnung auf denjenigen, der seinen Gläubigen die Erlaubnis gibt, ihn zu bitten. Daher bitte ihn, mein Sohn Wilhelm, und rufe ihn an mit kräftiger, kurzer, aber eindringlicher Sprache. (II/3)

---

[4] Vgl. Simona Gavinelli: *Introduzione* zu Dhuoda 1984, S. 24.

Und in einem der letzten Kapitel ihres Buches, mit dem schönen und zugleich traurigen Titel ›Wenn ich zu mir zurückkehre, ist alles Trauer‹ (›Ad me recurrens, lugeo‹), insistiert sie noch einmal:

> *Wenn ich zurückdenke, wie oft war ich träge im Lobe Gottes! Wie oft war ich bei den sieben kanonischen Stunden nachlässig! (X/4)*

War das Beten für Dhuoda langweilig, so bereitete ihr das Lesen um so mehr Freude. Dronke hat nachgewiesen, daß sie außer ihrer guten Kenntnis der Bibel und anderer christlicher Werke auch mit den ›Amores‹ von Ovid vertraut gewesen sein mußte.[5] Obwohl sie hofft, ihr Sohn möge sich mit vielen und guten Büchern umgeben, beziehen sich die meisten ihrer Ratschläge auf das Aufrechterhalten dieser »unglücklichen Welt«, auch wenn ihre eigenen Gefühle von eben dieser Welt immer sehr schlecht behandelt worden sind.

Im Grunde hat es den Anschein, als wäre sie selbst von dem moralischen Verhaltenskodex, den sie ihren Kindern weitergibt, nicht überzeugt. Da sie ahnt, daß es daraus aber kein Entrinnen gibt, verfestigt und verteidigt sie ihn. Dhuoda sieht sich beim Schreiben augenscheinlich genötigt, sich in einem logisch und emotional widersprüchlichen Diskurs zu bewegen. Denn Dhuoda ist sicherlich keine Moralistin, die den Interessen der Kirche oder denen einer weltlichen Macht dient, eine Moralistin, die die Widersprüche des Lebens mit Halbwahrheiten – wie beispielsweise durch die Unterscheidung zwischen Theorie und Praxis – lösen könnte. Dhuoda ist persönlich in die Themen verwickelt, von denen sie spricht. Ihr Buch ist ein Ersatz für die Mutterschaft, die sie wegen der Entscheidung ihres Mannes nicht ausüben darf. Sie schreibt in erster Linie als eine Mutter, die sich wünscht, daß ihre Söhne glücklich sind. Sie schreibt auch als Mutter von männlichen Kindern. Das erschwert es ihr, geschlechtsspezifische Forderungen zu stellen. Und schließlich schreibt sie als Adelige, die sich den Interessen und Verantwortlichkeiten ihrer Klasse verbunden fühlt. Daher lautet meine Hypothese, daß die Kombination dieser drei Elemente (sowohl im

---

[5] Vgl. Dronke 1984, S. 45–46.

9. als auch im 19. Jahrhundert) nur schwer ein völlig revolutionäres Ergebnis zuläßt.

Betrachten wir nun Ausschnitte aus dem ›Liber manualis‹, die diese drei Punkte beleuchten.

Dhuoda ist eine stolze und zärtliche Mutter. Darüber hinaus ist ihr bewußt, daß die besondere Beziehung, die sie zu ihrem Sohn Wilhelm hat, ihr die Autorität verleiht, eine ethische Abhandlung zu schreiben. Sie ist eine Mutter, die sich über ihre Einsamkeit beschwert und sich in Sehnsucht ergeht, ihren Sohn zu sehen und sich an seiner jugendlichen Schönheit zu erfreuen.[6] Auf einer der ersten Seiten ihres Werkes schreibt sie folgendes:

Da ich viele Kinder sehe, die mit den Ihrigen in diesem Leben sich freuen, während ich fern von dir weile, habe ich, von Angst erfüllt, und mit dem Verlangen, dir nützlich zu sein, dieses Büchlein in meinem Namen verfaßt. Ich sende es dir, damit du es lesest und deinen Wandel danach richtest. Es würde mich, wenn ich auch dem Leibe nach ferne von dir bin, freuen, wenn dieses gegenwärtige Büchlein dir, mein Sohn, im Geiste vergegenwärtige, was du mir gegenüber zu thun hast. (Einleitung)

Dhuoda vermißt den älteren Sohn, den sie bis zu seinem vierzehnten Lebensjahr aufgezogen hat, mehr als den, der ihr wenige Monate nach der Geburt entrissen wurde und über den sie nicht allzu viel zu sagen weiß. Die zärtlichen Strophen für ihren Erstgeborenen erinnern, mit einem gewissen Unbehagen, an Worte des Tagebuchs von Adrienne Rich (Mutter von drei Männern), das eintausend Jahre später geschrieben wurde. Dhuoda sagt:

---

[6] In den letzten Jahren sind zahlreiche Studien über die Mutterschaft aus der Perspektive der Neuen Frauengeschichte und der feministischen Theorie im allgemeinen erschienen. Außer den Werken, die ich in den diversen Fußnoten dieses Kapitels angebe, seien monographische Nummern folgender Zeitschriften genannt: *Parto e maternità. Momenti della biografia femminile.* In: Quaderni Storici 44, 1980; *Madri e non madri.* In: Memoria. Rivista di Storia delle Donne 7, 1983; *Motherhood and Sexuality.* In: Hypathia. A Journal of Feminist Philosophy, Herbst 1986; *Life and Death in Sexuality. Reproductive Technologies and AIDS.* In: Differences 1, 1989. Siehe auch: Lidia Falcón: *La razón feminista*, II, La reproducción humana. Barcelona 1982. Ein Versuch einer allgemeinen Synthese der Geschichte der Mutterschaft in Europa ist: Yvonne Knibiehler und Catherine Fouquet: *L'histoire des mères du moyen-age à nos jours.* Paris 1980.

Deine blühende und hervorragende Jugend läßt sich mit vier mal vier Jahren bemessen, durch das Fortschreiten auf deinem Weg werden deine zarten Glieder erwachsen.
Alles scheint mir immer weiter weg von mir zu sein, und ich wollte mich doch an deinem Ansehen erfreuen; aber selbst wenn ich die Macht dazu hätte, fehlten mir die Verdienste [...].
Mein Geist verliert sich aber in der Dunkelheit; dennoch fordere ich dich auf, die vorhergehenden Seiten zu lesen und sie dir gut einzuprägen. (X/14, 15, 17)[7]

Zu Beginn der 60er Jahre drückte Adrienne Rich es so aus:

April 1961
Eine selige Liebe zu meinen Kindern nimmt mich von Zeit zu Zeit ganz und gar in Anspruch und scheint fast auch zu genügen – das ästhetische Vergnügen, das ich an diesen kleinen, sich verändernden Geschöpfen habe, das Gefühl, geliebt zu werden, wie abhängig auch immer, das Gefühl

---

[7] Dhuoda sagt:
14. »Licet iuventus tua florida virgis
Quadrans quaternis computaris in annis
Senioribus teneris membris gradans
Cursu peragrans.
15. Multum a me videtur longior esse,
Cernere volens tuae speciei tenorem,
Si daretur virtus, attamen hace merita
Non mea vigent...
17. Mens namque certe mea volvitur antris,
Hoc tamen ortor ut paginas istius
Iam supra exaratas, assidue legas
Fixat ad mentem.« (die Auslassungen sind von mir)
Adrienne Rich sagt in: *Of Woman Born. Motherhood as Experience and as Institution.* London 1977, S. 22 und 31 folgendes: »April 1961. A blissful love for my children engulfs me from time to time and seems almost to suffice – the aesthetic pleasure I have in these little, changing creatures, the sense of being loved, however dependently, the sense too that I'am not an utterly unnatural and shrewish mother – much thought I am!« »This was what it meant to me to have three children under the age of seven. But I recall too each childs individual body, his slenderness, wiriness, siftness, grace, the beauty of little boys who have not been taught that the male body must be rigid.« Die deutsche Übersetzung stammt aus: Adrienne Rich: *Von Frauen geboren. Mutterschaft als Erfahrung und Institution.* München 1979, S. 15 und 24f.

auch, daß ich nicht eine äußerst unnatürliche und zänkische Mutter bin – obwohl ich es oft bin.

Und ungefähr 10 Jahre später:

Genau das war es, was es für mich bedeutete, drei Kinder unter sieben Jahren zu haben. Aber ich erinnere mich auch an den Körper, an ihre Schmächtigkeit, Zähigkeit, Weichheit, Anmut, an die Schönheit kleiner Jungen, denen nicht gesagt wurde, daß der männliche Körper streng und hart sein muß.

Ein großer Teil des Inhalts des ›Liber manualis‹, vor allem der am stärksten patriarchal geprägte, könnte damit erklärt werden, daß Dhuoda als Mutter von männlichen Kindern schreibt. Dhuoda bezeichnet sich einmal selbst als »Mutter von zwei Kindern männlichen Geschlechts« (»Genitrix duorum masculini sexus«, Einleitung). Sie ist, wie ich schon einmal erwähnt habe, beim Schreiben in erster Linie von dem Wunsch beseelt, daß ihre Kinder leben und daß sie in dieser Welt glücklich leben:

Laß meine beiden Söhne, die ich in die Welt gesetzt habe, leben und Dich lieben [...]
Du sollst glücklich sein [...]
Frohlocke wegen ihres glücklichen Lebens. (Einleitung)

Damit dieser mütterliche Wunsch in Erfüllung gehen kann, ist es das Beste, daß die Gesellschaft so bleibt wie sie ist, nämlich adelig und patriarchal, der Sohn in der Nähe des Vaters und dieser dem allmächtigen Gott nahe. Trotzdem ist Dhuoda auch noch kurz vor Beendigung des Buches unsicher.

Ob ich das erleben werde, weiß ich nicht. Ungewiß bin ich wegen meiner Verdienste, ungewiß wegen der Gesundheit und wie schwebend auf unsicheren Wellen. Aber mag es mit mir auch noch so schlimm sein, beim Allmächtigen ist nichts unmöglich. (X/3)

Schließlich schreibt Dhuoda auch als Angehörige des karolingischen Adels und ist sich ihrer Verantwortung und vor allem ihrer

Klasseninteressen bewußt. Dies erklärt wahrscheinlich andere patriarchale Inhalte ihres Modells eines jugendlichen Sohnes. Als Mitglied des feudalen Adels weiß Dhuoda, daß eine absolut loyale Haltung zur Familie, zur Familie des Vaters, notwendig ist, um Reichtum und die Privilegien der Klasse aufrechtzuerhalten:

> *Bete für die Eltern Deines Vaters, welche ihm in gesetzmäßiger Erbfolge ihr Vermögen hinterlassen haben. Wer sie gewesen sind und wie sie geheißen haben, findest du in einem besonderen Absatz am Ende dieses Büchleins geschrieben. Wenn auch die Schrift sagt: »An fremden Gütern freut sich ein anderer«, so besitzen doch ihre Erbschaft, wie ich gesagt habe, nicht Fremde, sondern dein Herr und Vater Bernhard. Bete für die gegenwärtigen Besitzer; bete, daß du dieselben in deinem Leben lange und glücklich genießen mögest. (VIII/14)*

Dhuoda verlangt keine Gebete für die Verwandten ihrer eigenen Familie und erwähnt auch deren Namen nicht. Wir wissen, daß der Vater, gerade in seiner Funktion als Vater, mit ihren Söhnen das tut, was für ihn selbst politisch von Vorteil ist, ohne sich dabei mit Dhuoda zu beratschlagen (Dhuoda »hat sagen gehört«, daß Wilhelm als Geißel am Hof gehalten wird, Dhuoda sieht zu, wie ihr der jüngste Sohn weggenommen wird). Indem sie ihre Klasseninteressen verteidigt, befindet sich Dhuoda eigentlich im Widerspruch zu ihren Geschlechtsinteressen, vor allem als Frau und Mutter. In gewisser Weise scheint sie diesen Konflikt zu sehen, denn sie verteidigt sich und rebelliert durch das Schreiben, indem sie ihrem Sohn immer wieder schildert, wie ungerecht ihre eigene Lage ist; und vor allem rebelliert sie, indem sie sich körperlich auffrißt und an Krankheiten, an fast ständigen Angstzuständen und Traurigkeit leidet. So schreibt sie ihren Körper auch in ihren Text, wie Radegunde dies tat:

> *Obschon ich von vielen Kümmernissen bedrängt bin, ob ich je deines Anblicks genießen werde, so ist dies einzige Verlangen dennoch dem Willen des höchsten Herrn und Gottes anheimgegeben. Ich würde es zwar wünschen, wenn mir die Kraft dazu von Gott gegeben würde, aber weil das Heil*

fern von mir, der Sünderin, ist, wünsche ich zwar, und in diesem Wunsche schmachtet meine Seele dahin. (Vorwort)

Dhuoda schreibt, »um ihren Schmerz in etwas Nützliches zu verwandeln«, wie Adrienne Rich über eine zeitgenössische Autorin gesagt hat, die eine ähnliche Erfahrung als Mutter gemacht hat.[8] Aber könnte sie beabsichtigt haben, noch weiter zu gehen? Öffnet uns ihr erzieherischer und ethischer Vorschlag, den Pierre Riché als »Religion der Vaterschaft«[9] bezeichnet hat, einen Weg zum Verständnis der Rolle, die die Mütter bei der Überlieferung und Aufrechterhaltung des Patriarchats im Europa des Hohen Mittelalters spielen, bei der materiellen und symbolischen Vorherrschaft der Männer über die Frauen, des Männlichen über das Weibliche?

In dem schon zum Klassiker gewordenen Werk ›The Reproduction of Mothering‹ entwirft Nancy Chodorow – aufbauend auf der psychoanalytischen Theorie – eine feministische Interpretation, um zu erklären, warum es immer wieder – in sehr unterschiedlichen Epochen und Kulturen – wir Frauen sind, die die soziale Mutterrolle übernehmen, die die Kinder aufziehen und erziehen, nachdem wir sie zur Welt gebracht und gestillt haben, und warum das Patriarchat trotzdem, ohne auch nur Risse aufzuweisen, weiter besteht. Chodorow versucht aufzuzeigen, wie die Tatsache, daß die sozialen Mütter praktisch immer wir Frauen sind, die Reproduktion des Systems garantiert hat und weiter garantiert. Das bedeutet nichts anderes, als daß wir Frauen Töchter gebären, die wiederum männliche Kinder und Söhne zur Welt bringen und erziehen, die die Rolle und Identität der sozialen »Mutter« in der Regel nicht annehmen werden.[10]

---

[8] Adrienne Rich: *On Lies, Secrets, and Silence*. London 1980, S. 217. (Es handelt sich dabei um ein Vorwort mit dem Titel ›Husband-Right and Father-Right‹ zum Werk von Ana Demeter: *Legal Kidnapping*. Boston 1977.)

[9] Dhuoda 1975, S. 27. Über das kulturelle Ambiente in Frankreich zur Zeit Dhuodas: Pierre Riché: *Ecoles et enseignement dans le Haut Moyen Age*. Paris 1989.

[10] Vgl. Nancy Chodorow: *The Reproduction of Mothering. Psychoanalysis and the Sociology of Gender*. Berkeley 1978. (Deutsch: *Das Erbe der Mütter. Psychoanalyse und Soziologie der Geschlechter*. München 1985, S. 275.) Siehe auch: Tillie Olsen: *Mother to Daughter, Daughter to Mother, Mothers and Mothering. A Reader and Diary*. London 1985.

Chodorow meint, daß eine sich auf die Sozialisation stützende Erklärung dieses wichtigen Phänomens zu kurz greift. Denn diese mißt Begriffen wie »adäquates Verhalten«, »zwanghaftes Verhalten« und ähnlichem mehr zu viel Bedeutung bei, wenn es darum geht, die Mädchen zu überzeugen, das zu reproduzieren, was sie bei ihren Müttern gesehen haben. Um diesem Prozeß gerecht zu werden, muß, laut Chodorow, neben den Sozialisationstheorien eine Theorie entworfen werden, die den Einfluß psychologischer Mechanismen, die von Kindheit an sozial und strukturell auf die Personen einwirken, berücksichtigt. Diese psychologischen Mechanismen erzeugen psychologische Fähigkeiten, die eng mit einer besonderen Haltung in bezug auf die Objekte verbunden sind (was die Psychologie »Objektbeziehung« nennt). Diese Beziehung wiederum ist bei Mädchen und Jungen verschieden.[11]

Die Erziehung durch die Mütter ist ein schwer zu durchbrechender Teufelskreis, der Töchter wiederum zu Müttern macht und nicht zuläßt, daß Söhne diese Rolle annehmen. Diese Asymmetrie wiederum garantiert die Ungleichheit der Geschlechter; ich folge dabei immer noch der Argumentation Chodorows. Sie garantiert also nicht nur eine Differenzierung der Geschlechter, sondern auch die Unterordnung des Weiblichen.

Analytisch orientierte Psycholog/inn/en und Sozialpsycholog/inn/en, mit denen ich über dieses Buch sprach, halten die geschlechtsspezifische Aufteilung von Funktionen oder Rollen nicht für grundsätzlich falsch – auch nicht die geschlechtsspezifische Arbeitsteilung. Sie halten nur die Ungleichheit und die unterschiedliche Bewertung für falsch. Wir können aber die geschlechtsspezifische Arbeitsteilung weder historisch noch kulturübergreifend von der geschlechtsspezifischen Ungleichheit trennen. Die geschlechtsspezifische Arbeitsteilung und die Verantwortlichkeit der Frauen für die Aufzucht der Kinder stehen in Verbindung mit der männlichen Dominanz und erzeugen sie. Alle Psychologen sind darüber einer Meinung, daß allein die Tatsache, daß Männer von Frauen aufgezogen werden, bei Männern Konflikte mit der Männlichkeit auslöse und eine Psy-

---

[11] Chodorow 1985.

chologie der männlichen Dominanz und ein Bedürfnis erzeuge, Frauen überlegen zu sein. Ethnologinnen vertreten die Ansicht, wegen der Zuständigkeit der Frauen für die Versorgung der Kinder sei es notwendig geworden, daß die Männer der Vorzeit zur Jagd gingen, wodurch sie, und nicht die Frauen, jenes Prestige und jene Macht erhielten, die aus der Kontrolle über die außerfamiliären Verteiler-Netzwerke entsteht. Sie zeigen auf, daß die ständige Verbannung der Frauen in die häusliche, »natürliche« Sphäre zusätzlich zu ihren Mutter-Funktionen sicherstellte, daß sie weniger sozial, weniger kulturell und auch weniger mächtig als Männer blieben.[12]

Demnach sind es also die Mütter, die ihre Töchter und Söhne beinahe ohne Väter erziehen. Die Mütter zeigen dem Sohn, daß die Männlichkeit wegen ihrer Ferne und Unerreichbarkeit (repräsentiert im abwesenden Vater) wertvoller ist als die Weiblichkeit, die sie selbst als immer anwesende Erzieherin verkörpern. Um zum Mann zu werden, muß nun der Junge all jene Qualitäten unterdrücken, die er mit der Mutter verbindet, und all das geringschätzen, was ihm in der sozialen Welt als weiblich erscheint. Das Mädchen hingegen wird sich als Person von jüngster Kindheit an sehr real und konkret mit der Mutter identifizieren. Sie wird mit ihr eine erste Beziehung herstellen, die in ihrem ganzen Leben als Erwachsene bestehen bleibt (um als Individuum existieren zu können, muß sie sich aber gleichzeitig von der Mutter unter schwierigen Bedingungen lösen).

Nach Chodorow kann dieser Teufelskreis und die jahrtausendealte Kette, die aus den Gliedern Frauen-Mütter besteht, nur dann unterbrochen werden, wenn sich Frauen und Männer gleichermaßen der Erziehung der Kinder widmen.[13]

Parveen Adams hat, neben anderen, die Theorie von Chodorow kritisiert. Sie meint, daß der Vorschlag, Frauen und Männer sollten eine gemeinsame Verantwortung für die Ausübung der

---

[12] A.a.O.: S. 214.
[13] Vgl. a.a.O.: S. 216–219. In der Zeitschrift Signs, Nr. 3, Bd. 6, 1981, S. 482–514, wurde eine breite Diskussion über dieses Werk von Chodorow veröffentlicht: ›On »The Reproduction of Mothering«. A Methodological Debate‹; Judith Lorber, Rose L. Coser, Alice S. Rossi und Nancy Chodorow nehmen daran teil.

Mutterschaft übernehmen, die Kategorie der »Ausübung der Mutterschaft« (mothering) nicht in Frage stellt. Außerdem verwerfe dieser Vorschlag das psychoanalytische Konzept der sexuellen Differenz zu schnell, ein Konzept, das

> *viel dazu beigetragen hat, traditionelle Vorstellungen von dem, was Frauen und Männer sind, zu unterminieren und das die feministische Debatte weit über das bloße Hinterfragen von sozialen Rollen hinausgeführt hat.*[14]

Adams bezweifelt also, daß Frauen und Männer gleichermaßen die Mutterschaft ausüben können, wenn die Inhalte berücksichtigt werden, die diese Aufgabe historisch so geformt haben, wie wir sie heute in unserer Gesellschaft wahrnehmen. Und sie bezweifelt auch, daß dieser Vorschlag die Frauen wirklich interessieren kann, weil er psychische Potentiale der sexuellen Differenz von vornherein verwirft.

Wenn so außergewöhnliche Veränderungen im Denken und den sozialen Beziehungen notwendig sind, um die psychologische Struktur von Frauen und Männern in den gegenwärtigen Gesellschaften zu verändern, können wir keineswegs davon träumen, daß uns die Literatur des 9. Jahrhunderts Verhaltensregeln zeigt, die die Söhne lehren, Väter zu werden. Mit all ihrer außergewöhnlichen Sensibilität für ihre ungerechte persönliche Situation und mit ihrem beeindruckenden Mut beim Schreiben war es für Dhuoda schwierig, mehr zu tun, als sich ein wenig zu beklagen und ihre Angstzustände zu somatisieren.

Über die Probleme nachzudenken, die eine Frau hat, wenn sie Söhne zu Männern erziehen soll, ist relativ neu. Mir sind nur wenige Studien bekannt, die sich ausschließlich diesem Thema widmen. Die älteste davon stammt aus dem Jahr 1983, ›Every Mother's Son. The Role of Mothers in the Making of Men‹ (›Jeder Mutter Sohn. Die Rolle der Mütter beim Mannwerden‹) von Judith Arcana, die in Chicago lebt. Die Autorin widmet dieses Buch bemerkenswerterweise ihrem Sohn Daniel, »der gleichzeitig die Frage und die Antwort ist«.[15] Mehr als tausend Jahre

---

[14] Parveen Adams: *Mothering*. In: m/f 8, 1983, S. 40–52; 51.
[15] New York 1983 und London 1983 (ich beziehe mich auf die letztgenannte Ausgabe). Linda R. Forcey: *Mothers of Sons. Toward an Understanding of Responsibility*. New York 1987.

nachdem Dhuoda für ihren Sohn Wilhelm geschrieben hatte, sind wir Frauen noch immer dabei, die grundlegenden Fragestellungen zu entwerfen, mit Hilfe derer wir die Prozesse ergründen und verstehen können, die uns immer wieder dazu veranlassen, Männer in die Welt zu setzen, die das Patriarchat reproduzieren und fortsetzen werden. In Judith Arcanas leidenschaftlicher Sprache hört sich dies so an:

> *Die Frauen machen die Männer. Wir tragen sie in unserem Körper, ernähren sie mit uns und teilen mit ihnen unseren wertvollen Sauerstoff. Wir arbeiten, um sie zur Welt zu bringen. Dann nehmen wir sie in die Arme und wärmen sie an unserer Brust. Wir beruhigen, küssen und wiegen alle männlichen Kinder und singen ihnen Lieder vor. Wir kleiden sie, geben ihnen Bücher und Spielzeug, wir machen ihnen Jausenbrote [...] Aus den Babys werden Buben und später Jugendliche. Plötzlich, ohne daß wir es recht bemerken, werden sie Männer, und die Kultur erlaubt ihnen, uns zu beherrschen. Wir kann dies geschehen? Sind wir alle verrückt gewordene Masochistinnen, die sie zur Misogynie verleiten? Negieren wir ihre Männlichkeit und verstecken sie hinter dem »Baby« und dem »Jungen«, bis wir trockenen Samen in ihren Unterhosen und ihrer Bettwäsche finden und jetzt anerkennen* müssen, *daß sie Männer sind? Sind wir, unfreiwillig und unbewußt, die mütterliche Reserve der dogmatischen Linie, die glaubt, daß Anatomie Schicksal ist, daß die Männer immer Männer sein werden, daß sie immer Söhne ihrer Mütter sein werden?*[16]

Eine politische Haltung, die der Feminismus heute vorschlägt (und die wir gerne in Ansätzen schon bei Dhuoda entdecken würden, weil wir dann von einer Genealogie träumen könnten), geht davon aus, daß wir Mechanismen und Modelle für die Erziehung und Sozialisation von Mädchen und Buben in der Kindheit und Jugend brauchen, die weder die Formen noch die In-

---

[16] Arcana 1983, S. 54 (Hervorhebung im Original). Eine kurze Fragestellung zu diesem Thema finden wir bei Angela Hamblin: *What Can One Do with a Son? Feminist Politics and Male Children.* In: Scarlet Friedman und Elizabeth Sarah (Hrsg.): On the Problem of Men. Two Feminist Conferences. London 1982, S. 238–244.

halte der dominanten Kultur wiederholen. So könnte verhindert werden, daß unsere Söhne als erwachsene Männer die solidarischen und emotionalen Bindungen zu ihren Müttern und Schwestern aufgeben, um sich auf die Seite der männlichen Macht zu stellen. Um zu dieser Fragestellung und Haltung zu gelangen, waren die Frauenbewegung, eine vehemente Kritik an Sigmund Freud und das Einbeziehen von soziologischen und psychologischen Methoden, mit Hilfe derer die Mütter von den Söhnen sprachen, um eine gemeinsame Analyse ihrer Wahrnehmungen, Erwartungen und Erfahrungen zu ermöglichen, notwendig.

Während sich diese Fragestellungen herauskristallisierten (und dazu mußten Jahrhunderte vergehen), bestand Dhuoda darauf, ohne Unterlaß zu leiden, weil ihr ungerechterweise die Ausübung ihrer Mutterschaft aberkannt wurde. Sie litt so sehr, daß ihr Körper diese Angstzustände und Sorgen somatisierte. Deren Intensität konnte sie durch das Schreiben, das Ausüben ihrer Mutterschaft mittels Worten, lindern. Wenn wir bereit sind, am Versuch festzuhalten, die Sprache ihres Handbuches und die Sprache ihres Körpers einer zeitgenössischen Interpretation (und das sind schließlich alle Interpretationen) zugänglich zu machen, dann würde ich sagen, daß wir einen Text und eine Lebenserfahrung in Händen halten, die sich dem Ansinnen widersetzen, als reine Entfremdung verstanden zu werden, als bloßer Versuch, die bestehende männliche Ordnung zu erhalten. Dies erfordert aber auch die Bereitschaft, unsere Beunruhigung hinter uns zu lassen, die uns erfaßt, wenn wir feststellen, daß Dhuoda trotz aller Beschwernisse (also obwohl sie die Mutter von Söhnen ist und obwohl sie sich der Verwaltung der bedeutenden Gebiete ihres Ehemannes widmen kann) auf ihrer Mutterschaft besteht. Dieser Text und die dahinterstehenden Lebenserfahrungen rufen uns eine Frau ins Bewußtsein, die einen Wunsch einfordert, nämlich den Wunsch, eine Erfahrung zu machen, die nur uns Frauen möglich ist. Vielleicht ist es der Wunsch, daß der Muttermord, den Irigaray an den Ursprung unserer Gesellschaft stellt, nicht so schnell vollzogen werden möge. Dieser Wunsch stellt sich der minderen sozialen Bewertung der Mutterschaft in vielen patriarchalen Gesellschaften entgegen. Dhuodas Wunsch stand im Gegensatz zu den politischen Interessen ihres Ehemannes Bernhard von Septimanien und sogar im Gegensatz zu Gott, dem männlichen, allmächtigen Gott, der ihre Welt krönte, wie Dhuoda selbst im Vorwort zu ihrem Handbuch sagt, in einem Abschnitt, den ich bereits zitiert habe:

> *Obschon ich von vielen Kümmernissen bedrängt bin, ob ich je deines Anblicks genießen werde, so ist dies einzige Verlangen dennoch dem Willen des höchsten Herrn und Gottes anheimgegeben. Ich würde es zwar wünschen, wenn mir die Kraft dazu von Gott gegeben würde, aber weil das Heil fern von mir, der Sünderin ist, wünsche ich zwar, und in diesem Wunsche schmachtet meine Seele dahin. (Hervorhebungen M.-M. R. G.)*

Es ist dies ein Wunsch Dhuodas, der sehr gut in den Rahmen der vielfältigen Unterschiede zwischen Frauen einer Gesellschaft paßt.

VI. Hrotsvitha von Gandersheim: Das Lächeln, das Lachen und das Gelächter

Hrotsvitha ist gewiß die berühmteste der europäischen Schriftstellerinnen, die wir vor dem 12. Jahrhundert kennen, vor der Zeit also, in der im feudalen Europa Frauen im allgemeinen zum Problem für Männer wurden. Hrotsvitha hinterließ uns ein Werk, das an Größe und Komplexität kaum zu überbieten war und außerordentlich großen Einfluß in späteren Jahrhunderten hatte.[1] Hrotsvitha war außerdem die erste, die im europäischen Mittelalter Theaterstücke schrieb. Sie war auch die erste Frau, die das Bewußtsein ihrer Identität als Frau öffentlich zur Sprache brachte, indem sie es in ihren Werken reflektierte: Hrotsvitha thematisiert immer wieder Auseinandersetzungen, Streitigkeiten und Spannungen zwischen Frauen und Männern, wobei sie bevorzugt Racheakte und Siege der Frauen über die Männer aufgreift.

Die Person und das Werk von Hrotsvitha lassen sich der Zeit der Ottonischen Renaissance zuordnen, in der Sachsen zwischen der zweiten Hälfte des 9. und der ersten Hälfte des 11. Jahrhunderts einen kulturellen und politischen Aufschwung erlebte.[2] Hrotsvitha stammte ziemlich sicher aus einer sächsischen Adelsfamilie. Als Schriftstellerin stand sie mit den bedeutendsten Intellektuellen ihrer Zeit und Gesellschaft in Kontakt, sowohl mit denen ihrer Heimat als auch mit jenen, die aus Italien an den Hof der Ottonen gekommen waren (wie beispielsweise Bruno, der

---

[1] Unter den aktuellen Studien über Hrotsvitha sind hervorzuheben: das Kapitel, das Dronke ihr in *Women Writers* 1984, S. 54–83 (mit Ausgaben und Bibliographie) widmet, sowie Katharina M. Wilson: *The Saxon Canoness. Hrotsvit of Gandersheim.* In: Dies.: Medieval Women Writers. Manchester 1984, S. 30–63; Dies. (Hrsg.): *Hrotsvit of Gandersheim, Rara Avis in Saxonia?* Ann Arbor/MI 1987. Weiters: Anne Haight: *Hrotswitha of Gandersheim. Her Life, Times and Work, and a Comprehensive Bibliography.* New York 1965; sowie: Gisela Brinker Gabler (Hrsg.): *Deutsche Literatur von Frauen.* Bd. 1: Vom Mittelalter bis zum Ende des 18. Jahrhunderts. Stuttgart 1988.

[2] Siehe Karl J. Leyser: *Rule and Conflict in an Early Medieval Society. Ottonian Saxony.* London 1979.

Bruder Ottos des Großen, oder Ratherius von Verona). Hrotsvitha war eine jener Frauen, die sich die Möglichkeit einer relativen Unabhängigkeit zu eigen machen konnten, zum einen aufgrund ihrer Abstammung, zum anderen wegen der Chance, ihre intellektuellen Fähigkeiten zu entwickeln, die die reichen Frauenklostergründungen den sächsischen Adelsfrauen gerade im 10. Jahrhundert boten.

Hrotsvithas Leben ist uns nur in sehr allgemeinen Zügen bekannt. Denn nichthagiographische Biographien sind im Hohen Mittelalter eine Seltenheit: die ›Vita Caroli Imperatoris‹, von Einhard zu Beginn des 9. Jahrhunderts geschrieben, ist die älteste, von einem Mann verfaßte, Biographie; die zwei ›Vitae‹ von Mathilde, zweite Gemahlin Heinrichs I. von Sachsen und 968 verstorben, sind vielleicht die ältesten Biographien einer Frau. Wir wissen weder über die Kindheit noch über die Familie von Hrotsvitha Genaueres. Da sich zeitgenössische Texte nicht auf Hrotsvitha beziehen, beruht sogar die Aussage, daß sie einer sächsischen Adelsfamilie angehörte, nur auf einer indirekten Ableitung. Wir nehmen es deshalb an, weil das Kloster von Gandersheim, wo sie einen Teil ihres Lebens verbrachte, nur adelige Frauen aufnahm. Gandersheim war eine königliche Stiftung, deren Äbtissinnen zu Lebzeiten Hrotsvithas aus der kaiserlichen Familie stammten. 947 machte Otto I. sie zu Grundherrinnen im weitesten Sinne des Wortes: Sie besaßen eine eigene Gerichtsbarkeit, ein eigenes Heer, das Münzrecht und mußten dem Kaiser Steuern zahlen. Die Nonnen und Kanonissen waren in den Glanzzeiten des Klosters nicht der Autorität des Bischofs unterstellt. Sie wurden erst ab 1007 vom Bischof von Hildesheim abhängig. Einige Autoren, wie Dronke, vertreten die Meinung, daß Hrotsvitha, die um 935 geboren wurde, mit einer frühen Äbtissin von Gandersheim verwandt war, mit Hrotsvitha I. (919–926). Deshalb bestehe auch eine entfernte Verwandtschaft mit der sächsischen Königsfamilie.[3]

Im Stift von Gandersheim gab es außer Leibeigenen auch Nonnen und Kanonissen. Daß Hrotsvitha Kanonisse und nicht Nonne war, ist gut belegt. Dieser Unterschied ist deshalb von Bedeutung, weil die Kanonissen von Gandersheim nur zwei der drei klösterlichen Gelübde ablegen mußten: das der Keuschheit

---

[3] Vgl. Dronke 1984, S. 55.

und das des Gehorsams, nicht aber das der Armut. Sie konnten über ihren Reichtum frei verfügen und genossen sicherlich größere Bewegungsfreiheit als die Nonnen. Ihre Kontakte zum Ottonischen Hof waren dementsprechend enger und häufiger. Diese Kanonissen folgten der Regel des Heiligen Benedikt, hielten das Singen zu den kanonischen Stunden ein, genossen aber die eben erwähnten Freiheiten.

Der genaue Zeitpunkt des Eintritts Hrotsvithas in das Kloster von Gandersheim ist zwar sehr umstritten, aber in ihrem Leben von großer Bedeutung. Wir könnten daraus den möglichen Einfluß ihrer Werke am Hofe wie in Laienkreisen des ottonischen Sachsen noch zu ihren Lebzeiten ersehen.

Der traditionellen Überlieferung nach kam sie als Kind nach Gandersheim, las in der überaus reichhaltigen Bibliothek zahlreiche klassische sowie mittelalterliche Autoren und machte sich mit ihnen vertraut, darunter Horaz, Ovid, Eustachius, Lucanus, Boethius, Terenz, Virgil, Prudentius, Venantius Fortunatus, Alkuin, Beda, Notker, Kommentaristen wie Isidor von Sevilla und, wie zu dieser Zeit nicht anders zu erwarten, die Vulgata sowie liturgische und hagiographische Texte. Außerdem benutzte sie apokryphe Schriften, wohl wissend, daß dies eigentlich nicht üblich war. Dieser traditionellen Sichtweise zufolge (an der Katharina Wilson auch weiterhin festzuhalten scheint) entwickelte Hrotsvitha ihr schriftstellerisches Talent ausschließlich aufgrund der Erfahrungen und des Ansporns, den sie aus der Lektüre dieser Bücher und dem Klosterleben gewann. Ihre Werke hätten nur der Unterhaltung und moralischen Belehrung ihrer Mitbewohnerinnen im Kloster gedient (etwa durch das Vorlesen im Refektorium). Eine tiefgreifendere und ideenreichere Deutung ihres Werkes kommt jedoch zu dem Schluß, daß ihre Kontakte mit der Laienwelt viel ausgiebiger, häufiger und auch wichtiger gewesen sein mußten. Charles Magnin, der ihre Werke 1845 erstmals ins Französische übersetzte, vertrat als erster diese These. Magnin ging dabei von etwas sehr Konkretem aus. Er meinte, daß sich die genauen Kenntnisse der erotischen Leidenschaft in Hrotsvithas Werken nur aufgrund ihres späten Klostereintritts erklären ließen. Wilson hat die »absolute Notwendigkeit« dieser Schlußfolgerung angezweifelt.[4] Aber Dronke, der

---

[4] Vgl. Wilson: *The Saxon Canoness* 1984, S. 43, Fußnote 12 sowie S. 31–32.

seine Studie über Hrotsvitha zur gleichen Zeit wie Wilson verfaßte, hat die Hypothese von Magnin durch eine subtilere und komplexere Argumentationsweise ergänzt.

Dronke ist der Überzeugung, daß Hrotsvitha einen Teil ihrer Jugend im höfischen Milieu verbrachte. Zwei Überlegungen sollen dies beweisen: Er stellt erstens eine gewisse Ähnlichkeit im Stil der Reimprosa von Ratherius von Verona und von Hrotsvitha fest. Ratherius kam im Jahre 952 als Flüchtling an den Hof Ottos I., um dort dem Bruder des Kaisers, Bruno, der die Kirchenlaufbahn eingeschlagen hatte, Literaturunterricht zu erteilen. Hrotsvitha hätte diesen Literaturunterricht von Ratherius ebenfalls besucht. Außerdem hätte sie am Hof Kontakt zu klassisch gebildeten Intellektuellen bekommen. Dieses zweite Argument von Dronke bezieht sich auf eine der Legenden von Hrotsvitha, nämlich auf ›Pelagius‹. Von der Autorin wissen wir, daß ihr eine Person aus Córdoba diese Geschichte erzählte. Sie habe ihr versichert, persönlich die Ereignisse, die zum Martyrium des Pelagius führten, erlebt zu haben. Pelagius war der Neffe des Bischofs von Tuy, der, von seinem Onkel als Geisel in Córdoba gehalten, zum Tode verurteilt wurde, weil er sich weigerte, Liebhaber des Kalifen Abd Ar-Rahman III. zu werden. Nach Dronke konnte dieser Cordobese nur Mitglied einer der beiden dortigen Gesandtschaften gewesen sein, die der Kalif zu Otto dem Großen (zwischen 950 und 955/56) geschickt hatte. Es sei am wahrscheinlichsten, daß Hrotsvitha ihn am Hofe kennengelernt und mit ihm persönlich gesprochen habe, meint Dronke.[5]

Auch über das genaue Todesdatum von Hrotsvitha wird noch immer diskutiert. Wir besitzen nach 973 keine Nachricht mehr von ihr. Die einzige Handschrift ihrer Werke, die vollständig erhalten zu sein scheint, wurde entweder während ihrer letzten Lebensjahre oder kurz nach ihrem Tod abgeschrieben. Diese Handschrift wird in Sankt Emmeram in Regensburg, einem anderen bedeutenden sächsischen Frauenkloster, aufbewahrt. Hier wurde interessanterweise Gerberga II., Äbtissin von Gandersheim und Nichte des Kaisers, Freundin und Beschützerin Hrotsvithas, erzogen. Bemerkenswert ist auch, daß in dieser Regensburger Frauenstiftung nach dem 11. Jahrhundert Frauen

---

[5] Vgl. Dronke 1984, S. 57.

lebten, die sehr elegante und kluge Liebesdichtung schrieben und die, wie Dronke meint, möglicherweise von den Werken Hrotsvithas beeinflußt wurden.

Ich sagte vorhin, daß das Werk von Hrotsvitha vielfältiger und komplexer ist als die Werke der wenigen Schriftstellerinnen, die wir vor dem 12. Jahrhundert in Europa kennen. Diese Komplexität erfordert zunächst eine kurze inhaltliche Zusammenfassung ihres Werkes, um so die Interpretation von Hrotsvithas Beiträgen zum Prozeß der Aneignung materieller und symbolischer Räume in weiblichen Begriffen, der über den geschriebenen Text erfolgt, zu erleichtern. Diesen versuche ich hier nachzuzeichnen.

Der Codex von Regensburg beinhaltet in erster Linie die Komödien von Hrotsvitha, ihren Theaterzyklus, der am öftesten übersetzt wurde und der sie so berühmt gemacht hat.[6] Es handelt sich dabei um sechs Werke. Das erste, ›Die Bekehrung des Feldherrn Gallicanus‹, schildert die Bekehrung und das Martyrium (wegen des Einflusses einer Frau) des römischen Feldherrn Gallicanus. Gallicanus war in Constantia, die Tochter des Kaisers Konstantin, verliebt. Dieser verspricht ihm, Constantia zu seiner Frau zu machen, wenn er die Skythen (Fremde jenseits der Grenze) besiegt. Aber Constantia hat das Keuschheitsgelübde abgelegt. Es gelingt ihr, durch den Eingriff Gottes, nicht nur die Heirat abzuwenden, sondern sie bekehrt auch Gallicanus.

Das zweite Drama, ›Die Leiden der heiligen Jungfrauen Agape, Quionia und Irene‹ (auch *Dulcitius* genannt), spielt zur Zeit der Christenverfolgungen unter Diokletian und handelt vom Martyrium dieser drei Schwestern, die ebenfalls das Keuschheitsgelübde abgelegt haben. Das Stück zeigt, wie sie gegen die Vergewaltigung durch Dulcitius ankämpfen, dem Beamten, der mit ihrer Hinrichtung beauftragt ist. Während die Frauen siegreich bleiben, wird der Mann der Lächerlichkeit preisgegeben.

Im dritten Stück, ›Die Wiedererweckung der Drusiana und des Calimachus‹, wird die Verliebtheit und Bekehrung von Calimachus, wiederum durch eine Frau, gezeigt. Calimachus ist ein junger, attraktiver Heide, der sich leidenschaftlich in Drusiana

---

[6] Es gibt eine androzentrische und herablassende Übersetzung von diesem Zyklus ins Spanische: Hrotsvitha von Gandersheim 1959.

verliebt. Drusiana ist verheiratet und hat auch das Keuschheitsgelübde abgelegt. Calimachus bedrängt Drusiana. Um nicht in Versuchung zu kommen, fällt sie tot um. In der Nacht versucht Calimachus ihren, wie ihm erzählt wurde, immer noch schönen Leichnam am Friedhof zu vergewaltigen. Bevor ihm dies gelingt, stirbt er. Der Heilige Johannes interveniert, läßt beide auferstehen und Calimachus wird Christ.

Im vierten und fünften Drama sind die Protagonistinnen keine Christinnen, die das Keuschheitsgelübde abgelegt haben, sondern Prostituierte. ›Fall und Bekehrung der Maria, der Nichte des Eremiten Abraham‹ beschreibt das Leben Marias in einem Bordell, aus dem sie Abraham, ihr Onkel und früherer Vormund, als Kunde verkleidet herausholt, um mit ihr ein Einsiedlerleben in der Wüste zu führen. ›Die Bekehrung der Buhlerin Thais‹ (unpassenderweise auch ›Pafnutius‹ genannt) schildert, wie Thais ein vergnügungsvolles Leben aufgibt, weil der heilige Eremit Pafnutius sie davon abbringt.

›Sapientia‹, das letzte Stück, erzählt vom Martyrium dieser Frau und ihrer drei Töchter, Fides, Spes und Caritas. Die vier Frauen sind adelige italienische Christinnen und kommen zur Zeit des Kaisers Hadrian nach Rom. Alle vier sind außergewöhnlich schön. Sie predigen vor Frauen, die weder Nahrung zu sich nehmen noch mit ihren Ehemännern ins Bett gehen. Sie werden unter der Anklage der Unterwanderung der öffentlichen Ordnung zum Kaiser gebracht. Hadrian versucht sie zunächst durch Schmeicheleien, dann durch Folter von den Predigten abzuhalten. Aber er erreicht nur, daß sie sich über ihn lustig machen und seine Unwissenheit (der Kaiser hat keine Ahnung von Mathematik) und Machtlosigkeit (die Folter wendet sich gegen die Anhänger von Hadrian) allen vor Augen führen. Schließlich werden die Töchter getötet, und die Mutter trägt in der Begleitung anderer Frauen ihre Töchter zu Grabe. Ruhig wartet sie gemeinsam mit diesen Frauen, die auch sie beerdigen werden, auf ihren eigenen Tod, der sie nach vierzig Tagen ereilt.

Ein Gedicht in Hexametern über die ›Apokalypse‹ des Johannes beendet das Buch der Komödien.

Vor den Dramen schrieb Hrotsvitha einen Zyklus von acht Legenden. Die erste ist eine Version über ›Die Geschichte von der Geburt und dem ruhmreichen Lebenswandel der unbefleckten Mutter Gottes‹ und stützt sich auf das apokryphe Evangelium des Matthias. Es folgt eine sehr kurze Erzählung über ›Die Himmelfahrt des Herrn‹. Die dritte Legende, ›Das Martyrium des Heiligen Gongolf‹, erzählt die Geschichte eines weisen, barmherzigen und keuschen fränkischen Ritters im achten Jahrhundert zur Zeit Pippins des Kurzen. Seine Ehefrau verliebt sich in einen Geistlichen, wird Gongolf untreu und plant, ihn zu ermorden. Es geschieht ein Wunder, und die Frau wird bestraft.

Die vierte Legende spielt in Córdoba und beschreibt das Martyrium des keuschen Pelagius, der hier schon einmal erwähnt wurde. Die fünfte und sechste, mit den Titeln ›Fall und Bekehrung des Vicedominus Theophilus‹ und ›Basilius‹ berichten von der Errettung dieser beiden Personen durch den Eingriff der Jungfrau Maria und des Bischofs Basilius, nachdem beide (wie Faust) ihre Seele dem Teufel verkauft hatten.

Die siebente Legende, ›Das Leiden des heiligen Dionysius‹, schließlich erzählt vom Martyrium des ersten Bischofs von Paris, St. Denis, der in dieser Zeit mit dem Philosophen des fünften und sechsten Jahrhunderts, (Pseudo-)Dionysius Areopagita, verwechselt wurde.

Die letzte Legende, ›Agnes‹, ist dem Martyrium einer Frau gewidmet, die nicht heiraten wollte. Der für sie auserkorene Ehemann, Sempronius, wäre eine sehr gute Partie. Agnes verweigert sich ihm wegen Jesus. Als Strafe wird sie in ein Bordell gesperrt.

Neben den Theaterstücken und den Legenden schrieb Hrotsvitha auch zwei historische Werke: Eine epische Biographie Kaiser Ottos des Großen, ›Carmen de Gestis Oddonis Imperatoris‹ (Gedicht über die Taten Kaiser Ottos I.) und ein um 973 verfaßtes Gedicht über die Ursprünge von Gandersheim, ›Primordia Coenobii Gandersheimensis‹, das über die Anfänge des Gandersheimer Stifts berichtet und nur in seiner ›editio princeps‹ erhalten ist.[7]

Wie sollen wir Hrotsvitha lesen und verstehen? Auf welche materiellen und symbolischen Räume erhebt sie Anspruch, welche besetzt sie mit ihren Worten?

---

[7] Sie sind zusammen mit den anderen Werken von Hrotsvitha in *Hrotsvithae opera*. Von Paul von Winterfeld. In: MGH: Scriptores rerum germanicarum, in usum scholarum. Berlin 1965, erschienen. Eine neuere Ausgabe, die auch spätere Textfunde berücksichtigt, ist: *Hrotsvithae opera*. Hrsg. von Helene Homeyer. München 1970.

Wir haben eine schwierige und sehr komplexe Autorin vor uns, die sich jeder einseitigen oder zu kurz greifenden Interpretation entzieht. Die bemerkenswerte Naivität ihres Stils erschwert paradoxerweise eine Interpretation. Ihre Sprache, die uns wie eine Sprache ohne Macht erscheint, weich und direkt, wirkt sogar bei ihren revolutionärsten Beobachtungen und Kritiken harmlos; diese Sprache scheint sich für die Anwendung schon bestehender Interpretationsmodelle nicht zu eignen, gerade weil sie vorgibt, nicht philosophisch zu sein, und weil sie keine Mythen oder hochtrabenden Systeme bilden will.

Hrotsvitha sagt jedoch viele Dinge, die eine gynäkozentrische Interpretation nicht als naiv von der Hand weisen kann. Ich meine, daß sich ihr Werk in Wirklichkeit unterschiedlichster Räume originell und voller Kraft bemächtigt.

Zwei dieser Räume möchte ich näher betrachten: das weibliche Schreiben, worunter ich das Schreiben über unterschiedliche Beschäftigungen und gemeinsame Lebenserfahrungen einer unbestimmten, aber bedeutenden Zahl von Frauen ihrer Gesellschaft verstehe. Diese Lebenserfahrungen stehen oft im Zusammenhang mit dem weiblichen Körper. Trotzdem dürfen wir nicht von *écriture féminine* im Sinne Hélène Cixous' sprechen. Dies läßt sich in den Vorworten zu ihren beiden Büchern (den Legenden und den Komödien) sowie in einigen ihrer Werke deutlich erkennen. Der andere, vielleicht weniger eindeutige, aber anregendere Raum ist der des Lachens, eines für Frauen nicht typischen Lachens. Denn dieses Lachen überschreitet Grenzen, es ist liederlich und exzentrisch. Wir finden dieses Lachen in einigen komischen Szenen der Komödien.

Ich werde, um Ordnung in diesen Teil der Analyse zu bringen, zuerst rasch die nichtfeministische Kritik zu Hrotsvithas Werk zusammenfassen, denn es ist verhältnismäßig viel darüber geschrieben worden.

Der älteste Interpretationsstrang stammt aus dem 16. Jahrhundert und wurde vom deutschen Humanisten Conrad Celtis mit der Entdeckung der Handschrift ihrer Werke im Jahre 1493 begründet. In dieser euphorisch-nationalistischen Sicht wird Hrotsvitha als erste sächsische Dichterin, als erste Geschichtsschreiberin Deutschlands und als erste Theaterautorin des christlichen Europas (was sie sicherlich war) dargestellt.[8]

Im 19. Jahrhundert bemächtigten sich positivistische Autoren Hrotsvithas, vor allem positivistische Historiker des Benediktinerordens, denn Hrotsvitha lebte ja als Kanonisse nach der Benediktinerregel. Hrotsvitha wurde von ihnen auf ungeheuerliche Weise trivialisiert, vielleicht weil es unmöglich war, sie zu verschweigen. Otto Grashof bezeichnete sie 1884 als »Zierde des Benediktinerordens«. In unserem Jahrhundert setzte ein jüngerer Historiker, Fray Justo Pérez de Urbel, diese Linie in seinen ›Semblanzas benedictinas‹ mit dem Artikel ›Die Nachtigall des Klosterlebens‹ fort. Möglicherweise jammern die Nachtigallen im Tal der Gefallenen (aus dem der Abt Fray Justo stammt). Es ist jedenfalls schrecklich, wie diese Art von »Lob« einen Text zerstören kann. Dale Spender hat nachgewiesen, daß typischerweise Texte von Frauen Opfer solcher Kritiken werden und wurden.[9] Diese Art von Trivialisierung wirkt bei Hrotsvitha vor allem deshalb so fürchterlich und einseitig, weil sie sich selbst als ein Wesen bezeichnet, das weder einer Nachtigall noch einem Schmuckstück gleicht. Denn sie sagt, daß sie der *clamor validus Gandershemensis* ist, »die starke Stimme von Gandersheim«, wie Johannes der Täufer, der von sich sagte *ego vox clamantis*, »ich, die Stimme, die schreit« in der Wüste. Nach Jakob Grimm würde der Ausdruck *clamor validus* auch mit der Etymologie des Namens Hrotsvitha im Altsächsischen übereinstimmen. Und Dronke hat nachgewiesen, daß sie sich nicht nur ihres eigenen Talentes bewußt war, sondern auch des göttlichen Anteiles, der in jeder menschlichen Kreativität steckt. Hrotsvitha drückte dies in einem Brief an ihre Beschützer, der dem Zyklus der Komödien vorangeht, so aus: »Gott loben zu dürfen, durch dessen

---

[8] Conrad Celtis gab die ›Opera‹ von Hrotsvitha 1501 in Nürnberg heraus. Über das Interesse der deutschen Humanisten an dieser Autorin siehe: Edwin Zeydel: *The Reception of Hrotsvitha by the German Humanists after 1493*. In: Journal of English and German Philology 44, 1945, S. 239–249; sowie: Ders.: *A Chronological Hrotsvitha Bibliography through 1700, with Annotations*. In: Journal of English and German Philology 46, 1947, S. 290–294.

[9] Vgl. Otto Grashof: *Das Benediktinerinnenstift Gandersheim und Hrotsvitha, die »Zierde des Benediktinerordens«*. In: Studien und Mitteilungen aus dem Benediktiner und dem Cistercienser Orden 6, 1884. Fray Justo Pérez de Urbel: *El ruiseñor del claustro*. In: Ders.: Semblanzas benedictinas, II. Madrid 1926. Dale Spender: *Women of Ideas (and what Men Have Done to them)*. o. O. 1983.

Gnade ich allein das bin, was ich bin, erfreut mein Herz ganz ungemein.« Dieser Satz ist, nach Dronke, eine Abwandlung eines Satzes des Heiligen Paulus, der über sich selbst sagt: »Aber durch Gottes Gnade bin ich, was ich bin, und seine mir geschenkte Gnade ist nicht unwirksam geblieben, sondern ich habe mehr als sie alle geschafft, nicht ich jedoch, sondern die Gnade Gottes mit mir« (1 Kor 15,10). Jahrhunderte später wird Kain diesen Satz entweihen, und so wird Lord Byron Kains Persönlichkeit beschreiben.[10]

Das Niveau der spanischen Übersetzung der Theaterstücke Hrotsvithas (von Julián Pemartín und Fidel Perrino, 1958) steht dem der Interpretation der Benediktiner in nichts nach. Zwei wahllos gewählte Zitate stellen dies unter Beweis:

> *Ihr ungestümes und entschlossenes Temperament führt sie selbst mit poetischem Anmut auf die Bedeutung ihres Namens zurück [...]. Aber durch die Bescheidenheit einer peinlichen Aufrichtigkeit versteckt sie es unerbittlich. (S. 14)*
> *Hrotsvitha setzte ihre ganze dramatische Kraft für zwei Tugenden ein: den Glauben und die Keuschheit. Der Glaube hilft durch seinen Eifer und seine Kraft nicht nur das Martyrium ertragen, sondern ersehnt es. Die Keuschheit wird heroisch bewahrt oder nach der schwersten Buße wiedererlangt. (S. 22)*

Die Blindheit der traditionellen Interpretation Hrotsvithas beeinflußt auch noch einige zeitgenössische Kritiker, wenn auch nur sehr abgeschwächt. Aber sogar bei Katharina Wilson stoßen wir noch auf Reste dieser Interpretation. Wilson definiert Hrotsvitha zwar als »erste Dichterin des Mittelalters, die bewußt versuchte, das Bild der Frauen in der Literatur neu zu schaffen«. Dennoch verwendet sie bei ihrer Analyse konkreter Inhalte häufig Begriffe und Hypothesen wie: »alles in ihrem Werk ist didaktisch, alles ist einem moralischen Ideal untergeordnet; ihre Zeilen wollen die Güte und Gnade Gottes aufzeigen, um die menschliche Neigung zur Sünde zu überwinden.« Oder: »stark

---

[10] Vgl. Dronke 1984, S. 75. Lord Byron: *Cain*, »*That which I am, I am; I did not seek for life, nor did I make myself*«, erklärt Kain Gott, nachdem er seinen Bruder Abel getötet hat. (Lord Byron: *Poetical Works*. Oxford o. J., S. 544 [Zeile 510–511]).

in ihrem Glauben, schreibt sie für Gläubige [...] stark in ihrer Überzeugung der Überlegenheit des klösterlichen Ideals.«[11]

Peter Dronke ist augenscheinlich der Kritiker, der sich endgültig von dieser moralischen Last befreit hat. Das Kapitel, das er Hrotsvitha widmet, ist (zusammen mit dem über Hildegard) das anregendste und stärkste in seinem Buch ›Women Writers of the Middle Ages‹. Dronke hat nachgewiesen, daß gerade die Zweideutigkeit einer der Grundzüge bei Hrotsvitha ist: Fast nie sagt sie das, was sie wirklich ausdrücken will, fast nie meint sie das, was sie wirklich sagt. Ihre moralischen Anschauungen haben immer einen doppelten Sinn. Das trifft auch zu, wenn sie über »Scham« spricht. Beides deutet auf ihre Ängste vor einer möglichen Zerstörung ihrer Texte hin. Wie sie uns selbst sagt, begann sie, heimlich zu schreiben. Sie wollte verhindern, daß ihr das Schreiben wegen ihrer *rusticitas (pro rusticitate)* verboten würde. *Rusticitas* bedeutet soviel wie »Unbeholfenheit«, kann aber auch »Spaßmacherei« heißen, ihr persönlicher Sinn für Humor. Dazu Hrotsvithas Worte im Vorwort zum Legendenzyklus (der chronologisch gesehen ihr erstes Werk ist):

> *Wenn man mir aber vorwirft, ich hätte manches, das dies Werk enthält, aus den Apokryphen gewählt, so habe ich das nicht mit Bedacht, sondern nur aus Unwissenheit gemacht. Denn ich wußte nicht, als ich begann und den Faden zu dieser Legendenreihe spann, daß man Zweifel hegt über den Stoff, den ich meiner Arbeit zugrundegelegt. Als ich dann davon gehört, habe ich sie trotzdem nicht zerstört, da das, was man heute als falsch schilt, vielleicht später wieder als echt gilt. Unter diesen Umständen bedarf ich sehr der Unterstützung vieler zur Verteidigung des vollendeten Werkleins, um so mehr, als es mir bei Beginn meiner Arbeit an Kraft fehlte und Sicherheit; war ich doch weder reif genug an Jahren, noch in der Wissenschaft erfahren, auch wagte ich es nicht, ratsuchend meinen Plan vorzulegen den Gelehrten, damit sie mir nicht wegen meines Späßemachens weiteres Schreiben verwehrten. So begann ich geheim und verstohlen bald zu dichten, bald Mißlungenes wieder zu vernichten, und mühte mich in hartem Ringen, einen Text,*

---

[11] Wilson: *The Saxon Canoness* 1984, S. 30, 32, 36.

sei er auch nur von kleinstem Nutzen, zustandezubringen. Ich benützte Darstellungen aus dem Handschriftenbestand, den ich in unserem Gandersheimer Stift fand.[12]

Das »Späßemachen« von Hrotsvitha, ihr eigenwilliger Sinn für Humor, ihre Ironie, zeigt sich in den unerwartetsten Augenblikken. Sie scheinen darauf hinzuweisen, wie unwohl sich Hrotsvitha beim Verfassen eines historischen Werkes fühlte, insbesondere der ›Gesta Oddonis‹, ein Auftragswerk der Äbtissin Gerberga II.

Dronke hat schließlich auch das Bewußtsein Hrotsvithas, das sie mit ihrer Identität als Frau verband, aufgezeigt (was Katharina Wilson ebenfalls tut). Dieses Bewußtsein drückt sich darin aus, daß in vielen ihrer Werke schwache Frauen über Männer triumphieren, die als stark gelten. Im Vorwort zu den Komödien schreibt Hrotsvitha (S. 176):

[...] denn je verführerischer die Schmeichelreden der Betörten locken, desto größer ist die Herrlichkeit des himmlischen Helfers, und um so glorreicher erweist sich der Sieg der Triumphierenden, vor allem, wenn weibliche Schwachheit siegt und männliche Kraft schändlich unterliegt.[13]

Ich habe vorhin gesagt, daß Peter Dronke der Autor ist, der uns endgültig vom Ballast der engen, wortgetreuen und moralistisch traditionellen Interpretation des Werkes von Hrotsvitha befreit hat. Dennoch bezieht sich Dronke in seinem Buch über die lateinischen Schriftstellerinnen des Mittelalters nie auf die Ansätze der heutigen feministischen Kritik. Er stellt also keine geschlechtsspezifischen Fragen und spricht auch nicht von sexueller Diffe-

---

[12] Hrotsvitha von Gandersheim 1965, S. 2–3. Dronke 1984, S. 65. Die deutsche Übersetzung ist – etwas abgeändert – aus Hrotsvitha von Gandersheim 1973, S. 64 f. Die Seitenangaben der folgenden Zitate beziehen sich auf diese Ausgabe.

[13] Interessanterweise entwickelt sich seit dem 15. Jahrhundert in verschiedenen europäischen Ländern eine polemische Literaturgattung, die unter dem Namen »Triumph der Frauen« bekannt wurde. Einige dieser Werke: Juan Rodríguez del Padrón o de la Cámara: *Triunfo de las donas* (vor 1445). Veröffentlicht bei Colección de libros publicados por la Sociedad de Bibliófilos Españoles. Madrid 1884, Bd. 22; Diego de Valera: *Tratado en defensa de las virtuosas mujeres* (vor 1445). Veröffentlicht a.a.O. Madrid 1880, Bd. 16; Moderata Fonte: *Il merito delle donne, ove chiaramente si scuopre quanto siano elle degne e più perfette de gli uomini.* Hrsg. von Adriana Chemello. Venedig 1988.

renz, obwohl er immer wieder das Talent und die Kreativität der Frauen und der Texte der Frauen, die er studiert hat, hervorhebt.

Ich habe auch behauptet, daß Hrotsvitha mit ihrem Text und Wort materielle und symbolische Räume besetzt, die aufgrund der Verteilung der geschlechtsspezifischen Zuschreibungen in ihrer Zeit und Kultur nicht für Frauen bestimmt waren. Das weibliche Schreiben und das exzentrische, gegen die herrschende hierarchische Ordnung gerichtete Lachen sind zwei dieser Räume. Aus der Perspektive der zeitgenössischen feministischen Kritik läßt sich eine gynäkozentrische Interpretation auf die Texte Hrotsvithas anwenden.

Im Theater- und auch im Legendenzyklus schreibt Hrotsvitha als Frau, wenn sie mit ihren Argumenten Sorgen der Frauen, die oft mit dem weiblichen Körper in Zusammenhang stehen, und Änderungsvorschläge hierzu behandelt. Auf einige dieser Sorgen und Vorschläge möchte ich nun eingehen.

Ein sehr wichtiges Thema, das auf eine lange Tradition zurückblicken kann, ist bei christlichen Frauen die Ablehnung der Ehe und der ehelichen Sexualität. Diese Haltung und die aufgezeigten Alternativen wenden sich direkt gegen die wichtigsten Ziele bedeutender präfeudaler und feudaler Gesetzessammlungen, die besagten, die Frauen hätten ihr Leben auf die Mutterschaft zu konzentrieren.[14] Die Ablehnung der Ehe und der ehelichen Sexualität bestimmt den Inhalt der Legende ›Agnes‹ und der Komödien ›Die Bekehrung des Feldherrn Galicanus‹ und ›Die Wiedererweckung von Drusiana und Calimachus‹ (Drusiana ist verheiratet, schläft aber nicht mit ihrem Ehemann). Alle drei Werke spielen im Römischen Imperium und weisen nachhaltige Verbindungen mit der Ideologie der Bewegung der alleinstehenden Frauen der ersten christlichen Jahrhunderte auf, auf die ich mich schon einmal bezogen habe.[15] Sowohl Agnes als auch Constantia und Drusiana lehnen sexuelle Beziehungen mit

[14] In ›Dret i conflictivitat social de les dones a la Catalunya pre-feudal i feudal‹ habe ich dies für Katalonien analysiert, erschienen in: Mary Nash (Hrsg.): Més enllà del silenci. Les dones a la història de Catalunya. Barcelona 1988, S. 53–71.

[15] Über die alleinstehenden, aktiven Frauen siehe: Jo-Ann McNamara: *A New Song. Celibate Women of the First Three Christian Centuries.* In: Women and History 6/7, 1983 und New York 1983. Ein eindrucksvoller mittelalterlicher Text zu diesem Thema ist die Autobiographie von Margery Kempe: *The Book of Margery Kempe. A Modern Version by W. Butler-Bowdon.* London 1936 (geschrieben um 1432).

Männern ab. Diese Ablehnung ist eines der wichtigen Kennzeichen der alleinstehenden, aktiven Frauen. In Hrotsvithas letzter Komödie, ›Sapientia‹, spricht sie den zweiten für diese Frauen bedeutenden Punkt an, nämlich ein aktives und der Predigt gewidmetes Leben. Diese Komödie spielt ausgerechnet im Rom zur Zeit Kaiser Hadrians (117–138). Sapientia und ihre drei Töchter, Fides, Spes und Caritas, kommen ohne Männer ihrer Familie in die Hauptstadt und widmen sich der Predigt. Der Inhalt ihrer Predigten ist äußerst subversiv: Sie fordern die Frauen dazu auf, ihre Ehemänner nicht zu ehren, sich zu weigern, gemeinsame Mahlzeiten einzunehmen und mit ihnen ins Bett zu gehen. Hrotsvitha beschreibt das so (S. 265):

> *Antiochus: Diese Frau, die ich eben nannte, ermahnt die Unseren, die altererbten Bräuche aufzugeben und sich dem Glauben an Christus hinzugeben.*
> *Hadrian: Und hat sie etwas erreicht?*
> *Antiochus: Nur allzu leicht, denn unsere Frauen verachten uns so weit, daß sie es verschmähen, am gleichen Tisch mit uns zu weilen und das Lager mit uns zu teilen.*
> *Hadrian: Ich gebe zu, das ist gefährlich.*

Sapientia und ihre Töchter sind im Gegensatz zu Constantia, Agnes, Agape oder Drusiana weibliche Prototypen, die zur Nachahmung aufzufordern scheinen. Die Vorstellung, daß die Erinnerung an die Bewegung der alleinstehenden, aktiven Frauen der ersten Christengenerationen vielleicht im Sachsen des 10. Jahrhunderts weiterlebt, ist sehr verführerisch, vor allem wenn wir uns vorstellen, daß es sogar Schriften über sie in der Gandersheimer Bibliothek gegeben haben könnte, mit denen Hrotsvitha heimlich zwischen den anderen zweifelhaften Texten hantierte, wohl wissend, daß dies nicht ratsam sei, und dennoch wollte sie diese Tradition nicht aus der Hand geben, als sie einmal begonnen hatte »am Strang dieser Kette zu ziehen«.

Ein zweites Thema ist das der Vergewaltigung. Hrotsvitha macht es in ihrer Komödie ›Das Leiden der heiligen Jungfrauen Agape, Quionia und Irene‹ zum zentralen Thema. Nur ein Wunder (das plötzliche Verrücktwerden des Statthalters Dulcitius) kann die drei Schwestern davor retten, von Dulcitius vergewaltigt zu werden, der sie gefangenhält, während sie ihr Martyrium erwarten. Hier die Szene (aus dem Spanischen):

Soldaten: Schon von weitem hören wir den Klang ihrer Stimmen
Dulcitius: Wartet mit den Lichtern vor der Tür: Ich gehe hinein und werde in ihren Armen meine Lust sättigen.
Soldaten: Geh nur, wir warten.
Agape: Wer lärmt vor der Tür?
Irene: Der unglückliche Dulcitius kommt herein.
Chiona: Gott möge uns schützen!
Agape: Amen.
Chiona: Was soll dieser Lärm der Pfannen, Töpfe und Kannen bedeuten?
Irene: Ich werde es euch sagen. Kommt her und späht durch diese Ritzen!
Agape: Was ist?
Irene: Seht nur. Der Dummkopf ist verrückt geworden und glaubt, daß er uns umarmt.
Agape: Was tut er?
Irene: Bald drückt er die Töpfe zärtlich an seine Brust, bald umarmt er die Pfannen und Kannen und gibt ihnen süße Küsse.
Chiona: Wie lächerlich.
Irene: Sein Gesicht, die Hände und seine Kleidung sind schon voller Flecken. Er ist schmutzig und rußig und sieht wie ein Äthiopier aus.

Wie für die Hauptdarstellerin in ›Die Farbe Lila‹ von Alice Walker ist auch für Chionia und Agape Gott der einzige Ausweg, um sich vor einer Vergewaltigung zu schützen. Dieser Unterwerfungsmechanismus ist charakteristisch für Frauen in patriarchalen Gesellschaften und offensichtlich auch zu dessen Aufrechterhaltung notwendig, wie Gerda Lerner gezeigt hat.[16] Ein drittes Thema ist das der Prostitution. In zwei Dramen sind die Hauptpersonen Prostituierte: ›Der Fall und die Bekehrung der Maria,

---

[16] Lerner 1986, S. 76–78 und 116–117. Die klassische Studie über die Beziehungen zwischen Vergewaltigung und männlicher Vorherrschaft ist Susan Brownmiller: *Against Our Will. Men, Women and Rape.* New York 1975. (Deutsch: *Gegen unseren Willen. Vergewaltigung und Männerherrschaft.* 9. Aufl. Frankfurt am Main 1992.) Siehe auch: Margaret T. Gordon und Stephanie Riger: *The Female Fear.* New York 1988; sowie Andrea Dworkin: Intercourse. London 1988.

der Nichte des Einsiedlers Abraham‹ und ›Die Bekehrung der Buhlerin Thais‹. Agnes, die Hauptdarstellerin der gleichnamigen Legende, endet in einem Bordell. Sie weigert sich, eine gute Partie, Sempronius, zu heiraten, weil sie sich für das Zölibat entschieden hat. Hrotsvitha stellt sich Maria und Thais mit einem befriedigten Sexualleben vor (Maria beschützt und ausgebeutet vom Wirt, der auch ihr Zuhälter ist, und Thais allein, weil sie das Geld sehr liebt). Sie befreien sich nicht durch die Ehe oder indem sie Kinder bekommen, sondern durch Askese (Maria geht in die Wüste, Thais zieht sich in ein Kloster zurück). Hrotsvitha sieht aber die Prostitution nicht als Mittel zur Spaltung der Frauen in öffentliche und private, um sie so zu unterdrücken, wie es Jahrhunderte später die feministische Kritik interessiert hat.[17] Sie benutzt das Thema vielmehr, um zu zeigen, welche Macht die Schönheit des weiblichen Körpers auf alle Männer ausüben kann. In ›Die Bekehrung von Thais‹ drückt sie dies so aus:

Pafnatius: Kein Wunder, da sie sich nicht damit begnügt, mit wenigen ihren Untergang zu beschleunigen, sondern weil es ihr glückt, alle, die sie in die Reize ihrer Schönheit verstrickt, mit sich ins Verderben zu ziehen.
Schüler: Beklagenswert.
Pafnatius: Und nicht nur Toren verschwenden ihre geringe Habe an sie, auch angesehene Männer verschleudern wertvollen Besitz, um sie zu beschenken, nicht ohne Schaden für sich selber.
Schüler: Uns schaudert beim Hören.
Pafnatius: Scharen von Liebhabern strömen ihr zu.
Schüler: Sie richten sich zugrunde.
Pafnatius: Die Rasenden, in ihres Herzens Blindheit geraten sie um den Vortritt bei ihr in Streit.
Schüler: Ein Übel erzeugt ein zweites.
Pafnatius: Und haben erst begonnen die Rauferei'n, dann schlagen sie mit Fäusten auf Gesicht und Nasen ein und gehen mit Waffen aufeinander los, bis das Blut in Strömen fließt und sich über die Schwelle des Freudenhauses ergießt.
(S. 246)

---

[17] Siehe beispielsweise Lerner 1986, S. 123–140 (das Kapitel *Veiling the Woman*); Michi Staderini: *Prostituzione e nuovo femminismo*. In: Memoria 13, 1986, S. 31–38.

Sowohl im Falle von Thais als auch bei Maria stellt Hrotsvitha die Prostitution als eine zwar moralisch verwerfliche, aber durchaus nutzbringende Wahl für Frauen dar, die zudem in einem gewissen Lebensabschnitt für sie wirtschaftlich sehr einträglich ist. Heutzutage hat diese Sicht von Hrotsvitha zweifellos Befürworterinnen und Gegnerinnen. Denn von uns Frauen gibt es weder zu diesem Thema noch zur Pornographie eine befriedigende, kritische Synthese der verschiedenen Fragestellungen und Haltungen. Vielleicht liegt dies daran, daß immer noch nicht (auch nicht nach den Studien von Michel Foucault) geklärt ist, was wir heute unter Sexualität verstehen. Wie Michi Staderini 1986 schrieb:

> *Um die zahlreichen Irrtümer und die Verständnislosigkeit in bezug auf die Prostituierten zu überwinden, brauchen wir noch viel Zeit, sowohl auf theoretischer Ebene als auch in der historischen Forschung.*[18]

Ein viertes Thema des weiblichen Schreibens ist das der Solidarität unter Frauen. Es ist kein so häufig behandeltes Thema wie die bis jetzt beschriebenen, bietet aber schöne Momente wie beispielsweise im Drama ›Sapientia‹. Sapientia, die Protagonistin, die von auswärts kommt und durch ihre christlichen Predigten die Römerinnen zur Subversion auffordert, wird in ihren Leidenstagen von einer Gruppe von Frauen getröstet und begleitet, als sie ihre Töchter beerdigen muß und sich zurückzieht, um auf ihren eigenen Tod zu warten. Hrotsvitha sagt folgendes:

> *Sapientia: Ich schulde eurer Anteilnahme Dankbarkeit für den Trost, den ihr mir, der Verwaisten gespendet habt.*
> *Frauen: Du willst nicht, daß wir bleiben?*
> *Sapientia: Nein.*
> *Frauen: Warum nicht?*
> *Sapientia: Ihr sollt euch um mich nicht weiter bemühen. Genug, daß ihr drei Nächte mit mir verbracht habt. Geht in Frieden, glückliche Heimkehr!*
> *Frauen: Willst du nicht mit uns gehen?*
> *Sapientia: Nein.*

---

[18] A.a.O.: S. 36.

Frauen: Was willst du denn beginnen?
Sapientia: Hier verweilen. Vielleicht wird mein Gebet erhört, vielleicht erfüllt sich, wonach ich mich sehne.
Frauen: Worum betest du? Was ersehnst du?
Sapientia: Einzig darum, nach vollendetem Gebet in Christus sterben zu dürfen.
Frauen: So bleiben wir, um dich dem Grab zu übergeben.
(S. 277)

Die soziale Gruppe der Verwandtschaft, die sie traditionellerweise getröstet, begleitet und beigesetzt hätte, wird bei Sapientia durch die Gruppe römischer Frauen ersetzt. Hrotsvitha verleiht dieser Übernahme einer überwiegend männlich bestimmten Welt durch eine ausschließlich weiblich bestimmte eine beachtliche dramatische Kraft: Der abrupte Übergang von den Szenen voller lärmender und obszöner Männer (der Kaiser, die Statthalter, Henker und Soldaten) zu Szenen mit Sapientia und den Frauen, die voller Zuneigung und Ruhe, gegenseitiger Unterstützung und Gesten des Verständnisses und des Mutes sind, wirkt sehr beeindruckend.[19]

Ein zweiter materieller und symbolischer Raum, der sich bei der Lektüre von Hrotsvitha aufdrängt, ist der des Lachens; oder besser des Lächelns, des Lachens und des Gelächters, die im Kontext der sozialen Beziehungen im allgemeinen und der Geschlechterbeziehungen im besonderen im europäischen Mittelalter kontroversiell und polemisch waren. Ein Bereich, der, wie EthnologInnen und SoziolinguistInnen gezeigt haben, Symbole und unterschiedliche Bedeutungen erzeugt, je nachdem, ob das Lachen von Männern oder von Frauen stammt.

Beginnen wir bei Hrotsvitha. Ihre Texte sind nicht nur voller Ironie. Sie benutzt den Humor in einem viel weitreichenderen Sinn. Sie kultiviert einen grotesken, übertriebenen und grausamen Humor. Ihr Humor erlaubt es Frauen, Männer bloßzustellen und ihnen gegenüber anmaßend zu sein, obwohl diese in der Hierarchie weit über den Frauen stehen. Hrotsvitha ist auch so

---

[19] Über die Mechanismen und Netze der Solidarität zwischen Frauen siehe: Centro di documentazione delle donne di Bologna: *La ragnatela dei rapporti. »Patronage« e reti relazione nella storia delle donne*. Turin 1988. Sowie: Pat Caplan und Janet Burja (Hrsg.): *Women United, Women Divided. Cross Cultural Perspectives on Female Solidarity*. London 1978.

frei, den sexuellen Witz zu gebrauchen und Männer sexuell lächerlich zu machen, ja sogar sehr bedeutende Männer. Ihr Humor überschreitet Grenzen und steht Frauen eigentlich nicht zu.

Das durch eine anmaßende und belustigende Sprache provozierte Lachen finden wir oft im Theater von Hrotsvitha. Die vier Frauen in ›Sapientia‹ machen sich über Kaiser Hadrian und seine Beamten lustig. Zum Beispiel die älteste, aber noch jugendliche Tochter:

> *Hadrian: Was murmelst du vor dich hin, mit spöttisch verzogener Miene?*
> *Fides: Deine Torheit habe ich verlacht, mich über deine Unwissenheit lustig gemacht.*
> *Hadrian: Über meine?*
> *Fides: Über deine.*
> *Antiochus: Des Kaisers?*
> *Fides: Gewiß.*
> *Antiochus: Welch Frevel! (S. 270)*

Wir müssen bedenken, daß es im Sachsen des 10. Jahrhunderts noch eine zusätzliche Bedeutung hatte, den Kaiser lächerlich zu machen: So heidnisch der römische Kaiser auch gewesen sein mag, die Könige von Sachsen betrachteten sich als seine Nachfolger und als Nachfolger des Römischen Imperiums und ließen sich als solche krönen.

Der sexuelle Witz verleiht den bekanntesten humoristischen Szenen des Theaterzyklus seine besondere Heiterkeit. In ›Das Leiden von Agape, Chionia und Irene‹ will der römische Statthalter Dulcitius, der sich mächtig und stark gibt, die drei jungen Christinnen durch seine Verführungskraft oder durch Gewalt dazu bewegen, mit ihm ins Bett zu gehen. Von Begehren erfüllt, gibt er den Befehl, daß sie in der Hinterküche, dort, wo das Küchengeschirr der Dienstboten steht, eingesperrt werden. Nachts kommt Dulcitius in dieses Zimmer und beginnt, die Töpfe und Pfannen zu umarmen, wobei er größte Lust empfindet. Währenddessen schauen ihm die Frauen zwischen den Türritzen hindurch zu und lachen erleichtert über ihn. Dulcitius kommt befriedigt und stolz wieder heraus. Er hat sein Begehren mit den Töpfen befriedigt und ist von ihrem Ruß so schwarz, daß ihn seine Soldaten mit dem Teufel verwechseln und vor ihm die

Flucht ergreifen, während er selbst nichts bemerkt und sich vor seiner Frau und vor dem Kaiser, also privat und öffentlich, lächerlich macht.[20]

Helga Kotthof, Soziolinguistin an der Universität Konstanz und Herausgeberin von ›Das Gelächter der Geschlechter‹, hat im Artikel ›Vom Lächeln der Mona Lisa zum Lachen der Hyänen‹[21] die neuesten Beiträge von EthnologInnen und SoziolinguistInnen zum Thema des unterschiedlichen Verhaltens von Männern und Frauen beim Lachen, dem Scherz und dem Humor im allgemeinen mit seinen Auswirkungen auf die Machtverteilung in der Gesellschaft zusammengefaßt. In ihrer Analyse kommt Kotthof unter anderem zu folgendem Schluß: Zunächst läßt sich nicht nur ein geschlechtsspezifisches Verhalten in bezug auf den Humor feststellen, sondern auch, daß dieser Unterschied durch Ungleichheit gekennzeichnet wird. Demnach gibt es enge Beziehungen zwischen der Art des Humors von Männern und Frauen in einer Gesellschaft und unserer Macht in dieser Gesellschaft. Freud bezeichnete 1905 in seinem Artikel ›Der Witz und seine Beziehung zum Unbewußten‹ diese Ungleichheiten mit den Begriffen der größeren und geringeren Aggressivität von Mädchen und Jungen; aber die Normen, die festlegen, wieviel, wann und wie ein Mädchen und eine Frau lachen dürfen, scheinen auch in vielen ethnographischen Beschreibungen nichteuropäischer Völker des vorigen und dieses Jahrhunderts auf.

Darüber hinaus kommt Kotthof zur Schlußfolgerung, daß die Frauen in den abendländischen Gesellschaften viel lächeln, we-

---

[20] Diese Textstelle habe ich auf Seite 93 dieses Kapitels zitiert.
[21] Helga Kotthof: *Vom Lächeln der Mona Lisa zum Lachen der Hyänen.* In: Dies. (Hrsg.): Das Gelächter der Geschlechter. Humor und Macht in Gesprächen von Frauen und Männern. Frankfurt am Main 1988, S. 123–153. Das Thema Frauen-Humor-Macht gehört zum Bereich der sexuellen Differenz und der Geschlechtsspezifik in der Sprache, das schon auf eine reichhaltige Bibliographie verweisen kann. Ich möchte drei Titel angeben, die auch für NichtspezialistInnen leicht zugänglich sind: Robin Lakoff: *Language and Woman's Place. New York 1975;* Dale Spender: *Man Made Language.* London 1980; sowie Patrizia Violi: *L'infinito singolare. Considerazioni sulla differenza sessuale nel linguaggio.* Verona 1986. Feministischer Humor wird von der heutigen Frauenbewegung gerade in der Literatur gefordert. Siehe hierzu: *Núria Pompeia: Maternasis.* Barcelona 1967; Dies.: *La educación de Palmira.* Barcelona 1971; Dies.: *Cambios y recambios.* Barcelona 1981; Gloria Kaufman und Mary K. Blakely (Hrsg.): *Pulling Our Own Strings. Feminist Humor and Satire.* Bloomington/IN 1980; Nicole Hollander: *I'm in Training to Be Tall and Blonde.* New York 1979.

nig lachen und nicht in Gelächter ausbrechen dürfen. Viel zu lächeln ist ein essentieller Bestandteil des Weiblichen in unserer Kultur. Die Notwendigkeit des weiblichen Lächelns ist teilweise auf die an Frauen gestellten Erwartungen zurückzuführen, die sozialen Beziehungen zwischen den Menschen zu erleichtern und die Aggressivität aufzulösen, die vom männlichen Gelächter oder dem männlichen Witz ausgeht. Die Männer hingegen lächeln im Abendland wenig, sie lachen auch wenig, dürfen sich aber das Gelächter erlauben. Bei den Frauen wird das Gelächter tendenziell als Übertretungssexualität aufgefaßt, es wird bestraft und ist unangebracht. Frauen dürfen sich das Gelächter also nicht zu eigen machen. Auf keinen Fall aber dürfen junge Frauen in unserer Gesellschaft sexuelle Witze über Männer erzählen. Ganz im Gegenteil, sie müssen lachen und sich auf dieses Lachen beschränken, damit der männliche Humor überhaupt Gestalt annehmen und Gewicht in der Öffentlichkeit haben kann.

Die christliche Kirche war im europäischen Mittelalter dem Lachen im allgemeinen nicht sehr wohl gesonnen. Es genügt auf Umberto Ecos literarisches Beispiel ›Der Name der Rose‹ zu verweisen, in dessen Mittelpunkt der Wunsch steht, in den Besitz eines Teiles der ›Poetik‹ von Aristoteles zu gelangen, in dem die Bedeutung des Lachens für den Philosophen analysiert wird. Nun überrascht es uns nicht mehr, daß Hrotsvitha ihre Werke aus Angst versteckt, daß ihre *rusticitas* bestraft werden würde, ihre Spaßmacherei, ihr persönlicher und Grenzen überschreitender Sinn für das Komische.

Die Schlußfolgerungen von Kotthof treffen also auch auf das geschlechtsspezifische Lachen im präfeudalen und feudalen Europa zu: Die Frauen müssen ihre Lust zu lachen unterdrücken und sich auf das Lächeln beschränken; das heftige Lachen wird mit sexueller Lust in Verbindung gebracht; sie dürfen nicht in Gelächter ausbrechen, vor allem Jungfrauen dürfen dies nicht tun. Leander von Sevilla sieht dieses weibliche Verhaltensideal in ›De institutione virginum et de contemptu mundi‹ so:

Es ist eine Sünde, dass eine Jungfrau ausgelassen lacht
1. Zeige, daß du dich an Gott erfreust, aber mit der heiteren und gezügelten Freude des Geistes, wie es der Apostel empfiehlt ... Diese Freude verwirrt deinen Geist nicht mit dem beschämenden Schauspiel des Lachens, sondern es löst in deiner Seele Sehnsüchte nach jener himmlischen Ruhe aus, in der du folgendes vernehmen kannst: Nimm teil an der Freude des Herrn. *2. Beim Lachen zeigt sich normalerweise das Herz einer Jungfrau, denn sie wird nie ausgelassen lachen, wenn sie ein keusches Herz hat. Das Gesicht ist der Spiegel des Herzens: Nur die Freizügige lacht wie verrückt.* Wovon wir zu viel in unserem Herzen haben, von dem spricht der Mund, *sagt der Herr. Und das Lachen, das sich des Gesichts einer Jungfrau bemächtigt, rührt von der Eitelkeit, die ihre Seele erfüllt. 3. Höre, was wir darüber lesen können:* Das Lachen betrachte ich als Verrücktheit, *und ich sagte zur Freude: Warum betrügst du dich vergeblich? 4. Fliehe vor dem Lachen, Schwester, wie vor einer Verrücktheit, und verwandle die Freuden des Jahrhunderts in Weinen, damit du erlöst wirst, denn du beweinst deine Verbannung auf dieser Welt, und die, die weinen, sind glücklich und werden Trost finden.*[22]

Leander von Sevilla schrieb im sechsten Jahrhundert. Vielleicht hat Hrotsvitha seine Texte gekannt, wenn nicht, dann kannte sie sicher andere Schriften der christlichen Kirche, die sich mit dem weiblichen Lachen auseinandersetzten. Daß sie diese Modelle ablehnte, ist offensichtlich. Selbst wenn ihre Stücke nicht aufgeführt wurden (ein Punkt, der immer noch umstritten ist), so lachten die Nonnen und Kanonissen von Gandersheim sicherlich beim Lesen oder Vorlesen der Texte bei Mahlzeiten oder anderen Gelegenheiten.

---

[22] Leandro de Sevilla: *De la instrucción de las vírgenes y desprecio del mundo*. Übers. von Jaime Velázquez. Madrid 1979, S. 203–204. Siehe zu diesem Thema allgemein: I. M. Resnick: *»Risus monasticus«. Laughter and Medieval Culture*. In: Revue Bénédictine 97, 1987, S. 90–100; auch der berühmte Fachmann mittelalterlicher Literatur, Ernst R. Curtius, widmete den ›Excursus IV‹ den Scherzen und Wahrheiten in der mittelalterlichen Literatur. In: Ernst R. Curtius: *Europäische Literatur und Lateinisches Mittelalter*. Bern 1948.

Zusammenfassend kann also bestätigt werden, daß Hrotsvithas Humor weder der Unschuld einer Gläubigen noch der Unbeholfenheit einer einfachen Künstlerin entspringt, sondern sich vielmehr durch eine Reihe von anrüchigen Witzen auszeichnet, die das, was in ihrer Welt als männlich definiert wurde, gegen die Männer selbst richtet.

VII. Trotula: Der Frauenkörper

Betrachten wir Trotula aus der Perspektive der Mediävistik, so werden wir aufgrund des heutigen Forschungsstandes wenig Erfolg haben. (Dies wird immer dann gesagt, wenn unlösbar scheinenden Problemen ausgewichen werden soll.) Trotula stellt uns nämlich vor Fragen, die wir vielleicht nie beantworten können (oder die wir nie hätten stellen sollen). Nähern wir uns Trotula hingegen von der Perspektive der historischen Frauenforschung und der feministischen Kritik, so werden uns grundlegende Probleme auf theoretischer Ebene verständlich, für die es (zumindest bis jetzt) entweder keine konkreten Beispiele im Mittelalter gab oder die in der bisherigen Geschichtsschreibung nicht berücksichtigt wurden. Ich denke beispielsweise daran, daß Frauen über keine Wörter verfügen, mit denen sie ihre körperliche Gesundheit bezeichnen könnten; oder an die Vermittlerrolle der Männer, wenn Frauen eine Beziehung zu ihrem Körper und ihrer Sexualität herstellen wollen. Gehen wir den wechselhaften Interpretationen des Werkes und der Identität Trotulas nach, so treten diese Probleme sehr klar zu Tage. Wenn ich mich Trotula und dem ›De mulierum passionibus‹ (›Von den Leiden der Frauen‹) nähere, so kann ich nicht sagen: Trotula war das und das, Trotula lebte im soundsovielten Jahrhundert – wie ich es bei den bisher vorgestellten Schriftstellerinnen sehr wohl gemacht habe. All das kann ich über Trotula nicht sagen, denn diese Frau ist schon seit Jahrhunderten ein Störfaktor für Gelehrte und Medizinhistoriker. Immer wieder wurde ihre Identität in Frage oder sogar in Abrede gestellt. Tatsächlich scheint die Frage, ob Trotulas Existenz bejaht oder verneint werden kann, so verzwickt zu sein, daß die Antwort eher politischer denn wissenschaftlicher Natur ist. Ich werde deshalb auf den folgenden Seiten zunächst den Hypothesen und Schlußfolgerungen nachgehen, die in den letzten 400 Jahren über die Identität und das Geschlecht von Trotula veröffentlicht wurden; danach werde ich versuchen, den Text ›De mulierum passionibus‹ zu interpretieren und ziehe die zeitgenössische feministische Kritik heran, um zu erklären, wie im feudalen Europa die Kategorie »weiblicher Körper« definiert wurde.

Die Identität und das Geschlecht von Trotula in der Historiographie

Ob die Existenz einer Traktateschreiberin und Medizinexpertin, Trota oder Trotula genannt, auch im 13., 14. oder 15. Jahrhundert in Europa in Zweifel gestellt wurde, wissen wir nicht. Diese Frau hat wahrscheinlich in Salerno gelebt, im Umfeld der berühmten Medizinerschule dieser Stadt (diese Schule führte die Medizin von Galen und die arabische Medizin in Europa ein). Trotula hat ihr Wissen wahrscheinlich im 11. Jahrhundert gelehrt.

Im 13., 14. und 15. Jahrhundert wurde sie von allen ausnahmslos als Autorin einer medizinischen Abhandlung angesehen, die sich in erster Linie auf den Körper der Frauen bezog. An diesem Körper interessierte sie sowohl dessen Gesundheit als auch dessen Schönheit. Die erste Ausgabe dieser Abhandlung aus dem 11. Jahrhundert mit dem Titel ›De mulierum passionibus‹ (›Von den Leiden der Frauen‹)[1] bestand aus drei Teilen:
- der erste beginnt mit den Worten *Cum auctor*
  (wenn der Autor oder Schöpfer, der in diesem Fall Gott, der Schöpfer des Universums, ist)
- der zweite mit dem Satz *Ut de curis*
- und der dritte *De ornatu*
  (von den Mitteln, die Frauen schön zu machen).

Die ersten beiden Teile beziehen sich vor allem auf die Gesundheit der Frauen; der dritte handelt fast ausschließlich von der Schönheitspflege des weiblichen Körpers; im zweiten finden sich sowohl Gesundheits- als auch Schönheitsmittel (falls die vor 900 Jahren existierende Medizin und Kosmetik überhaupt nach

---

[1] Die italienischen Übersetzungen sind am leichtesten zugänglich, siehe insbesondere: Trotula de Ruggiero: *Sulle malattie delle donne*. Übers. von Matilde Nubié und Adriana Tocco. Turin 1979. Sowie: Trocta Salernitana: *Il ›De mulierum passionibus‹*. Übers. von Clodomiro Mancini. Genua 1962 (Scientia Veterum 31). Montserrat Cabré bereitet in Barcelona eine katalanische Version aus dem 14. oder 15. Jahrhundert vor. Eine monographische Studie über Trotula steht noch aus. Es findet sich etwas zum Thema in: Margaret Alic: *Hypathia's Heritage. A History of Women in Science from Antiquity through the Nineteenth Century*. Boston 1986, S. 50–56. Die beste Einleitung ist nach wie vor die einführende Studie von Pina Cavallo Boggi zur italienischen Übersetzung von Nubié und Tocco.

heutigen medizinhistorischen Kriterien unterschieden werden können).

Das Werk von Trotula, das auch unter dem Namen ›Trotula major‹ und ›Trotula minor‹ (das große und das kleine Werk von Trotula) bekannt war, wurde im 13., 14. und 15. Jahrhundert berühmt und in den meisten europäischen Ländern gelesen. Über 100 mittelalterliche Handschriften dieser Texte sind bekannt.

Die Handschriften wurden zwischen dem Ende des 12. und des 13. Jahrhunderts abgeschrieben. Es ist sehr wahrscheinlich, daß es noch mehr davon gibt, die aber von der Wissenschaft noch nicht berücksichtigt worden sind.

Im 13. Jahrhundert entstand eine in lateinischen Versen gehaltene Version von Trotulas Werk. Im 14. Jahrhundert wurde es ins Irländische übersetzt, im 14. und 15. Jahrhundert ins Katalanische, Französische, Englische, Deutsche und Flämische.[2]

Niemand zweifelt daran, daß Trotulas Werk im Spätmittelalter all jenen bekannt war, die sich mit Gynäkologie, der Gesundheit der Frauen und dem weiblichen Körper beschäftigten. Es überraschte damals auch niemanden, daß diese Abhandlung von einer Frau stammte, die als Gelehrte und Medizinexpertin galt. Die Schreibweise des Namens der Autorin war in den jeweiligen Handschriften unterschiedlich: Einige nennen sie Trotula, andere Trotta oder Trocula oder ähnlich. Aber niemand bezweifelte ihre biologische oder soziale Geschlechtsidentität. Es wurde auch behauptet, daß Trotula der in der Öffentlichkeit geläufige Name des Werkes war, des Werkes von Trota, und nicht der Name der Autorin. Denn wir wissen, daß im Mittelalter bisweilen für die Bezeichnung des Werkes die Verkleinerungsform des AutorInnennamens herangezogen wurde.[3]

Erst im 16. Jahrhundert begann man sich an der Tatsache zu stoßen, daß Trotula eine Frau war und daß eine Frau das ›De mulierum passionibus‹ verfaßt hatte. Dies setzt sich bis ins 20. Jahr-

[2] John F. Benton sagt dies in: *Trotula, Women's Problems, and the Professionalization of Medicine in the Middle Ages*. In: Bulletin of the History of Medicine 59, 1985, S. 30–53; 35. Er gibt an, daß sich in der Nationalbibliothek von Madrid eine katalanische Übersetzung der Handschrift (›De ornatu‹) befindet (Ms. 3356, f. 1–32v). Montserrat Cabré arbeitet in Barcelona gerade an einer Doktorarbeit über mittelalterliche Texte, die von der Gesundheit und Schönheit der Frauen handeln.

[3] Zu diesem ganz und gar nicht eindeutigen Thema siehe Susan M. Stuard: *Dame Trot*. In: Signs 1, 1975, S. 537–542.

hundert, zumindest bis 1985, fort. Den ersten Herausgeber ihres Werkes, den deutschen Arzt Georg Kraut, kümmerte diese Frage allerdings nicht. Er veröffentlichte das Werk 1544 unter dem Titel ›Trotulae curandarum aegritudinum muliebrum ... liber‹. Aber schon kurz danach, 1566, mißfiel einem anderen mitteleuropäischen Gelehrten, Wolphius oder Hans K. Wolf, das Geschlecht Trotulas. Er gab das Werk Trotulas heraus und schrieb es einem *Eros quem aliqui Trotulam inepte nominant*[4] (»Eros, den einige dummerweise Trotula nennen«) zu; dieser Eros sei niemand anderer als der freigelassene Sklave einer gewissen Julia (daher kommt auch die Bezeichnung Eros Juliae) und habe in der Zeit von Augustus gelebt.

Warum H. K. Wolf sich für einen heidnisch-römischen Autor entschied, ist unbekannt. Gewiß ist nur, daß diese absurde Vorgehensweise die »moderne« Grundlage für die Auslöschung Trotulas und ihre Verwandlung in einen Mann ist. Dies mußte bis heute mit immer ausgeklügelteren Argumenten gerechtfertigt werden, wobei es bald nicht mehr notwendig war, auf den Eros Juliae zurückzugreifen.

Pina Cavallo Boggi bringt in ihrer einführenden Studie zur italienischen Übersetzung des ›De mulierum passionibus‹ die im 16. Jahrhundert einsetzende Vermännlichung Trotulas mit allgemeineren Veränderungen in der Kontrolle der Wissenschaften und den sozialen Geschlechterbeziehungen in Zusammenhang. Sie weist auf folgende Faktoren hin: Den sich herausbildenden Unterschied zwischen natürlicher Magie, der vormodernen Form der Wissenschaft, die sich nun die Männer aneigneten, und schwarzer Magie, die im verborgenen blieb, den Frauen zugeschrieben und verfolgt wurde; die schreckliche und verstärkt einsetzende Verfolgung von Frauen als Hexen; den endgültigen Ausschluß von Frauen aus den Berufen, deren Lehre nun von den Universitäten absorbiert wurde; sowie die sozialen Verhältnisse der Renaissance, die den Frauen im allgemeinen nicht erlaubten, ihre Begabungen zu verwirklichen (von sehr wenigen Ausnahmen abgesehen). Pina Cavallo Boggi sagt dazu folgendes:

---

[4] Pina Cavallo Boggi in der Einleitung zu Trotula de Ruggiero 1979, S. VIII.

> *In dem Jahrhundert, in dem sich die Natur der Interpretation eines Magier-Wissenschaftlers und danach eines Wissenschaftlers anbietet, also im 16. Jahrhundert, stellte eine Frau als Wissenschaftlerin einen tragischen Widerspruch dar. Wolf muß deshalb nicht erklären, warum Trotula der Eros Juliae ist: Eros Juliae wird eher dummerweise Trotula genannt. Eine Frau, die sich im 9. Jahrhundert mit weiblicher Sexualität, mit Schwangerschaft und mit Geburt beschäftigt und all dies den theoretischen Kriterien ihrer Zeit folgend in einen engen Zusammenhang mit der Praxis stellt, kann nur ein Mann sein und aus einer anderen Zeit stammen!*[5]

Hinter der Negation des Geschlechts von Trotula und ihrer Umwandlung in einen Mann standen im 16. Jahrhundert eher politische als wissenschaftliche Motive. In der Renaissance wurde Trotula verschwiegen, um zu verhindern, daß sie als Vorläuferin einer möglichen Genealogie von Wissenschaftlerinnen dienen könne und um ihr ihre Fähigkeit und Autorität (kulturell legitimierte Macht) abzusprechen, aufgrund derer sie eine gynäkologische Abhandlung verfassen und damit über den Körper von Frauen schreiben konnte. Im 20. Jahrhundert ist es jedoch möglich und sogar richtig zu sagen, daß Trotula eine Frau war, die im Mittelalter die Kunst der Medizin – auf einem bestimmten Niveau – ausübte und unter ihren ZeitgenossInnen sehr berühmt war. Aber ihre Identität als Verfasserin einer Abhandlung über Gynäkologie und somit als Frau, die über den Körper von Frauen schreibt, wird weiterhin geleugnet. Im 20. Jahrhundert wird interessanterweise auch bestritten, daß ihre Berühmtheit nach ihrem Ableben andauerte. Der Widerstand richtet sich also gegen die Tatsache, daß eine Frau im ausgehenden Mittelalter zahlreiche gelehrte Ärzte und Universitätsabsolventen Gynäkologie lehrte.

Die Befürworter der Vermännlichung Trotulas geben zu Beginn unseres Jahrhunderts der phantastischen Hypothese des 16. Jahrhunderts ihre positivistische und wissenschaftliche Grundlage. Conrad Hiersemann, deutscher Medizinhistoriker und Schüler von Karl Sudhoff, stellte 1921 die Behauptung auf, daß

---

[5] A.a.O.: S. XV.

bei genauer paläographischer Analyse eines Manuskriptes der Texte der Schule von Salerno (ein Manuskript, das sich damals in Breslau befand) ein Mann und nicht eine Frau als Autor festgestellt wird: Trottus und nicht Trotta. Diese Interpretation von Hiersemann, die einer paläographischen Überprüfung nicht standhält, wurde sofort von anderen SpezialistInnen der Medizingeschichte übernommen. Charles und Dorothea Singer schrieben 1924, daß das ›De mulierum passionibus‹ aus Spöttelei einer Frau zugeschrieben wurde.

In ihrer Zusammenfassung krönen sie ihren Mangel an wissenschaftlicher Genauigkeit mit Spott:

> *Es fehlt hier nicht an Ironie und deshalb verschwindet die erste Frau als Professorin, deren Leben einst ein gelehrter Medizinhistoriker zu beschreiben versuchte, im Nichts.*[6]

Auf die Singers folgten andere Autoren.

Nach Wolf, Hiersemann und den Singers hat sich vor kurzem der Historiker John F. Benton mit Trotulas Geschlechtsidentität befaßt. Seine Universitätskarriere ist mustergültig, tadellos und über den geringsten Verdacht der Subjektivität erhaben. Er stellt seine These in einem 1985 veröffentlichten Artikel vor.[7] Der Artikel dieses nordamerikanischen Gelehrten besticht durch seine Klarheit und Wissenschaftlichkeit. Seine Fähigkeit zur Mystifizierung kann jedoch lähmend wirken. Er nimmt einer/m die Kraft und den Wunsch, sich zu fragen, ob die mittelalterlichen Gelehrten wirklich so naiven und einfachen Gemüts waren, um all die Jahrhunderte hindurch einen so bedeutenden Betrug zu akzeptieren. (Noch weniger Lust verspürt man/frau, sich zu fragen, warum das Geschlecht Trotulas auch heute noch wichtiger ist als das der Engel.) Benton zieht, nachdem er die Kritik an den Hypothesen über Trotulas Identität aufgezählt und systematisiert hat, folgende Schlüsse:

---

[6] Zitiert bei Pina Cavallo Boggi a.a.O.: S. VIII–IX. Conrad Hiersemann: *Die Abschnitte aus der Practica des Trottus in der Salernitanischen Sammelschrift ›De Aegritudinum Curatione‹*. Leipzig 1921. Charles und Dorothea Singer: *Origini della Scuola di Salerno. Saggio di Storia della medicina. Scritti in onore di Sudhoff*. Leipzig 1924. Zu Hegel und seiner Ironie, wenn er über Frauen spricht, siehe Carla Lonzi: *Sputiamo su Hegel*. Mailand 1974.

[7] Benton 1985, Fußnote 2.

1. Die Existenz einer Autorin und Expertin der angewandten Medizin namens Trotula kann bestätigt werden.
2. Diese neue Trotula war aber weder die Autorin von ›De mulierum passionibus‹ noch irgend einer anderen Abhandlung über den weiblichen Körper (also weder über Gynäkologie noch über Schönheitspflege).
3. Die neue Trotula gehörte der Schule von Salerno an, aber sie lebte nicht im 11., sondern im 12. Jahrhundert (also nicht vor der Gründung der ersten Universitäten).
4. Die neue Trotula war eine hervorragende Heilerin, eine *quasi magistra*, aber keine professionelle Ärztin.
5. Die neue Trotula schrieb eine allgemeinmedizinische ›Practica‹.
6. Der Inhalt dieser ›Practica‹ entsprach nicht dem Geist einer systematischen und akademischen Professionellen, sondern dem Geist einer Person, die mit der Tradition der Empikerinnen und der Hebammen vertraut war.
7. Das Werk dieser Frau wurde nach ihrem Tod nicht berühmt.
8. Demnach war also die Lehrmeisterin der Gynäkologie der Ärzte des Spätmittelalters keine Frau.
9. Die neue Trotula muß Trota genannt werden, denn genauso erscheint der Name zweimal im Manuskript der ›Practica‹.

John Benton stützt sich bei diesen Schlußfolgerungen (die in einer einzigen zusammengefaßt werden können: Es hat keine Trotula gegeben, die professionelle Gynäkologin und erfolgreiche Autorin war) auf eine Handschrift, die bis heute wenig Beachtung gefunden hat. Sie wird in der Bibliothek der Universität Complutense in Madrid aufbewahrt und beinhaltet mehrere medizinische Schriften der Schule von Salerno. Benton datiert diese Madrider Handschrift auf das Jahr 1200, auf die gleiche Zeit wie die älteste Handschrift des ›De mulierum passionibus‹ von Trotula. (Benton hat, seinen eigenen Angaben zufolge, eine Handschrift, die sich in Erfurt befindet und das ›Cum auctor‹ und das ›De ornatu‹ beinhaltet, nicht gesehen. Diese wurde auf das 12. Jahrhundert datiert.[8]) Leider kennen wir den Inhalt der Madrider Handschrift nicht genau, da John Benton starb, ohne sie zu veröffentlichen.

---

[8] Vgl. a.a.O.: Fußnote 7.

Es erhebt sich die Frage, wer das ›De mulierum passionibus‹ geschrieben hat, wenn es nicht von Trotula stammt. Benton meint, daß seine drei Teile von verschiedenen Experten verfaßt wurden, die alle drei männlichen Geschlechts waren. Namenlose Männer, deren Namenlosigkeit niemanden sonderlich stört, denn in dieser Polemik scheint die geschlechtliche Identität weitaus wichtiger zu sein als jede andere. Benton sagt, daß die Männlichkeit einfach natürlich sei:

> *Die Autoren dieser drei Abhandlungen waren wahrscheinlich Männer. Diese Annahme ist eine natürliche Annahme, denn die akademische Medizin dieser Zeit wurde von Männern kontrolliert. Einige Textproben unterstützen diese Annahmen.*[9]

In diesem Kontext darf nicht vergessen werden, daß Benton die drei Teile des ›De mulierum passionibus‹ (wie auch die Lebensdaten der neuen Trotula) in eine andere Zeit verlegt, nämlich nicht ins 11. Jahrhundert, sondern an den Beginn des 13. Jahrhunderts.

John Benton geht mit seiner Analyse und Hypothesenbildung aber noch weiter. Der überaus große Bekanntheitsgrad von ›Trotula major‹ und ›Trotula minor‹ im Mittelalter zwingt Benton dazu zu erklären, warum so viele Ärzte (Professionelle, Universitätsangehörige und Gelehrte) im 14. und 15. Jahrhundert glaubten, daß Trotula die Autorin des ›De mulierum passionibus‹ war. Seine Antwort orientiert sich an der Nachfrage. Die männlichen Ärzte (und die Mehrzahl dieses Berufsstandes waren Männer, da ja den Frauen der Zugang zu den Universitäten verwehrt war) hätten ein krankhaftes Interesse an dem gehabt, was Frauen über ihren eigenen Körper sagten. Die Frauen waren zwar nicht ihre Kolleginnen, aber sie waren die einzigen, die den Müttern bei der Geburt beistanden. Die Männer dieser Jahrhunderte wußten anscheinend wenig über die weibliche Physiologie, und diese Unwissenheit beunruhigte sie. Deshalb waren sie über den Betrug geradezu erfreut, der die Autorenschaft eines Werkes, das in Wirklichkeit von einem Mann stammte, einer Ärztin aus der Vergangenheit zuschrieb, die Mitglied einer angesehenen

---

[9] A.a.O.: S. 46.

Medizinerschule war. »Ironischerweise« (ich folge immer noch Benton) fiel diesen Ärzten, die ganz begierig nach Daten über die weibliche Physiologie waren, das, was eine Frau über den weiblichen Körper zu sagen hatte, gar nicht auf. Denn das ›De mulierum passionibus‹ hätte nur beinhaltet, was die traditionelle männliche Gynäkologie auch sagte. Das medizinische Werk der Äbtissin und großen Schriftstellerin, Hildegard von Bingen (1098–1179), das aus zwei Abhandlungen (dem ›Liber causae et curae‹ und dem ›Subtilitates‹) besteht, habe hingegen keine große Verbreitung unter den Experten gefunden.[10]

Dieser so gelehrten und überzeugenden Analyse gelingt es, die anfangs gestellte Frage nach dem sozialen und biologischen Geschlecht Trotulas aufzuheben (denn Trotulas Existenz wird nicht bestritten. Sie wird nur verändert und bedeutungslos gemacht). Uns drängt sich aber die Frage auf, warum es so vieler wissenschaftlicher Anstrengungen bedurfte, um die phantastische Hypothese – über den Eros Juliae – des Renaissancegelehrten Hans Wolf zu retten. Vielleicht ist die Frage, warum es immer noch notwendig ist, Trotula schlechtzumachen und sie ihrer Autorität, ihrer Stimme und ihres Wortes zu berauben, interessanter als die nach der tatsächlichen Existenz Trotulas. Warum ist es von Nutzen, die Ärzte des Mittelalters einer krankhaften und blinden Dummheit zu beschuldigen, um so Trotula »ihres Platzes« zu verweisen, der ihr ja zusteht, und ihr den weiblichen Platz der unsystematischen Nicht-Gelehrten und vor allem der Nicht-Gynäkologin einzuräumen? Soll damit die Ruhe und Selbstverständlichkeit gestört werden, mit der Judy Chicago Trotula einlud, am Tisch ihres »feministischen Kunstwerkes«[11] ›The Dinner Party‹ Platz zu nehmen?

Bei dieser Polemik denken wir sofort an Frauen, die heute

---

[10] Um sich dem interessanten und komplexen Werk Hildegards von Bingen zu nähern siehe: Dronke 1984, S. 144–201; Michaela Pereira: *Maternità e sessualità femminile nell'opera di Ildegarda di Bingen*. In: Quaderni Storici 44, 1980, S. 564–579; Dies.: *Le visioni di Ildegarda di Bingen* 1982, S. 34–45. Joan Cadden: *It Takes All Kinds. Sexuality and Gender Differences in Hildegard of Bingen's ›Book of Compound Medicine‹*. In: Traditio 40, 1984, S. 149–174; Barbara Newman: *Sister of Wisdom. St. Hildegard's Theology of the Feminine*. Berkeley, Los Angeles 1987.
[11] Benton 1985, S. 32. Zu Judy Chicago, die dieses Projekt 1974 begann, siehe: Judy Chicago: *Through the Flower. My struggle as a woman artist*. Vorwort von Anaïs Nin. New York 1977.

über den weiblichen Körper schreiben: Luce Irigaray und Hélène Cixous, die über den mütterlichen Körper schreiben. Der Körper der Mutter wird uns Frauen kulturell verweigert. Das weibliche Geschlecht darf sich das Wissen und Sprechen über diesen Körper nicht aneignen. Diese mütterliche Genealogie muß durch die Abstammung vom und den Namen des Vaters unbedingt ausgelöscht werden. Irigaray sagt in ›Körper-an-Körper mit der Mutter‹ folgendes:

> *Die soziale Ordnung, unsere Kultur, sogar die Psychoanalyse selbst wollen es so: Die Mutter muß verboten bleiben. Der Vater untersagt das Körper-an-Körper-Sein mit der Mutter. [...]*
> *So erscheint die Öffnung der Mutter, sogar die Öffnung zur Mutter, als Bedrohung, als Gefahr von Ansteckung, von Krankheit, als Abgrund, der in die Krankheit, zum Wahnsinn führt. Offensichtlich gibt es da nichts, was es erlauben würde, sicheren Schritts voranzuschreiten. Keine Jakobsleiter, um zur Mutter zurückzukehren! Die Jakobsleiter steigt immer zum Himmel auf, zu Gott-Vater, dem Retter. [...]*
> *Seit dieser Zeit wird deutlich, in den alltäglichsten Fakten ebenso wie im Gesamtzusammenhang unserer Gesellschaft und unserer Kultur, daß ihrem Funktionieren ein Muttermord zugrunde liegt. [...]*
> *Aber ich habe so oft gehört, wie Männer sich über geschlossene Veranstaltungen von Frauen aufregen, wie sie um jeden Preis in sie eindringen, sich zwischen die Frauen drängen wollen, daß ich ihre Abwesenheit heute für um so bedeutender halte. Sie waren nicht ausgeschlossen von diesem Kolloquium, in dem überwiegend Frauen das Wort ergreifen. Wie kommt es also, daß ihre Neugier sie nicht, dieses eine Mal, dazu gebracht hat, zu kommen und zuzuhören? Es bleibt denjenigen von ihnen, die hier sind, überlassen zu begreifen, warum und wodurch sie eine Ausnahme bilden. Sollte es sich bei dem, was die anderen, also die Mehrheit der Praktiker, zurückgehalten hat, um eine Frage von Macht handeln? Sie dominieren dieses Kolloquium nicht.*[12]

---

[12] Luce Irigaray: *Körper-an-Körper mit der Mutter*. In: Dies.: Zur Geschlechterdifferenz 1987, S. 96, 99, 104, 105.

Genealogie und Macht sind zwei komplementäre Bereiche, die in der 400jährigen Polemik über die physische und soziale Geschlechtsidentität Trotulas von großer Bedeutung waren. Handelt es sich dabei um eine Verneinung jeglicher Form mütterlicher Genealogie und Sprache, weiblicher Genealogie und Schrift? Geht es darum, möglicherweise existierende weibliche Räume in der Geschichte (Frauen, die über den weiblichen Körper schreiben) von der neuzeitlichen und zeitgenössischen Wissenschaftswelt (die, wenn sie Macht hat, männlich sein muß) fernzuhalten?

Denn Trotula hat tatsächlich Frauen, die sich mit Frauen, vor allem mit solchen, die den gleichen Beruf ausüben, identifizieren, dazu angeregt, in der Vergangenheit nach einer Genealogie zu suchen, die ihrer eigenen Geschichte in einer feindlichen Umgebung den Rücken stärken könnte. Ich meine zum Beispiel die beiden nordamerikanischen Ärztinnen, Kate Hurd-Mead und Elisabeth Mason-Hohl, die am Beginn unseres Jahrhunderts lebten; und Pina Cavallo Boggi, die uns zeitlich näher steht (deren einleitende Studie zur italienischen Übersetzung des ›De mulierum passionibus‹, 1979 erschienen, John Benton ignoriert), aber auch Judy Chicago ...[13]

Denn John Benton hat ja mit dem Teil seiner Hypothese, in dem er sagt, daß Trotula zwar eine Expertin auf dem Gebiet der Medizin war, sich aber nicht mit Gynäkologie beschäftigte, auch die Hypothese der feministischen Historiographie verunglimpft, die nachweist, daß Frauen im Mittelalter, vor allem vor der Entstehung der Universitäten, medizinisch großteils von anderen Frauen betreut wurden. Diese Frauen wurden später in Machtkämpfe verwickelt und durch eine todbringende Rhetorik und ein Todesritual zur Hexen gemacht.[14] Das Politische an der

---

[13] Vgl. Kate C. Hurd-Mead: *A History of Women in Medicine.* Haddan (Con.) 1938, S. 113–154; Elizabeth Mason-Hohl: *Trotula. Eleventh century gynecologist.* In: Medical Women's Journal 47, 1940, S. 349–356. Mason-Hohl übersetzte auch Trotula *(De mulierum passionibus): The Diseases of Women by Trotula of Salerno.* Hollywood/CA 1940, ins Englische. Pina Cavallo Boggi in der Einleitung zu Trotula de Ruggiero 1979, S. V–XXXIV.

[14] Vgl. Monica Green, vom Kreis um John F. Benton, in: *Women's Medical Practice and Health Care in Medieval Europe.* In: Signs 14-2, 1989, S. 434–473. Die klassische Studie der feministischen Hypothese ist: Barbara Ehrenreich und Deidre English: *Hexen, Hebammen und Krankenschwestern. The Witches are back!* 8. Aufl. München 1981. Monica Green beschränkt sich darauf, mit einer

Polemik über die biologische und soziale Geschlechtsidentität von Trotula tritt demnach klar zu Tage.

Der weibliche Körper im feudalen Europa

Wenden wir uns nun von den Wechselfällen in der Analyse der historiographischen Persönlichkeit Trotulas dem zu, was Trotula in ihren Texten über ihre eigene Identität und über einige ihrer Persönlichkeitszüge sagt. In ›De mulierum passionibus‹ eröffnet uns die Autorin zwei interessante Aspekte:
1) Im 20. Kapitel, ›Über Komplikationen nach der Geburt‹, schreibt Trotula unter anderem über Frauen, deren Intimbereiche Luft zurückhalten, was Schmerzen und Blähungen in ihrem Körper auslöst. Sie schlägt einige Mittel gegen dieses Problem vor und fügt schließlich hinzu: »Trotula wird von allen als Meisterin in dieser Behandlung bezeichnet.« Und dann beschreibt sie den Fall, der ihr diesen Ruf einbrachte. Sie sagt:

> *Eine junge Frau mußte eine Inzision wegen so einer Blähung über sich ergehen lassen, weil Verletzungsgefahr bestand. Nachdem Trotula sie gesehen hatte, interessierte sie sich sehr dafür. Sie ließ sie zu sich nach Hause kommen, um an einem geeigneten Platz den Grund für die Schmerzen zu untersuchen. Nachdem sie festgestellt hatte, daß der Schmerz nicht auf einen Bruch zurückzuführen war und auch nicht auf eine Vergrößerung des Uterus, sondern auf eine Blähung, ließ sie der Frau ein Bad mit Malve und Glaskraut zubereiten, in das sie steigen mußte. Sie behandelte die fraglichen Teile mehrere Male sehr sorgfältig. Die junge Frau mußte lange im Bad bleiben. Als sie herausstieg, machte Trotula ihr einen heißen Umschlag aus Königsker-*

enormen Anhäufung von Wissenschaftlichkeit einige der feministischen Fragestellungen von Ehrenreich und English zu verwischen, anstatt sie zu kritisieren. Dies trifft auf die sehr interessante Arbeit von Giulia Calvi: *Corpi sani, corpi malati.* In: Il corpo tra natura e cultura. Rom 1987, S. 42–64 (Problemi del Socialismo 11) nicht zu. Siehe dazu auch: Mary Daly: *Gyn/Ecology. The Metaethics of Radical Feminism.* London 1979, S. 178–312. (Deutsch: *Gyn/Ökologie. Die Metaethik des radikalen Feminismus.* München, erw. Neuauflage 1991.)

zen, rapistro *und Gerstenmehl, damit der Schmerz nachlasse. Später bereitete sie ihr noch einmal das Bad zu, und die Kranke wurde gesund.*[15]

2) Im Vorwort zur Abhandlung erklärt die Autorin, daß sie diese verfaßte, weil sie bemerkte, daß die Frauen ihrer Zeit (und speziell eine Adelsfrau, die sie persönlich darum bat) das Bedürfnis verspürten, mehr über ihren Körper zu erfahren, um sich selbst behandeln zu können und nicht zu einem männlichen Arzt gehen zu müssen. Trotula drückt dies so aus:

Da die Frauen von Natur aus schwächer sind als die Männer, werden sie häufiger von Krankheiten heimgesucht, vor allem in den Körperteilen, die die natürliche Bestimmung zu erfüllen haben. Und sobald diese Übel an den intimsten Zonen auftreten, wagen es die Frauen nicht, wegen ihrer Bescheidenheit oder wegen ihrer Zerbrechlichkeit, dem Arzt die Veränderungen zu zeigen, die der Schmerz hervorruft. Aus diesem Grund und weil diese Umstände Mitleid in mir erzeugen, und vor allem auch weil eine Adelige mich darum bat, begann ich genauer über die Krankheiten nachzudenken, die mit gewisser Häufigkeit das weibliche Geschlecht überkommen.[16]

Trotula schrieb also aus Solidarität (Sympathie, Mitleid) mit Frauen im allgemeinen und aus dem Wissen heraus, daß es für die Frauen ihrer Gesellschaft etwas anderes bedeutete als für die Männer, in einem zugänglichen Körper zu leben. Die Frauen erlebten es als eine Form der Gewalt, einen zugänglichen Körper zu haben (auch wenn es aus Gesundheitsgründen so war), als Form einer Herrschaft, die andere über ihre Körper ausübten. Sie zogen es daher vor, eine Krankheit auch bei starken Schmerzen zu verheimlichen. Betrachten wir das Geschlecht als soziale Kategorie, so scheinen sich die Männer nicht davor gefürchtet zu haben, daß jemand Gewalt über ihren Körper haben könnte. Frauen konnten den Körper von Männern anscheinend nicht verletzen (oder besitzen), umgekehrt traf dies aber sehr wohl zu.

[15] Trotula de Ruggiero 1979, S. 34.
[16] A. a. O.: S. 5–6.

Um diese Asymmetrie wissend, zeigt Trotula ihre »Sympathie«, für Frauen (die in diesem Sinne »schwach« sind) und gibt ihnen ein wissenschaftliches Mittel zur Selbstkontrolle und Verteidigung ihrer Körper in die Hand. Hier soll daran erinnert werden, daß die Verletzbarkeit eines Körpers (durch die Folter beispielsweise) in der römischen Sklavengesellschaft als Unterscheidungsmerkmal von Sklaven und Freien diente. Solange die Verletzbarkeit nicht auf die Sexualität bezogen wurde, markierte sie grundlegende soziale Klassenunterschiede und nicht geschlechtsspezifische Unterschiede. Bezog sich aber die Verletzbarkeit des Körpers auf die Sexualität, dann deutete sie auf geschlechtsspezifische Unterschiede und nicht auf Klassenunterschiede hin, denn die Vergewaltigung eines freien Mannes war (zumindest gesetzlich) verboten.

Trotula beschränkte sich bei der Erstellung ihrer Abhandlung, die als ein Instrument zur Selbstkontrolle angesehen werden kann, interessanterweise nicht darauf, von anderen Autoren abzuschreiben, sondern »machte sich daran, genauer und sorgfältiger über die Krankheiten nachzudenken, die häufig das weibliche Geschlecht heimsuchen«, wie sie uns selbst mitteilt. Sie hat also Bedeutungen, Inhalte und Definitionen für den »weiblichen Körper« gedacht. Beim Entwurf ihres Modells des weiblichen Körpers sprach Trotula von Gesundheit und Schönheit, ohne dabei die Beschmutzungen, Vereinnahmungen und Gefahren zu beachten, mit denen normalerweise der weibliche Körper vom männlichen dominanten Diskurs beschrieben wird.[17]

Eine Systematisierung des Inhalts des ›De mulierum passionibus‹ ist (abgesehen von der üblichen Unterteilung in die drei schon erwähnten Teile) sehr schwierig. Vielleicht verschließt sich seine innere Logik einer zeitgenössischen Lektüre. Bei jeder Überschrift zu überprüfen, ob sie von einem anderen Autor übernommen wurde, erscheint uninteressant und ist, wie schon Giulia Calvi angemerkt hat, mühsam oder sogar unmöglich.[18] Die Auflistung einiger Kapitelüberschriften kann vielleicht Ersatz für eine systematische Zusammenfassung des Inhalts sein:

---

[17] Als Beispiel kann der Begriff »Blumen« angeführt werden, mit dem sie das Menstruationsblut bezeichnet, das die mögliche Frucht ankündigt (A. a. O.: S. 6).
[18] Vgl. Calvi 1987, S. 43.

- Über das Ausbleiben der Menstruation
- Über Geschwüre im Uterus
- Über die Entwicklung des Fötus nach der Empfängnis
- Über die Anzeichen der Schwangerschaft
- Über die Ernährung schwangerer Frauen
- Über die Ernährung gebärender Frauen
- Über die schwierige Geburt
- Über die Ernährung des Kindes
- Über die Auswahl der Amme
- Über den Augenschmerz
- Über die Abtreibung
- Über dicke und dünne Frauen
- Über die Kunst der Verschönerung einzelner Körperteile
- Über ein Wasser, das außergewöhnliche Wirkstoffe besitzt, um den menschlichen Körper vor verschiedenen Krankheiten zu bewahren ...

Was können wir mit dem Text von Trotula anfangen, wie sollen wir ihn interpretieren? Was sagt er uns über den Körper der Frau im feudalen Europa? Diesen komplexen Fragestellungen müssen wir uns langsam, Schritt für Schritt, nähern.

Bei dieser Art von Analyse des ›De mulierum passionibus‹ müssen wir zunächst danach fragen, was ein Körper ist, was der menschliche Körper ist und wie er definiert werden kann. Eine einfach zu akzeptierende und verführerische Definition sieht den Körper als materielle Stütze der sozialen Beziehungen, an denen wir teilhaben, und bestimmt ihn gleichzeitig als Sitz einer außerordentlich fruchtbaren, symbolischen Produktion (in den christlichen Kulturen wird beispielsweise der Leib Christi in der Eucharistie gegessen; und im Abendland verstehen wir uns, wenn wir sagen, daß wir Teil des Sozialkörpers sind). Es ist sogar gesagt worden (von Patrizia Magli), daß wir nicht einen, sondern viele Körper besitzen:

> *In Wirklichkeit haben wir mehrere Körper. Der Körper ist Plural. Dieses so einfache Objekt aus Luft, objektiv und vertraut, ist eigentlich ein vielschichtiges Phänomen, sehr komplex, das zahlreiche Wissenschaftsdisziplinen zu fassen versuchen, die dabei die größten Schwierigkeiten haben, sich untereinander zu verständigen. Es gibt einen biologi-*

schen Körper, einen anatomischen Körper, einen anthropologischen Körper, einen geschichtlichen Körper. Und jeder von diesen Körpern ist wiederum kein ekstatisches Objekt, das ein für allemal verstanden werden kann. Sogar der biologische Körper hat sich im Laufe der Geschichte verändert [...][19]

Wenn wir bei unserer Suche nach Definitionen weitergehen und uns mit diesbezüglichen theoretischen Werken vertraut machen[20], werden wir immer öfter auf die Behauptung stoßen, der Körper werde sozial und kulturell konstruiert. Der Diskurs des Natürlichen ist in unserer Zeit, wie bekannt ist, sehr negativ besetzt. Die Theorie, die das Geschlecht als soziale Kategorie versteht, geht beispielsweise davon aus, daß das, was wir unter Mann und Frau verstehen, kulturelle Konstruktionen sind, de-

---

[19] Patrizia Magli: *Il doppio gioco del corpo*. In: Il corpo tra natura e cultura 1987, S. 94–108; 94.
[20] Außer den in diesem Kapitel verwendeten Studien über den Körper siehe dazu: Gisela Bock und Giuliana Nobili (Hrsg.): *Il corpo delle donne*. Ancona 1988; Gerhard Baader und Andrea Kammeier-Nebel: *Frauen und Kinder. Medizinische und demographische Aspekte zur Gebärfähigkeit von Frauen*. In: Werner Affeldt und Annette Kuhn (Hrsg.): Frauen in der Geschichte, VII. Düsseldorf 1986, S. 126–153; Marie-Claude Derouet-Besson: »*Inter duos scopulos*«. *Hypothèses sur la place de la sexualité dans les modèles de la représentation du monde au XIe siècle*. In: Annales E. S. C. 36, 1981, S. 922–945; *Life and Death in Sexuality*. Monographische Nummer von Differences 1, 1989; Johanna Geyer-Kordesch und Annette Kuhn (Hrsg.): *Frauenkörper-Medizin-Sexualität. Auf dem Wege zu einer neuen Sexualmoral*. Düsseldorf 1986; Harriet Gilbert und Christine Roche: *A Women's History of Sex*. Winchester/MA 1988 (humoristische Sicht); Monica Green: *Essay Review. Female Sexuality in the Medieval West*. In: Trends in History 4-4, 1990, S. 127–158; Danielle Jacquart und Claude Thomasset: *Sexualité et savoir médical au Moyen Age*. Paris 1985; Pedro Laín: *El cuerpo humano. Teoría actual*. Madrid 1989; *I corpi possibili*. Memoria 3, 1982. *Sesso. Differenza e simbiosi*. Memoria 24, 1988; *Jungfräulichkeit*. Feministische Studien 5-1, 1986; *Flor del tesoro de la belleza*. Vorwort von T. Vinyoles und J. Roma. J. J. de Olañeta. Barcelona 1981; Carole Pateman: *The Sexual Contract*. Stanford/CA 1988; Representations 17, 1987 (den kulturellen Formen der körperlichen Repräsentationen gewidmet); Gayle Rubin: *The Traffic in Women. Notes on the Political Economy of Sex*. In: Rayna Reiter (Hrsg.): Toward an Anthropology of Women. New York 1975, S. 157–210; Edward Shorter: *A History of Women's Bodies*. New York 1982; Kathleen Wall: *The Callisto Myth from Ovid to Atwood. Initiation and Rape in Literature*. Montreal, Quebec 1988; Im Bard College (Annandale-on-Hudson, New York) wird ab 1990 ein ›Journal of the History of Sexuality‹ herausgegeben.

nen eine ambivalente und unbeständige Biologie zugrunde liegt.[21] Das ganze Gewicht wird also auf das Kulturelle, auf das Soziale gelegt, denn die Natur wird kulturell bestimmt.[22] Mit den Worten von Patrizia Magli hört sich dies so an:

> *Der menschliche Körper ist weit davon entfernt, ein natürliches Objekt zu sein, wie uns einige immer noch treuherzig versichern wollen. Konnte er am Beginn (wann aber?) reine biologische Materialität sein und nicht Sinn des Fleisches, so mußte er sich sofort den Zeiten anpassen: Der Körper ist Sinn, diskursiver Sinn, dialogischer, expressiver, begreifbarer, freiwilliger Sinn, wie es übrigens jeder Sinn ist, auch die Sinne. Die Sinne des Fleisches.*[23]

Wenn wir nun von diesen allgemeinen Aussagen übergehen zu konkreten Untersuchungen, die uns die Wege von der Theorie zur Praxis und deren Anwendung auf geschichtliche Begriffe zeigen, mit denen wir begreifen können, was im 11. Jahrhundert in Europa unter Körper verstanden wurde, dann fällt uns auf, daß es Untersuchungen über einzelne Körperteile gibt (vor allem über Körperteile der Frau): Untersuchungen über die Brust im 14. Jahrhundert oder über die Nahrungsverweigerung, über die Verlagerungen der mit Scham belegten Körperzonen oder der erogenen Zonen, über die Menarche und die Hysterie.[24] Aber

---

[21] Vgl. Sherry Ortner und Harriet Whitehead (Hrsg.): *Sexual Meanings. The Cultural Construction of Gender and Sexuality.* Cambridge 1981. Über den männlichen Charakter der Wissenschaft siehe: Evelyn Fox Keller: *Liebe, Macht und Erkenntnis. Männliche oder weibliche Wissenschaft.* München, Wien 1986. Donna Haraway: *Primate Visions. Gender, Race and Nature in the World of Modern Science.* New York 1989; Sandra Harding: *The Science Question in Feminism.* Ithaca/NY 1986.

[22] Eine schon klassisch gewordene Kritik des Diskurses über das Natürliche ist: Marshall Sahlins: *The Use and Abuse of Biology. An Anthropological Critique of Sociobiology.* Ann Arbor/MI 1976. Siehe auch: Ruth Bleier: *Science and Gender. A Critique of Biology and its Theories on Women.* New York 1984.

[23] Patrizia Magli 1987, S. 96.

[24] Vgl. Michel Foucault: *Sexualität und Wahrheit*, 3 Bde. Frankfurt am Main 1977–1986. Miles 1986, S. 193–208. Bynum 1985, S. 1–25. Darrel Amundsen und Carol J. Diers: *The Age of Menarche in Medieval Europe*. In: Human Biology 45, 1973, S. 363–369.

der Körper wird nicht als Ganzes gesehen. Wir treffen nur auf eine große Ausnahme: Luce Irigaray.[25]

Ich habe vorhin gesagt, daß der Körper kulturell konstruiert wird und daß, wie Patrizia Magli geschrieben hat, der Körper immer seltener als natürliches Objekt definiert wird. Für jemanden, der sich mit Geschichte befaßt, ist dies eine sehr befreiende Aussage, denn historisierbar sind ja gerade gesellschaftliche, und nicht natürliche Phänomene. Diese Aussage gewinnt an Klarheit, wenn sie folgendermaßen präzisiert wird: Der Körper (der am Ausgangspunkt des »Natürlichen« innerhalb der Evolution stehen konnte) hat in unserer Kultur keine reale Existenz. Es existieren männliche Körper und weibliche Körper, und nur diese beiden. Es gibt keinen Platz für die Mannigfaltigkeit der Geschlechter. Weder für die Kindheit noch für das Alter wollen wir uns unterscheidbare Körper vorstellen. Wir befinden uns vielmehr immer in einem weiblichen oder einem männlichen Körper, was Alice Schwarzer als den »Kleinen Unterschied« bezeichnet hat.[26] Trotzdem könnte behauptet werden, daß der Körper eines Mädchens dem eines Jungen ähnlicher ist als dem einer alten Frau.

Die Dekonstruktion des Diskurses des »Natürlichen« hatte für die Geschichte der Frauen eine befreiende Wirkung. Sie hat uns nämlich in eigenständige Subjekte der Geschichte verwandelt (so wie die Dekonstruktion des Diskurses der Rationalität uns in mögliche Subjekte der Philosophie verwandelt hat). Daß diese Art von Dekonstruktionen weiterhin notwendig ist, beweist uns die Bedeutung, die die Natur in der Soziobiologie heute erneut gewinnt. Ich beziehe das vor allem auf jene Soziobiologen, die wieder wissenschaftlich zu beweisen versuchen, daß wir Frauen besondere und uns eigene Verbindungen mit der Natur besitzen (daß wir zum Beispiel Brunstzeiten haben, wie

---

[25] Vgl. Luce Irigaray: *Das Geschlecht, das nicht eins ist*. Berlin 1979. Dies.: *Et l'une ne bouge sans l'autre*. Paris 1979; Dies.: *Ethique de la difference sexuelle*. Paris 1984; Dies.: *Amante marine de Friedrich Nietzsche*. Paris 1980; Dies.: *Zur Geschlechterdifferenz*. 1987. Dies.: *Sexes et parentés*. Paris 1987. (Deutsch: *Genealogie der Geschlechter*. Freiburg im Breisgau 1989.) Sowie: Monique Wittig: *Le Corps Lesbien*. Paris 1973.
[26] Vgl. Alice Schwarzer: *Der Kleine Unterschied und seine großen Folgen*. Frankfurt am Main 1975.

die Affenweibchen, daß unsere Sexualität von der Natur bestimmt sei und daß wir uns der Natur fügen müßten).²⁷

Trotzdem wissen wir Historikerinnen und Historiker, daß wir, wenn wir uns ganz dem Diskurs des Kulturellen überlassen und ausschließlich auf den Diskurs der sozialen Konstruktion setzen, das unangenehme Gefühl haben, die Geschichte von Gespenstern zu schreiben, von Wesen, die nur zufälligerweise der Ausbeutung und Unterdrückung ausgesetzt sind, von Wesen, deren historische Erfahrung weder bedeutend ist noch Bedeutung hat, weil ihr materielles Leben anscheinend weniger wichtig ist als ihre Sprache (oder als die Sprache über sie).²⁸ Wenn wir über die Geschichte von Frauen schreiben, wissen wir, daß die biologischen Mütter immer Frauen waren (jenseits jeder Rhetorik); und daß diese Möglichkeit (nämlich Mütter zu sein, über Geborenwerden oder nicht Geborenwerden zu entscheiden) den Frauen eine Haltung zu ihrem Körper abringt, die sie sozial gesehen von den Männern unterscheidet. Obwohl zweifelsohne der Diskurs, die Wörter, mit denen wir eine Erfahrung ausdrücken, unsere persönliche und kollektive Wahrnehmung dieser Erfahrung prägen, kann der materielle Aspekt unseres Lebens nicht ausgelöscht werden vom Diskurs und wird von der kulturellen Konstruktion im strikten Sinne nicht ausgeschlossen.

Andererseits ist es wohl bekannt, daß das Materielle des weiblichen Körpers, des sexualisierten Körpers, für die Theoretikerinnen der sexuellen Differenz einen grundlegenden und unersetzbaren Ausgangspunkt für ihr Analysemodell darstellt. Von einigen Autorinnen wurde diese Konzentration auf den Körper als essentialistisch angesehen (v. a. bei Irigaray, die am weitesten in diese Richtung gegangen ist). Auch wenn die so angegriffenen Denkerinnen diese Beschuldigung nie akzeptiert haben, wollen wir Historikerinnen und Historiker auf keinen Fall Essentialisten sein, weil wir uns so in einen Circulum Vitiosum begeben, in dem Geschichte keinen Sinn mehr hat.

---

[27] Eine Zusammenfassung der Diskussion sowie neue, sehr interessante Fragestellungen finden sich bei: Minna D. Caulfield: *Che cos'è naturale nel sesso? La sessualità nell'evoluzione umana.* In: Memoria 15, 1985, S. 21–38 (Feminist Studies 2, 1985).
[28] Siehe dazu die Bemerkungen von Claudia Koonz: *Post Scripts.* In: The Women's Review of Books VI-4, 1989, S. 19–20. Zu Joan W. Scott: *Gender and the Politics of History.* 1988.

Welcher Weg führt uns nun aus diesem Dickicht? Für jemanden, der sich mit Geschichte auseinandersetzt, ist diese verworrene Lage deshalb kompliziert, weil wir wissen, und sei es auch nur aus purer Intuition, daß sich das Geschlecht, die Zeichen und Symbole auf etwas beziehen; vielleicht ist ja auch das Konstruierte das Gelebte und das Gelebte das, was historisiert werden kann. Aber ist das dann auch das Reale? Und wie kann das Reale vom Natürlichen unterschieden werden?

Die beiden englischen Feministinnen Beverly Brown und Parveen Adams bieten uns hier einen Ausweg an. In ihren Anmerkungen zu den Werken von Irigaray und Kristeva schlagen uns die beiden einen sehr einfachen Weg vor und eröffnen uns neue Sichtweisen, die uns die überkommene Starrheit einiger unserer traditionellen Denkmuster verstellt hat. Der Ausweg besteht darin, zu zeigen, daß wir, wenn wir das »Natürliche« ablehnen (was wir ja augenscheinlich tun müssen), auch das »Soziale« oder »Kulturelle« ablehnen müssen. Mit anderen Worten, wenn es sich – wie bei vielen Gegensatzpaaren – um typisch binäre Gegensätze des abendländischen Denkens handelt (wie Ursache/Wirkung, aktiv/passiv, vernünftig/emotional), werden sie uns nicht weiterbringen. Wir müssen sie vielmehr ganz ablehnen und uns nicht darauf beschränken, ihre Hierarchie umzudrehen oder sie in der Mitte durchzuschneiden. Brown und Adams drücken dies so aus:

Die Frage, die wir aufgreifen wollen, ist die der Konstruktion des Körpers. Obwohl es keine allgemeinen Richtlinien gibt, die uns sagen, was unter »Konstruktion« in den verschiedenen Diskursen zu verstehen ist, kann aufgezeigt werden, was sie in einem programmatischen Sinne beinhalten könnten: Von Konstruktion zu sprechen, heißt beide Begriffe der verschiedenen Paare abzulehnen, die ohne Unterschied für die Analyse von sozialen Beziehungen benutzt werden. Wenn wir das Natürliche ablehnen, dann lehnen wir gleichzeitig seinen Kontrastbegriff des Sozialen als Deformation des Natürlichen ab. Und dies hat Auswirkungen auf all jene Theorien über Sozialisation und falsches Bewußtsein, die das Soziale als Indoktrination und falsche Repräsentation verstehen. Die These, daß der Körper oder jede andere Kategorie, ein Konstrukt ist, ist keine idealistische

These, sondern sie hängt von einer Neudefinition des Konzepts der Organisation der sozialen Beziehungen ab, die erlaubt, die unterschiedlichen Formen der Konstituierung der Handelnden zu verstehen.[29]

Es kommt also nicht nur darauf an zu untersuchen, wie diese Konzepte vorgehen, wie ein Symbol- und Bedeutungssystem entsteht und sich weiterentwickelt. Es geht vielmehr darum, neue Denkmodelle zu entwerfen, die die alten starren binären Oppositionspaare schon überwunden haben und durch die wir verstehen können, wie sich soziale Beziehungen im allgemeinen organisieren. Diese neue Denkmodelle sollen uns *in Begriffen der Differenz* verständlich machen, wie wir als weibliche und männliche Handelnde der sozialen Beziehungen agieren – in Begriffen der Differenz, denn die bis heute vorherrschenden Modelle (Marxismus, Strukturalismus, Neue Sozialgeschichte etc.) gehen immer nur vom männlichen Standpunkt aus.

Die absolute Polarität der binären Oppositionen zu überwinden und die ihnen innewohnende Hierarchisierung zu dekonstruieren, bedeutet – im Sinne von Brown und Adams – aber nicht, auf die Kategorien, auf denen das Modell der »binären Opposition« traditionellerweise aufbaut, völlig zu verzichten. Brown und Adams meinen vielmehr, daß wir andere ihrer Inhalte getrost weiter verwenden können. Bei der Analyse dieser Inhalte kommen sie zu dem sehr einfachen, aber interessanten Schluß, daß das »Natürliche« als Teil des Diskurses funktionieren kann, durch den der Körper konstruiert wird. Das Natürliche als Teil des Kulturellen.

Aber wir können in einem positiven Sinne anerkennen, daß das Konzept des Natürlichen als Teil der diskursiven Praktiken verwendet werden kann, die den Körper konstruieren. Nur weil der Begriff des natürlichen Körpers dazu benutzt wurde, bestimmte, sehr spezifische Konzepte über den Körper zu entwickeln, heißt das nicht, daß wir diesen Diskurs so benutzen müssen, wie er uns vorgestellt wird; wir können vielmehr einen eigenen Sinn des »Natürlichen« ausmachen

---

[29] Beverley Brown und Parveen Adams: *The Feminine Body and Feminist Politics*. In: m/f 3, 1979, S. 39–50; 40 (Hervorhebungen von den Autorinnen). Sowie: Parveen Adams: *Mothering*. In: m/f 8, 1983, S. 40–52.

und als Element einer konkreten Konstruktion akzeptieren. Genau darin besteht der Unterschied zwischen dem Betrachten des offensichtlichen Inhalts, den uns die Diskussionsformen bieten, und dem Betrachten seiner Organisationsformen.[30]

Die individuelle Erfahrung würde demnach Seite an Seite mit dem kollektiven Diskurs leben, im ständigen Dialog, aber ohne ausgeschlossen oder hierarchisiert zu sein. Es wäre eine Rückeroberung des Körpers, die nichts mit der alten Behauptung »Anatomie ist Schicksal« zu tun hat.[31]

Philosophisch betrachtet müßten wir nun fragen, ob es im feudalen Europa denkbar war, den Körper zu konstruieren, ohne auf die Polarisierung »natürlich/kulturell« zurückzugreifen. Können wir behaupten, daß damals das Natürliche als Teil der sozialen Konstruktion des Körpers verstanden wurde? Ich glaube schon. Dies läßt sich nicht nur damit begründen, daß die Menschen damals wußten, wie beschränkt ihre Kenntnisse über die Physiologie des Körpers (die zu einem bestimmten Zeitpunkt das »Natürliche« schlechthin ist) waren. Interessanterweise verstand Trotula, obwohl ihre Abhandlung sehr praktisch war, ihre Aufgabe des Schreibens als ein Nachdenken, als ein Den-Körper-Denken, ausgehend von seinen Krankheiten und der Bewahrung seiner Schönheit. Eine andere Autorin, die fast zur selben Zeit wie Trotula lebte und genauso oder vielleicht noch berühmter war, Hildegard von Bingen (1098–1179), tat dies noch eindeutiger. Denn Hildegard war Philosophin und nicht Ärztin. In ihrem ›Liber causae et curae‹, einem Text, dem nichts Ver-

---

[30] Brown und Adams 1979, S. 41 (Hervorhebung von den Autorinnen). Siehe auch: Adams 1978, S. 65–82.

[31] In dieser Denkrichtung, die daran festhält, daß die Differenz die Ungleichheit verstärkt, steht auch Cynthia F. Epstein: *Deceptive Distinctions. Sex, Gender, and the Social Order.* New Haven/CT 1988. Zu männlichen Interpretationen des weiblichen Körpers im Mittelalter siehe: Marie-Thérèse D'Alverny: *Comment les théologiens et les philosophes voient la femme.* In: Cahiers de Civilisation Médiévale 20, 1977, S. 105–129; und Vern Bullough: *Medieval Medical and Scientific Views of Women.* In: Viator 4, 1973, S. 487–493. Über Frauen als Patientinnen: Knibiehler und Fouquet: *La femme et les médicins. Analyse historique.* Paris 1983.

gleichbares vorangegangen war[32], unterteilte sie die Körper von Frauen nach deren Physiologie und Persönlichkeit:

> *(Über die Melancholie). Aber es gibt andere Frauen, die magere Muskeln, große Gefäße und einen mittleren Knochenbau haben; die Farbe ihres Blutes ist bleierner als das von Sanguinikerinnen. Und ihre Gesichtsfarbe ist eigentlich ein Gemisch aus grau und schwarz. Diese Frauen sind unbeständig und weitschweifig in ihren Gedanken, und sie sind übelgelaunt, wenn sie von Beschwerden geplagt werden. Sie sind wenig widerstandsfähig, so daß sie oft von Schwermut befallen werden. Bei der Menstruation leiden sie beträchtlich an Blutverlust; dabei sind sie unfruchtbar, weil sie eine schwächliche und gebrechliche Gebärmutter besitzen. Aus diesem Grunde können sie auch den Samen des Mannes nicht richtig empfangen, ihn festhalten oder wärmen. So sind sie eigentlich gesünder und fröhlicher ohne Männer als mit ihnen, zumal sie sich oft nach dem Verkehr mit Männern schwach fühlen. Die Männer haben desgleichen eine Abneigung gegen solche Frauen und gehen ihnen aus dem Weg, weil sie mit den Männern nicht liebevoll sprechen und weil sie die Männer nur wenig lieben. [...]*

Uns interessieren vor allem zwei Fragen, die Hildegard in ihrem Text aufwirft: Die eine bezieht sich auf die relative Integration zwischen dem Natürlichen und dem Sozialen bei der Konstruktion des weiblichen Körpers; die andere darauf, ob die Sexualität im weiblichen Körper einen nichtzentralen Platz einnimmt. Wenden wir uns gegenwärtigen Schriften über den Körper zu, so hat die Sexualität immer einen derart zentralen Stellenwert, daß wir oft dazu neigen, Körper mit Sexualität gleichzusetzen. (Außerdem klassifizieren wir den Körper einer Person meistens mit Hilfe des jeweiligen Sexualverhaltens.)

Warum gibt es diese Unterschiede?[33] Im Kontext des feudalen

---

[32] Siehe: Dronke 1984, S. 180–181. Die deutsche Übersetzung des Zitats ist modifiziert entnommen aus: Hildegard von Bingen: *Heilkunde. Das Buch von dem Grund und Wesen und der Heilung der Krankheiten*. Nach den Quellen übers. und erläutert von Heinrich Schipperges. 3. Aufl. Salzburg 1957, S. 145.

[33] Über den Platz der Sexualität im christlichen Europa siehe außer denen, die ich in der Fußnote 20 bereits angegeben habe: James Brundage: *Law, Sex, and*

Europa kann die Tatsache, daß sowohl Trotula als auch Hildegard Frauen waren, von Bedeutung sein; denn die Texte von Männern setzen Frauen meistens wirklich mit Sexualität gleich. Interessanterweise wird in den mittelalterlichen Texten von Männern Sexualität ausschließlich und als Faktor der Differenz mit dem weiblichen Körper identifiziert. Wie wir alle wissen, führt diese Identifikation dazu, den Frauen Sexualität mit Hilfe aller erdenkbaren Ideologien abzusprechen.

In der Gegenwart hat die Psychoanalyse, sowohl in ihrer Freudschen wie in ihrer Lacanschen Version, die Vorrangigkeit der Sexualität beim Denken des Körpers ohne Zweifel gefördert. Die Sexualität wird jetzt zwar nicht mehr als schlecht, sondern als gut definiert, vielleicht aber nur deshalb, weil sich die Bourgeoisie eine bestimmte Form von Sexualität angeeignet hat, um das Bewußtsein einer eigenen und elitären Klasse zu schaffen, wie Michel Foucault schrieb.[34] Selbstverständlich ist das, was heute existiert, eine männliche Sexualität, eine Identifikation der Sexualität mit dem männlichen Begehren, eine Identifikation, die in der Psychoanalyse auf brutale Art ausschließend wirkt.

In diesem Zusammenhang denkt jede/r von uns an Freud und seine Aussage, daß wir Frauen in bezug auf die Sexualität ein »schwarzer Kontinent« sind; oder daß es »nur eine Libido gibt, und die ist männlich«. Oder an die Frage »Was will das Weib?« Oder an den zentralen Stellenwert, den er Ödipus einräumt und der Kastrationsangst, die für beide Geschlechter etwas anderes bedeutet: Bei den Männern würde die Kastrationsangst die Libido erzeugen (das Begehren), durch die der Penis in einen Phallus verwandelt wird – das Organ als künstliches Gerät – das die Männer, nur weil sie es besitzen, in die Kultur eintreten läßt. Die Frauen werden, weil sie das berühmte Organ nicht haben, durch sein Fehlen definiert und bleiben, gehemmt durch diesen Mangel, ohne Begehren, also außerhalb des Symbolischen. Sie selbst

---

Christian Society in Medieval Europe. Chicago 1987; Peter Brown: *Die Keuschheit der Engel. Sexuelle Entsagung, Askese und Körperlichkeit im frühen Christentum.* München, Wien 1991; Ian McLean: *The Renaissance Notion of Woman. A Study in the Fortunes of Scholasticism and Medical Science in European Intellectual Life.* Cambridge 1980. Elaine Pagels: *Adam, Eve, and the Serpent.* New York 1988.

[34] Vgl. Michel Foucault: *Sexualität und Wahrheit. Bd. 1: Der Wille zum Wissen.* Frankfurt am Main 1983.

werden vielmehr zu Symbolen und Objekten gemacht. Denn weil sie das Organ nicht besitzen, fehlt ihnen auch das Mittel, das Instrument, den Mangel selbst, das Nicht-Haben darzustellen. Sie sind daher überhaupt unfähig zu repräsentieren. Der Mann wird so einfach zum Subjekt und die Frau zum Objekt der Darstellungen. Freud scheint, genau wie Aristoteles, in der »Natur« die letzten Rechtfertigungen für ein Modell der sozialen Beziehungen, die auf der Ungleichheit zwischen Männern und Frauen aufbauen, zu suchen.[35]

Jacques Lacan schlägt eine ähnliche Interpretation der Prozesse vor, die zu geschlechtsspezifisch unterschiedlichen Zugängen zur Kultur führen. Lacans Feld, auf dem das Kultur schöpfende Subjekt erscheint, ist, im Unterschied zu Freud, das der Sprache. Diese Sprache ist übrigens, so wie sie uns entgegentritt, männlichen Geschlechts. Wie Ida Magli in dem Absatz, in dem sie ihre Synthese der männlichen Sexualität aus kulturanthropologischer Sicht zusammenfaßt, sagt:

> *Neuerlich befinden wir uns vor etwas, das wir schon des öfteren hervorgehoben haben: Der Künstler singt von der Schönheit als Macht, als Transzendenz, als verzweifelte Hoffnung auf Ewigkeit, und sieht seine einzig möglichen Profile in der leuchtenden Jugend eines männlichen Körpers, Träger und gleichzeitig Sinnbild der* vis, *der Kraft, und findet dabei, mit einer unbewußten Intuition, nur in dieser* vis *den Sinn des Lebens und des Todes, oder besser die Grundlage allen Sinnes.*
> *Die Kunst und der Penis vereinigen sich miteinander, erkennen sich wieder, als einzige und alleinige Sprache.*[36]

Wenn der Körper nun großteils Sprache und Diskurs ist und unsere Sprache eine phallische, männliche Sprache, wo sollen wir dann Trotula und ihre Abhandlung über den Körper der Frauen situieren? Es war sicherlich kein Zufall, daß der Weg, der bei Trotula, ihrem Körper und ihrem Wort als Frau beginnt – seit dem 16. Jahrhundert negiert –, voller Windungen und Umwege war und erst jetzt an ein Ende kommt, an dem wir Frauen die

---

[35] Vgl. Adams 1978, S. 66, 76.
[36] Ida Magli: *La sessualità maschile.* Mailand 1989, S. 151–152.

Möglichkeit haben, Körper und Sprache wiederzufinden. In anderen Worten, es ist sicher keine »Ironie der Geschichte«, daß 400 Jahre hindurch Anstrengungen unternommen wurden, um die unbequeme Identität Trotulas auszulöschen. Das Denkmodell der sexuellen Differenz bietet uns eine komplexe philosophische Stütze, auf der wir eine Sprache über und in bezug auf den weiblichen Körper mit einer gewissen Autonomie schaffen können.

Für Irigaray und Cixous ist – indem sie Lacan folgen – der Körper Sprache, eine Sprache, die wiederum in gewisser Weise in den Körper eingeschrieben ist. Eine Kombination also von »Natur« und »Kultur«. Aber sie nehmen nicht einen Körper als Träger und Schöpfer der Sexualität und der Sprache wahr, sondern zwei. Der Körper der Frau hätte alle notwendigen Mittel zur Verfügung, um in das Symbolische einzutreten, in die Prozesse der Konstruktion der Symbole und Bedeutungen, als Selbst, als Subjekt des Diskurses. Luce Irigaray hat, vor allem in ›Spéculum de l'autre femme‹, die Metapher der zwei symmetrischen und entgegengesetzten Lippen, die *labrys*, entworfen, die Schamlippen, die *sich schreiben*: Sie schreiben sich, sie schreiben sich in die Objekte ein und schaffen so Symbole, und gleichzeitig schreiben sie sich gegenseitig zwischen sich und öffnen so Raum für eine andere Sexualität (und daher für eine Sprache).[37]

Bei Irigaray würde eine Sprache, die in einer bestimmten Kultur spricht, den Körper einer Frau konstruieren; und wir Frauen müßten ihn allmählich konstruieren, indem wir auch in der Vergangenheit nach verschiedenen möglichen Mustern einer oder mehrerer, mehr oder weniger kontinuierlicher Genealogien suchen. Der Versuch der Wissenschaft, die sexuelle Identität und das Wort von Trotula auszulöschen, kann als Beweis für die potentiell subversiven Inhalte dieser Vorschläge angesehen werden. Ein anderer Maßstab – aus philosophischer Sicht – ist die Notwendigkeit, mit der zeitgenössische Denker wie Michel Foucault oder Gilles Deleuze den Vorschlag der Denkerinnen der sexuellen Differenz, das Weibliche als eigenständig zu konstruieren, bekämpfen und dabei versuchen, die Energien der Frauen darauf

---

[37] Vgl. Irigaray 1978; Hélène Cixous: *Souffles. Des Femmes.* Paris 1975; Jane Gallop: *»Quand nos lèvres s'écrivent«. Irigaray's Body Politic.* In: Romanic Review 74/1, 1983, S. 77–83.

zu lenken, die Krise der Rationalität, an der das philosophische System leidet, zu überwinden. Rosi Braidotti[38] hat vor dieser Energieverschwendung gewarnt. Wir haben also an dem augenscheinlich überholten und wissenschaftlichen Faden gezogen, der Trotula in der Renaissance zum Mann werden läßt und dabei ein Knäuel überraschender Komplexität, aber auch Übereinstimmung zu Tage gefördert.

Wir können dies in zwei Punkten zusammenfassen:
1. Der Körper wird kodifiziert. Ein sehr wichtiger Weg der Kodifizierung des Körpers, den wir gut verstehen, ist die Sexualität, wie Foucault und andere nachgewiesen haben. Körper und Sprache sind demnach in unserer Kultur sehr eng miteinander verbunden. Trotula dachte als denkendes Wesen über eine dem weiblichen Körper eigene Ausdruckskraft nach und gab dem Bedeutung: Sie dachte den Körper in Begriffen von Gesundheit und Schönheit, und sie berief sich dabei nicht auf die Mutterschaft oder den Tod (das Thema der *Pietà* interessierte sie nicht). Sie dachte den weiblichen Körper in einer anderen Sprache, weil es ein verletzbarer Körper war, dessen Grenzen die Frauen in ihrer Gesellschaft nicht beherrschten.[39] Der Körper der Frauen war dem männlichen Körper untergeordnet. Trotula faßte diese Unterordnung aber als soziale und nicht als natürliche auf, wie sie in ihrem Vorwort zu ›De mulierum passionibus‹ sagt: »und diese, die eine schwächere Konstitution hat, weil sie der Herrschaft des Mannes untergeben ist …«[40]
2. Schon bei Freud und auch bei Foucault sind Sexualität und Macht zwei eng miteinander verbundene Diskurse. Wer herrscht, muß auch die Wahrheiten der Sexualität und des Körpers konstruieren und muß den und die Körper kodifizieren. Daher darf Trotula seit dem 16. Jahrhundert als Frau nicht über Gynäkologie oder Schönheit sprechen (nicht einmal über Schönheit!). Sie darf *beinahe* Ärztin sein und darf über vieles sprechen,

---

[38] Es ist unmöglich, die Sprache von anderen zu retten, ohne zunächst die eigene konstruiert zu haben. Dies nicht zu tun, würde einen Rückschritt bedeuten und am Fehlen einer Sprache und damit einer eigenen Identität weiterwirken: vgl. Braidotti 1988, S. 22–32.
[39] Die klassische Studie über Vergewaltigung ist nach wie vor: Brownmiller 1975.
[40] Trotula de Ruggiero 1979, S. 5.

nicht aber über den weiblichen Körper. Und hier treffen die beiden Teile dieses Kapitels zusammen: Trotula und der Körper der Frau. Wie Irigaray sagt, darf es in der Produktion des Diskurses über den weiblichen Körper keine genealogischen mütterlichen Linien geben. Warum? Weil die herrschende Macht die Produktion der Wahrheit (Foucault) bestimmt. Derjenige, der die Macht in einer Gesellschaft hat, muß den Diskurs über den Körper kodifizieren.

VIII. Marie de France: Die Kindstötung

Der übergangslose Schritt vom Kapitel über den Körper der Frau zu dem über Kindstötung ist kein Zufall, obwohl dies die Chronologie der ausgewählten Texte nicht erfordert. Kann aus den grundlegenden Schriften einiger Autorinnen (Irigaray, Braidotti) zur Konstruktion des Denkens über den Frauenkörper geschlossen werden, daß dieses Konstruieren in philosophischen Begriffen von den Frauen selbst noch zu leisten ist, so bezeugen die historischen Analysen über den Körper der Frauen, daß die weibliche Kindstötung eine bevorzugte Praxis war. Diese soziale Praxis ist in vielen bekannten Gesellschaften sehr gut dokumentiert. Dazu gehört auch die des europäischen Mittelalters. Es handelt sich um eine soziale Praxis, deren Interpretation in der Geschichtsschreibung konfliktreich ist. Das Vorhandensein dieser sozialen Praxis (oder die Erinnerung an sie) kann ohne Schwierigkeiten sowohl mit der vorsichtig angestellten gynäkozentrischen Reflexion über den Körper der Frauen verbunden werden als auch mit der abendländischen Philosophietradition, die diesem Körper einen schlechten Platz zuschrieb und dabei sogar das häufige Auftreten der Praxis der weiblichen Kindstötung in einer bestimmten Gesellschaft und Zeit außer acht ließ. Denn diese soziale Praxis überschritt Klassengrenzen.

In ethnographischen oder kulturanthropologischen Studien wird der menschliche Eingriff in die Bevölkerung mit dem Ziel, eine zufriedenstellende Beziehung zwischen der menschlichen Gruppe und ihrer ökologischen Umgebung zu erhalten, seit langem thematisiert. Heute wird auch von historischen Studien erwartet, dieses Thema aufzugreifen.[1] Von einigen AutorInnen wird es als »kulturelle Ökologie« bezeichnet. Wenn einer der Eingriffsmechanismen der Menschen in die Bevölkerung der geschlechtsspezifische Kindsmord ist, dann ist das sichtbarste Ergebnis eine genau definierte Zusammensetzung der Bevölkerung mit einem genauen Verhältnis der Geschlechter: also eine Bevölkerung entweder mit einem hohen oder niederen Männeranteil,

---

[1] Eine gewagte Fragestellung in bezug auf das feudale Mittelalter finden wir bei: Alain Guerreau: *El feudalismo. Un horizonte teórico*. Barcelona 1984 (die französische Ausgabe stammt aus dem Jahr 1980).

je nach Zielsetzungen des geschlechtsspezifischen Kindsmordes. Es handelt sich offensichtlich um eine Praxis (sofern die Erinnerung an ihre Existenz in der Vergangenheit existiert und sich erhält), die weitreichende Konsequenzen für die sozialen Beziehungen im allgemeinen hat, sowohl für die Produktionsverhältnisse als auch für die bestehenden Machtbeziehungen und deren Weiterentwicklung.

Gerda Lerner meint in einer Monographie über die Entstehung des Patriarchats, daß eine der ersten Fragen, die sich die Väter gestellt haben, die Entscheidung über das Leben der Neugeborenen war. Sie entschieden, ob die Mutter das Kind aufziehen durfte oder ob sie es durch Kindsmord oder Weglegung loswerden mußte:

> *Umgekehrt war eine der ersten Machtbefugnisse, die Männer unter dem Patriarchat institutionalisierten, die Macht des männlichen Familienoberhauptes, darüber zu entscheiden, welches Kind leben und welches sterben sollte. Diese Macht muß als Sieg des Rechtes über die Natur aufgefaßt worden sein, denn sie wendete sich direkt gegen die Natur und die frühere Erfahrung des Menschen.*[2]

Dieses Vorrecht war grundlegend für das Patriarchat (nicht für alle Gesellschaften mit männlicher Vorherrschaft, sondern nur für die Gesellschaften, in denen diese Vorherrschaft auf der Kontrolle der biologischen Väter im Verwandtschaftssystem basiert).[3] Die Bevorzugung des weiblichen Kindsmordes (sofern man/frau beim Kindsmord von einer Bevorzugung sprechen kann) ist ein historischer Beweis dieses Vorrechts der Väter.[4] Die Zeugnisse für diese Bevorzugung in der griechischen und römischen Zivilisation sind häufig und eindeutig.[5] In Rom gab es sogar den Mythos eines »Gesetzes von Romulus«, das zur Erzie-

---

[2] Lerner 1986, S. 89, S. 251 (Fußnote 8). Gerda Lerner: *Die Entstehung des Patriarchats*. Frankfurt, New York 1991, S. 305 (Fußnote 8 zu Kapitel 2).

[3] Siehe Rubin 1975, S. 156–210.

[4] Die ethnologische Literatur ohne feministischen Anspruch spricht von Kindsmord und von weiblichem Kindsmord. Eines von vielen Beispielen: Danila Visca: *Il sesso infecondo. Contraccezione, aborto e infanticidio nelle società tradizionali*. Rom 1977.

[5] Siehe Sarah B. Pomeroy: *Goddesses, Whores, Wives, and Slaves. Women in Classical Antiquity*. New York 1975, S. 69–70. Sowie Lerner 1986, S. 202.

hung nur einer Tochter riet.[6] Aufgrund dessen greift der Mediävist John Boswell das antike Sprichwort »Jeder zieht einen Sohn groß, sogar die Armen; aber sogar die Reichen setzen eine Tochter aus« wieder auf und sagt weiter:

Vom hellenistischen Ägypten bis zum spätmittelalterlichen Island wiederholten die Ehemänner immer wieder den bekannten Satz: Wenn du eine Tochter zeugst, setze sie aus.[7]

In den patriarchalen Gesellschaften trafen die Männer aufgrund des Vaterrechts die Entscheidung, welches Neugeborene sterben sollte. Die Ausführung dieser Entscheidung wurde mit Gewißheit den Frauen übertragen. Darauf deuten literarische Zeugnisse hin sowie die Tatsache, daß im Mittelalter die Gebärenden ausschließlich von Frauen umgeben waren, (nur in Fällen sehr konfliktreicher Erbschaften und abwesender Väter kann die Anwesenheit eines Notars festgestellt werden, der garantieren soll, daß dem legitimen Sohn das Erbe zufällt). Diese literarischen Zeugnisse zeigen den starken Schmerz der Mütter beim Verlust ihres Kindes und erzählen manchmal von einem glücklichen Ausgang, begünstigt durch eine der Geburtshelferinnen, indem sie sich der jeweils in ihrer Kultur existierenden Möglichkeit bedient, um den Tod des Kindes zu verhindern.

In der Vorstellungswelt des klassischen Griechenland (die ja immer noch Bedeutung für uns hat) bildeten sich in bezug auf die Mutterschaft zwei Frauentypen heraus, die gewisse Formen der Bestätigung des Patriarchats kodifizierten, indem sie die Kinder anwiesen, die Identität mit dem Vater über die Genealogie und über die Identität mit der Mutter zu stellen. Diese Formen der Bestätigung des Patriarchats machen in der Phantasie die Mütter (physisch oder sozial) für den Mord an ihren männlichen Kindern verantwortlich, weil sie sie nicht als Kinder ihres Vaters anerkennen. Nathalie Daladier hat diese Umkehrung in der Phantasie hervorgehoben. In einer anregenden Arbeit hat Daladier in Tragödien von Aischylos, Sophokles und Euripides, in ›Die Choephoren‹, ›Ion‹ und ›König Ödipus‹ Schlüsselstellen für den

---

[6] Vgl. Pomeroy 1975, S. 164–166.

[7] John Boswell: *»Expositio« and »Oblatio«. The Abandonment of Children and the Ancient and Medieval Family.* In: The American Historical Review 89/1, 1984, S. 10–33.

Versuch gefunden, die Unfähigkeit der Figur der Mutter zu zeigen, wenn es darum geht, die Identität ihrer Kinder in Krisensituationen widerzuspiegeln.[8] Daladier nennt diesen Typ die »blinde Mutter«. Diese Mütter sind wie Yokaste unfähig, ihren Sohn (Ödipus) zu erkennen, wenn dieser nach Hause zurückkommt. Oder es sind Mütter, die ihre Kinder töten, wie Medea, um sich an deren Vater zu rächen. Die Amme hingegen, die die grundlegenden Funktionen der Mutter übernimmt, aber dem Gesetz des Vaters dient, erkennt den gerade Angekommenen rasch (wie bei Odysseus oder Orest). Im Gegensatz zur blinden Mutter, die weder den Sohn noch den Ehemann und Vater wiedererkennt, erkennt die Amme dadurch auch den Namen und das Gesetz des Vaters an:

> *Die Macht der Identifizierung wird oft von der Mutter auf die Amme übertragen. Aber nur im tragischen Kontext der patrilinearen Abstammung besteht die Gefahr, daß die Amme sich in eine zentrale Figur verwandelt. Die Einführung dieser ganz dem Vater ergebenen Figur erlaubt es, die Drohung aufzuheben, die die todbringende Mutter für den eigenen Sohn bedeutet. Die Amme entzieht das Kind der mütterlichen Gewalt und zieht es auf, damit es eines Tages das väterliche Heim, von dem es verstoßen wurde, wiedererrichten kann.*[9]

Die Interpretation von Daladier verbindet die Blindheit der Mutter mit Heterosexualität und Reproduktion. So wird die frühere Integrität der Frauen in zwei Teile gespalten: auf der einen Seite die Mutter, die gebiert, aber keine Stimme hat und nicht sagen kann, wer ihr Sohn ist, weil ihr Wort den Namen und die Kontinuität der väterlichen Verwandtschaft in Gefahr bringen könnte, und auf der anderen Seite die Amme, die sehend ist und spricht, sich aber nicht fortpflanzen darf. Daladier meint dazu:

> *Die Frauen, die, wegen ihrer Sexualität und ihrer Fähigkeit sich fortzupflanzen, eine unentrinnbare Beziehung mit der*

---

[8] Vgl. Nathalie Daladier: *Le madri cieche*. In: Memoria 3, 1982, S. 9–21 (Nouvelles Revue de Psychoanalise 19, 1979).
[9] A.a.O.: S. 18.

Welt der Männer haben, sind also blind. Und die Frauen, die sehen und sprechen, sind als Frauen neutralisiert.[10]

Diese Blindheit ruft den Muttermord in Erinnerung, den Irigaray an den Anfang unserer Zivilisation stellt. Denn das Motiv der blinden Mutter bestätigt, daß sie alle Rechte, über ihre Kinder zu verfügen, verloren hat. Es deutet also auf einen Schritt beim Übergang zum Patriarchat hin.

Die Frauen des feudalen Europa schauten auf viele Jahrhunderte der Erfahrung zurück, in denen die Väter über das Leben der Kinder verfügten. Diese Erfahrung hatte zweifelsohne weder die gleiche Intensität noch die gleichen Charakteristiken in unterschiedlichen Zeiten und unterschiedlichen sozialen Formationen, obwohl sie immer und überall ein grundlegender Faktor bei der allgemeinen Organisation der sozialen Beziehungen war.

In einem soziopolitischen Kontext mit diesen Merkmalen überrascht es nicht, daß die mittelalterlichen Texte von Listen sprechen, mit denen es den Frauen manchmal gelungen ist, das Leben Neugeborener (und vor allem neugeborener Mädchen) zu retten, deren Aufzucht als unangebracht angesehen wurde. Diese Listen werden niemals durch ein Gesetz Gottes oder eine bestimmte Religion gerechtfertigt, es wird auch nicht auf das »Naturgesetz« zurückgegriffen, sondern in den Texten kommt der Schmerz einer Mutter und das solidarische Mitleid einer der Frauen, die bei der Geburt anwesend sind, zum Ausdruck. Sie überschreiten (in den literarischen Texten) das Gesetz der Väter wegen der Hoffnung auf ein abenteuerreiches Leben, das sie für die Kinder erträumen, die gerettet wurden. Das Gesetz der Väter wird durch die Hoffnung eines Lebens voller Abenteuer (in den literarischen Texten) überschritten, das für die Kinder erträumt wird, die gerettet wurden.

Der Lai ›Fresne‹ der Marie de France ist eine der Erzählungen, die uns über die Rettung und die Abenteuer eines Mädchens berichtet, das eigentlich dazu verurteilt war, nach der Geburt zu sterben. Diese Erzählung ist insofern atypisch, als es hier nicht der Vater ist, der den Tod des Mädchens verlangt (er erfährt von allem erst am Ende der Erzählung), sondern die Angst der Mutter vor einem Aspekt des Vaterrechts – der mit der Kindestötung

---

[10] A.a.O.: S. 20.

vergleichbar ist –, nämlich der Möglichkeit, daß die Mutter des Ehebruchs bezichtigt wird.[11]

Der zentrale Text, von dem die Interpretation der feministischen zeitgenössischen Kritik in diesem Kapitel ausgeht, ist also der Lai ›Fresne‹ von Marie de France. Stellen wir nun diesen Text rasch in seinen historischen Kontext.

Der Text (wie auch die anderen zwölf Lais von Marie de France) wird von der Wissenschaft zwischen 1160 und 1180 angesiedelt, im sozialen und geistigen Milieu der »Renaissance des 12. Jahrhunderts«[12], konkret im anglonormannischen Kulturraum, den Marie de France selbst wählte, was angesichts der Besetzung des angelsächsischen Englands durch Wilhelm den Eroberer und seine Gefolgsleute nach der Schlacht von Hastings 1066 auch nicht verwundert. Über ihr Leben (wie über das von so vielen anderen Autorinnen, die ich hier behandle) wissen wir nur das, was sie uns selbst darüber berichtet. Und das ist sehr wenig. Sie erzählt lediglich, daß sie Marie heißt und aus Francien stammt. In einem Epilog einer Übersetzung aus dem Englischen in den normannischen Dialekt einer Fabelsammlung (›Fables‹ oder ›Ysopet‹ genannt) gab sie sich selbst einen Namen und Ursprung, damit man sich an sie erinnere:

---

[11] Über den Ehebruch im Feudalrecht der Iberischen Halbinsel siehe: Alfonso García Gallo: *L'évolution de la condition de la femme en Droit espagnol*. In: Annales de la Faculté du Droit de Toulouse 14, 1966, S. 73–96; María Isabel Pérez de Tudela: *La mujer castellano-leonesa durante la Alta Edad Media*. Madrid 1983; Heath Dillard: *Daughters of the Reconquest. Women in Castilian Town Society, 1100–1300*. Cambridge 1984, insbes. S. 36–95; Milagros Rivera: *Dret i conflictivitat social de les dones a la Catalunya prefeudal i feudal*. In: Mary Nash (Hrsg.): Més enllà del silenci. Les dones a la Història de Catalunya. Barcelona 1988, S. 53–71.

[12] Die meisten Spezialistinnen des Werks von Marie de France siedeln den Text in dieser Zeit an, die wichtigsten HerausgeberInnen und ÜbersetzerInnen tun dies ebenfalls. Die beste kritische Ausgabe der ›Lais‹ mit einer Bibliographie ist die von Jean Rychner: *Les lais de Marie de France*. Paris 1966 (Les Classiques Français du Moyen Age 93; in der Nummer 87 dieser Sammlung gibt es eine frühere Ausgabe von Jeanne Lods). Spanische Übersetzungen: *Los lais de María de Francia*. Übers. und mit einer Einleitung von Ana María Valero de Holzbacher. Madrid 1978; *Los lais de María de Francia*. Übers. und eingeleitet von Luis Alberto de Cuenca. Madrid 1987 (Selección de Lecturas Medievales 26). Deutsche Übersetzung: *Die Lais*. Übers., mit einer Einleitung, einer Bibliographie sowie Anmerkungen versehen von Dietmar Rieger unter Mitarbeit von Renate Kroll. München 1980.

Am Ende dieser Schrift,
Die ich auf romanisch verfaßt und formuliert habe,
Will ich für die Nachwelt meinen Namen nennen:
Ich heiße Marie und bin aus Francien.[13]

Francien wird dabei als Île de France im weiten Sinn verstanden. Und beim Namen Marie wissen wir, daß er weder Maria von Champagne, die Tochter Eleonores von Aquitanien und des Königs von Frankreich, Ludwig VII., meint, noch jene Maria, die zwischen 1181 und 1215 Äbtissin von Shaftesbury war, eine illegitime Tochter von Gottfried Plantagenet und Stiefschwester Heinrich II. von England, und ebensowenig Maria von Meulan oder Beaumont, Tochter des Grafen Galeran von Beaumont und Witwe des Baron Hugo Talbot von Cleuville. Es scheint, daß in Maries Adern kein königliches Blut floß, auch wenn wir nichts über ihre Zugehörigkeit zu einer sozialen Klasse sagen können. Die Autorin scheint die Lais König Heinrich II. von England gewidmet zu haben. Von einem Schriftsteller ihrer Zeit, Denis Piramus, der Marie de France feindlich gesinnt war, wissen wir, daß ihre Lais bei ihren Zeitgenossinnen sehr berühmt wurden und daß sich vor allem die adeligen Damen an ihnen erfreuten.[14] Wir wissen, daß Marie de France außer den Lais und der Übersetzung der Fabelsammlung auch das ›Purgatorium Sankt Patricii‹, eine Übersetzung aus dem Lateinischen von einer Reise ins Jenseits, verfaßte.

›Fresne‹ ist also einer dieser Lais aus dem 12. Jahrhundert. In seiner Form und seinem Inhalt finden sich vor allem lyrische und erzählerische Traditionen wieder, die von Kompositionen alter bretonischer Barden, gemischt mit Neuigkeiten aus der höfi-

---

[13] Al finement de cest escrit
Qu'en romanz ai traitié e dit,
Me numerai pur remembrance:
Marie ai num, si sui de France.
Entnommen aus der Einleitung von Jean Rychner in seiner Edition der ›Lais‹ (Marie de France 1966, S. VII). Die Übersetzung aus dem Altfranzösischen besorgte dankenswerterweise Fritz Peter Kirsch.

[14] Dieser interessante Hinweis findet sich bei Denis Piramus: *Vie de seint Edmund le rei*. In der Einleitung von Jean Rychner seiner Ausgabe der ›Lais‹ (Marie de France 1966, S. X–XI und Fußn. 6). Über das Leben der Frauen dieser Zeit siehe: Cecily Clark: *La vie féminine en Angleterre au temps d'Alienor d'Aquitaine*. In: Cahiers de Civilisation Médiévale 29, 1986, S. 49–51.

schen Literatur der Provence, stammen. Die Originalität und außerordentliche Attraktivität verdankt diese Mischung dem kreativen Talent und dem Sinn für Abenteuer, mit denen die Autorin[15] sie umgibt. Es handelt sich um Erzählungen von Abenteuern aus einer weit zurückliegenden Zeit, die eine zeitgenössische Interpretation erhalten. (Schließlich ist ja jede Interpretation von der Zeit, in der sie entsteht, beeinflußt.)

Wie ich schon gesagt habe, beginnt die Erzählung ›Fresne‹ mit der Episode des nicht durchgeführten Kindsmordes an einem Mädchen. Die Handlung spielt in der Bretagne, wo »vor langer Zeit« zwei reiche und mutige Ritter im gleichen Bezirk lebten. Die Frau des einen gebar männliche Zwillinge. Als die Frau des anderen dies erfuhr, meinte sie, daß eine Frau nur zwei Kinder zur Welt bringen könne, wenn sie auch von zwei Männern befruchtet wurde. Dieses Gerücht führte zur Verstoßung der verdächtigten Mutter durch ihren Ehemann, sowie zum Haß aller »armen und reichen« Frauen auf die Verleumderin, da sie fanden, daß dieser Verdacht für alle Frauen gefährlich war. Die Strafe für die Verleumderin ließ nicht lange auf sich warten. Im gleichen Jahr ging auch sie mit Zwillingen schwanger. »Zu ihrem großen Leidwesen« kamen zwei Mädchen zur Welt. Aus Furcht vor der Scham und der verlorenen Ehre aufgrund des vermuteten Ehebruchs beschloß sie, eines der Mädchen zu töten. Eine ihrer Zofen – aus einer adeligen Familie und ihrer Herrin verbunden – war wegen ihres Leides traurig und riet ihrer Herrin, eines der Mädchen auszusetzen. Dieses Angebot nahm die Mutter mit großer Freude an. Sofort wickelten sie die Neugeborene in ein besticktes Seidentuch, das der Hausherr von einer Reise nach Konstantinopel mitgebracht hatte, und steckten ihr einen goldenen Ring an den Arm als Kennzeichen ihres adeligen Ursprungs.[16] Die Zofe ging nachts mit der Neugeborenen durch

---

[15] Eine sehr gute Bibliographie zu Marie de France ist: Glyn S. Burgess: *Marie de France. An Analytical Bibliography*. London 1977 (Research Bibliographies and Checklists). Für danach erschienene Werke siehe: *Courtly Ideology and Woman's Place in Medieval French Literature*. Monographie mit Bibliographie. In: Romance Notes 25-3, 1985. Sowie: Tilde A. Sankovitch: *French Women Writers and the Book. Myths of Access and Desire*. Syracuse/NY 1988, S. 15–41.

[16] Über diesen Brauch bei den Ausgesetzten in Barcelona am Ende des Mittelalters siehe: Teresa-Maria Vonyoles und Margarida Gonzáles: *Els infants abandonats a les portes de l'Hospital de Barcelona (anys 1426–1439)*. In: Manuel Riu (Hrsg.): La pobreza y la asistencia a los pobres en la Cataluña medieval. Barce-

den Wald und kam in eine Stadt, wo sie eine reiche Frauenabtei ausfindig machte und das Mädchen in die Zweige einer Esche legte. Am Morgen beschloß die Äbtissin, es zu adoptieren, als ihre Nichte auszugeben und gab ihm den Namen des Baumes, in dem sie gefunden wurde: Esche (Fresne). Die Esche war der heilige Baum der SkandinavierInnen. Das Mädchen wuchs zu einer Schönheit heran. Ein Adeliger, der von ihr hörte, verliebte sich heftig in sie, erweckte ihre Liebe, und bald darauf flohen beide. Lange Zeit hindurch lebten sie in seinem Schloß, bis ihm schließlich seine Vasallen drohten, ihn zu verlassen, wenn er nicht heiraten würde und Kinder bekäme. Der Ritter meinte, sie sollten ihm eine Ehefrau suchen. Die Vasallen fanden eine adelige und reiche junge Frau namens Codre (Hasel):

>»*Herr*«, *sagen Sie,* »*[...] Das Edelfräulein trägt den Namen* ›*La Codre*‹ *[die Hasel]; eine so (schöne Frau) gibt es in diesem Land nicht (mehr). Für die Esche, die Ihr verlassen werdet, werdet Ihr als Ersatz die Hasel bekommen; in der Hasel gibt es Nüsse und Köstlichkeiten, die Esche (dagegen) trägt nie Früchte!*«[17]

Codre war die Zwillingsschwester von Fresne, was aber niemand wußte. Die Heirat wurde ausgehandelt, und alle bedauerten Fresne. Sie aber, durchdrungen von unerklärlicher und absoluter Selbstaufgabe, beklagte ihr Schicksal nicht. Sie trug vielmehr emsig dazu bei, indem sie gehorchte und ihren Geliebten bei guter Laune hielt:

> *Als sie [Fresne] erfuhr, daß er sie (zur Frau) nahm, machte sie überhaupt keine schlechtere Miene; sie dient ihrem Herrn sehr brav und achtet seine ganze Gefolgschaft. [Die Hochzeit wurde gefeiert.] Das Fräulein war in den Gemächern; was sie auch immer gesehen hat, sie tat überhaupt nicht so, als würde es sie bekümmern oder als würde sie sich*

Iona 1981/82, S. 191–285. Sowie: Doris Desclais Berkvan: *Enfance et maternité dans la littérature française des XIIe et XIIIe siècles.* Paris 1981.

[17] Marie de France 1980, S. 173. Über den Symbolismus der Esche: J. E. Cirlot: *Diccionario de símbolos.* Barcelona 1969.

> *gar erbosen. Bereitwillig und sehr wohlerzogen war sie um die Dame herum zu Diensten.*[18]

Als es Nacht wurde, wollte Fresne das Bett bereiten, in das sich die Jungvermählten legen würden. Sie sah, daß die Decke schon alt war und legte das bestickte Seidentuch darüber, in das sie bei ihrer Aussetzung gewickelt war.

> *Sie tat es, um ihm Ehre zu erweisen, denn der Erzbischof war da, um sie zu segnen und das Kreuzeszeichen über ihnen zu machen, denn das gehörte zu seinem Amt.*[19]

Die Mutter begleitete Codre ins Schlafgemach, und als sie ihr beim Hinlegen behilflich war, sah sie das bestickte Seidentuch. Mit großer Freude erkannte sie Fresne und stellte sie dem Vater vor, der nun seinen Besitz zwischen seinen einzigen beiden Töchtern aufteilte. Die Heirat wurde aufgehoben und Fresne vermählte sich am nächsten Tag mit ihrem Liebhaber. Codre kehrte in ihr Land zurück, wo sie gut verheiratet wurde.

Ist es reiner Zufall, daß in dieser Erzählung von Marie de France ein Mädchen dazu verurteilt wird, nach der Geburt zu sterben? Es ist sicherlich von Bedeutung, daß in ›Milun‹, einem ihrer anderen Lais, der illegitime Sohn des Liebespaares, um das es geht, heimlich ins Haus der Schwester der Mutter geschickt wird, wo er aufgezogen wird, ohne daß die Gefahr des Kindsmordes oder der Aussetzung auch nur erwähnt wird.[20] Jedenfalls ist es bezeichnend – wie wir sogleich sehen werden –, daß sowohl in ›Fresne‹ als auch in den nordischen Balladen der ›Schönen Annie‹, in denen dieses Thema schon zuvor behandelt wurde, sowie in der Erzählung ›Griselda‹, in der das Motiv von Annie-Fresne ideologisch am besten entwickelt wird, von einer augenscheinlich absurden weiblichen Gestalt, einer Modellfrau, ausgegangen wird, die, auch wenn sie körperlich lebt, die unerbittliche Vernichtung ihrer Person, ihres Begehrens und ihres Wortes zu-

---

[18] Marie de France 1980, S. 175.
[19] A.a.O.: S. 179.
[20] Vgl. a.a.O.: S. 26–27. Interessanterweise veranlaßt die Mutter schon vor der Geburt des Kindes, daß es aufgezogen wird, »sei es ein Mädchen oder ein Junge« (das heißt, es war notwendig, in geschlechtlichen Begriffen zu denken).

läßt.²¹ Diese Frau stirbt zwar nicht bei der Geburt, muß aber sterben, wenn sie heiraten will.

Emily Coleman, die das Thema des menschlichen Eingriffs in bezug auf die Zusammensetzung der Bevölkerung mit Hilfe des Kindsmordes (und insbesondere des weiblichen Kindsmordes) am genauesten analysierte, trug die Materialien aus der juridischen und literarischen Tradition zusammen, die zeigen, daß diese Praxis weder diesen Gesellschaften noch den romanischen oder germanischen, die ihnen vorangingen, fremd war.²² Einige dieser Daten scheinen sehr interessant zu sein, wenn wir an die nordischen Balladen der ›Schönen Annie‹ denken, vor allem was die Geschichte von Liafburga anlangt, der Mutter des Heiligen Leodegar, die in der Mitte des 8. Jahrhunderts in Friesland als eine von mehreren Töchtern geboren wurde. Es wurde beschlossen, daß Liafburga sterben müsse, was laut friesischem Brauch erlaubt war, sofern das Kind noch keine irdische Nahrung zu sich genommen hatte. Liafburga wurde gerettet, weil jemand vom Personal sich einmischte und ihr etwas Nahrung in den Mund steckte. Ebenso interessant ist die isländische Sage ›Gunnlaug‹, in der folgendes erzählt wird: Bringt die Mutter ein Mädchen zur Welt, müsse dieses sterben, gebiert sie aber einen Jungen, könne er am Leben bleiben.²³

Emily Coleman gründet ihre Hypothese über die Praxis des geschlechtsspezifischen Kindsmordes nicht auf literarische Texte, sondern auf Texte des angewandten Rechts. Die Hypothese ist sehr komplex. Sie wurde entweder ignoriert (im Grunde ist es fast überflüssig, dies zu erwähnen), von der Geschichtswissenschaft totgeschwiegen bzw. mit einer gewissen Unlust behandelt. Die Bedeutung dieser Hypothese für die Geschichte der Frauen und die Worte der Frauen im mittelalterlichen Europa

---

²¹ Vgl. Walther Küchler: *Schön Annie, Fraisne und Griselda.* In: Die Neueren Sprachen 35, 1927, S. 489–497. Autoren, die das Thema später behandelt haben: Vittore Branca: *Orígenes y fortuna europea de Griselda.* In: Ders.: Boccaccio y su época. Madrid 1975; L. Rossi: *Das ›Dekameron‹ und die Romantradition. Die außerordentliche Geduld der Griselda.* In: Vox romanica 44, 1985, S. 16–32.
²² Vgl. Emily Coleman: *Infanticide in the Early Middle Ages.* In: Susan M. Stuard (Hrsg.): Women in Medieval Society. Philadelphia 1976, S. 47–70. Erschienen auch auf französisch in: Annales, E. S. C. 29, 1974, S. 315–335.
²³ Vgl. Coleman 1976, S. 58. Sowie: Dies.: *Medieval Marriage Characteristics. A Neglected Factor in the History of medieval Serfdom.* In: Journal of Interdisciplinary History 2, 1971, S. 205–219.

machen es erforderlich, sie hier relativ genau zusammenzufassen.

Als Hauptquelle für ihre Hypothese zieht Coleman einen sehr berühmten Text heran, nämlich das Polyptychon von St.-Germain-des-Prés, das zwischen 801 und 829 verfaßt wurde. Die Menge und Qualität der Informationen macht diesen Text einmalig. Er wurde zur Zeit, als Coleman ihre Studie schrieb, also 1974, sehr genau analysiert, um das Agrarsystem in Nordeuropa in der Karolingerzeit kennenzulernen. Aber demographische Schlüsse wurden daraus nicht gezogen. Das Polyptychon ist von großem Nutzen für Studien über die Bevölkerung, weil es die Bauern jeder Hufe einzeln auflistet und dabei den Status und den Namen jeder Person nennt und fast immer auch die Kinder angibt. Der Text ist auch deshalb interessant, weil er die Familienbeziehungen zwischen den Bewohnern/Bewohnerinnen einer Hufe aufzeigt und sogar angibt, ob ein Kind bei einer Frau lebte, die nicht seine/ihre Mutter war. Das Polyptychon von St.-Germain-des-Prés enthält viele Angaben über das Geschlechterverhältnis, die Familiengröße, die Ehearten und die Bevölkerungskontrolle. Es erschließt uns Daten von über mehr als 2600 Familien, die auf ungefähr 1700 Hufen lebten, alle angesiedelt in der ökologischen Einheit, die wir Ile de France nennen.

Die erste Angabe, die Coleman bei der Analyse des Polyptychon hervorhebt, ist die Proportion der Geschlechter (oder der Männeranteil). In einer durchschnittlichen modernen Bevölkerung liegt der Anteil der Männer bei der Geburt bei 105 Knaben zu 100 Mädchen. Danach sinkt er aufgrund der höheren Kindersterblichkeit bei Knaben in der ersten Zeit ihres Lebens und pendelt sich auf ein Verhältnis von 100 zu 100 in der erwachsenen Bevölkerung ein. Der Anteil der Männer an der erwachsenen Bevölkerung in St. Germain war ungewöhnlich hoch. Auf 100 Frauen kamen zwischen 110,3 und 252,9 Männer. Auf die Gesamtbevölkerung bezogen, also einschließlich der Kinder, deren Geschlecht bestimmt werden konnte, kamen auf 100 Frauen zwischen 115,7 bis 156,2 Männer.

Diese erstaunlichen Daten werden damit erklärt, daß die Frauen vergessen wurden, man nichts von ihnen wußte, als der Zensus – und das Polyptychon ist ja in gewisser Weise ein Zensus – geschrieben wurde, sie aber trotzdem im Land gewesen seien. Coleman vermutet, daß bei einer genauen Analyse der Daten gewisse Verhaltensmodelle und systematische Handlungsmuster festgestellt werden können, die darauf schließen lassen, daß die Frauen nicht vergessen wurden, sondern daß die menschliche Intervention mit spezifischen und rationellen Tendenzen der Kontrolle der eigenen Bevölkerung für das Fehlen der Frauen verantwortlich ist.

Colemans Methode besteht in einer statistischen Korrelation der Männeranteile als abhängiger Variable und einer Serie von Faktoren, die diese Männeranteile beeinflußt haben könnten, als unabhängige Variablen: z. B. die Familiengröße, die wirtschaftliche Stärke ihres Landes (gemessen in landwirtschaftlich genutzter Fläche), die Anzahl der Personen der Hufe eines Fronhofes etc. Ohne davon auszugehen, daß es zwischen diesen Korrelationen eine einfache Ursache-Wirkung-Beziehung gibt, vermutet Coleman, daß sich daraus Modelle ableiten lassen, die den ungewöhnlich hohen Männeranteil plausibel machen können, was ja die Ausgangsfrage war.

Verbinden wir die abhängige Variable mit den unabhängigen, so sehen wir, daß sich bei den Bauern des 9. Jahrhunderts unerwartete Merkmale zeigen. Es scheint beispielsweise keine sichtbare Beziehung zwischen dem juridischen Status des Familienoberhaupts und der von ihm abhängigen Familiengröße zu geben: Freie Pächter, Halbfreie und Unfreie scheinen mit einer gleichen Anzahl abhängiger Personen auf. Es könnte aber angenommen werden, daß die freien Pächter, die nicht so viel Zeit in Frondienste für ihre Herren stecken mußten, eine größere Familie erhalten konnten als die Unfreien. Auch die Beschaffenheit des Landes hat keinen direkten Einfluß auf die Familiengröße.

Die Größe des Landes beeinflußt aber die Zahl der Personen, die dort arbeiten und leben, wesentlich. Je größer eine Hufe ist, desto mehr Personen leben von ihr.

Anders ausgedrückt, je reicher die Hufe ist (wir gehen von der Prämisse einer homogenen Fruchtbarkeit in der Île de France aus), desto mehr Leute ernährt sie und umgekehrt.

In dieser generellen Struktur lassen sich aber noch andere, subtilere Tendenzen unterscheiden:

1. Je größer das der Familie zur Verfügung stehende Land ist, desto ausgewogener ist das Verhältnis der Geschlechter. Je kleiner dieses Land ist, desto geringer ist der Anteil der Frauen im Verhältnis zu dem der Männer. Die Zahlen schwanken zwischen

einem Extrem von 421,05 Männern zu 100 Frauen in sehr kleinen Hufen (oft von einem ledigen Mann betrieben) und 97,33 in relativ großen.

2. Die Proportion zwischen Männern und Frauen steht in umgekehrter Relation zur Gesamtbevölkerungszahl der Hufen eines Fronhofes. Je höher also die Anzahl der Bauern auf den Hufen eines Fronhofes war, desto höher war der relative Frauenanteil unter ihnen. In den dichtbevölkerten Gebieten gab es also mehr Frauen, und auf den größeren Hufen gab es mehr Frauen (immer in Relation betrachtet) als auf den kleinen.

3. Die Relation zwischen der Familiengröße und dem Anteil der Männer ist hingegen anders. Je größer die Anzahl (der Personen) in einer Familie, desto höher der Anteil der Männer im Verhältnis zu dem der Frauen. Je mehr Personen also in einer Familie leben, desto unausgeglichener ist das Verhältnis der Geschlechter.

4. Wird andererseits der Männeranteil bei den Kindern mit dem bei den Erwachsenen im selben Gebiet verglichen, so ist zu beobachten, daß das Verhältnis zwischen Männern und Frauen bei der erwachsenen Bevölkerung um so ausgeglichener ist, je unausgeglichener das Verhältnis zwischen Knaben und Mädchen ist (je höher also der Knabenanteil bei den Neugeborenen ist). Das heißt also, daß die Anzahl weiblicher Personen, die von den zu einem Fronhof gehörenden Hufen ernährt werden konnte, begrenzt war: Wenn die Zahl der erwachsenen Frauen stieg, sank die Zahl der Mädchen.

Coleman schlägt vor, die Ergebnisse ihrer statistischen Analyse so zu interpretieren, daß die bevorzugte Praxis des weiblichen Kindsmordes als effizientestes Mittel zur Kontrolle des übermäßigen Bevölkerungswachstums angewandt wurde. Der Kindsmord wurde deshalb generell praktiziert, weil die Anzahl der Personen begrenzt war, die von einer Hufe ernährt werden konnte, mit anderen Worten, weil es sich um Formen der Subsistenzwirtschaft handelte, in der die zur Verfügung stehenden Mittel nicht so schnell anwuchsen wie die Bevölkerung (sofern sie ohne menschliche Intervention anwuchs). Die Praxis des weiblichen Kindsmordes würde den hohen Männeranteil, der in den Statistiken aufscheint, erklären.

Aber warum wird der weibliche Kindsmord bevorzugt? Offensichtlich nicht deshalb, weil das Weibliche in dieser Gesellschaft als weniger wertvoll angesehen wurde. Jede Bewertung ist ja nur eine Rhetorik, die die ins materielle Leben und in die Machtbeziehungen eingeschriebenen Ungleichheiten verdeckt und rechtfertigt. Emily Coleman erklärt diese Vorliebe damit, daß die Mädchen bei den Bauern des 9. Jahrhunderts der Île de France unnütze Münder waren, eine wirtschaftliche Last für die Gruppe, sowohl im Falle ihrer Heirat als auch als Ledige, obwohl es in den Gruppen mit germanischem Recht die Mitgift des Ehemannes gab. Wurden sie verheiratet, so diente das, was bei ihrer Erziehung in sie investiert worden war, der Familie des Ehemannes. Wurden sie nicht verheiratet, blieben sie als Ledige im Haus ihrer Familie und verringerten die Zahl der Frauen, mit denen sich die Männer verheiraten konnten. Es wurde nämlich davon ausgegangen, daß eine einzige Frau genügte, um die Hausarbeiten für viele Männer zu erledigen. Diese Frau konnte die Schwester oder eine Ehefrau sein, wobei erstere den Nachteil hat, keine sexuellen Dienste leisten zu müssen und sie sich nicht innerhalb ihrer Ursprungsfamilie fortpflanzen konnte. Coleman sagt:

Jede Person war ein weiterer Mund, der gestopft werden mußte. Das Essen für sie kam von der gemeinsamen Reserve der Nahrungsmittel und Arbeitskraft. Jedes Mädchen war eine mögliche Vergeudung dieser gemeinsamen Reserve, wenn sie heiratete, und ein möglicher Aderlaß, wenn sie dies nicht tat. Heiratete sie nicht, so schränkte sie die wirtschaftlichen Möglichkeiten zumindest für einige Männer, eine Ehefrau zu nehmen, ein. Eine weitere Frau verkraftete die Hufe nicht.[24]

---

[24] Coleman 1976, S. 62. Sie wurde kritisiert, ohne daß ihre Hypothese widerlegt worden wäre, u. a. von: Boswell 1984 und Andrea Kammeier-Nebel: *Empfängnisverhütung, Abtreibung, Kindestötung und Aussetzung im frühen Mittelalter.* In: Affeldt und Kuhn (Hrsg.) 1986, S. 136–151. Andere Studien zur Kindestötung im Mittelalter im allgemeinen und von Mädchen: C. L. Acker und P. K. Townsend: *Demographic Models and Female Infanticide.* In: Man 10, 1975; Yves Brissaud: *L'infanticide à la fin du Moyen Age. Ses motivatios psychologiques et sa répression.* In: Revue d'Histoire du Droit Français et Etranger 50, 1972, S. 229–256; Catherine Damme: *Infanticide. The Worth of an Infant under Law.* In: Medical History 22, 1978, S. 1–24; Bernard Dérouet: *Une démographie sociale différentielle. Clé pour un système auto-régulateur des populations rurales d'ancien régime.* In: Annales, E. S. C. 35, 1980; R. H. Helmholz: *Infanticide in*

Für die Frauen ist dies natürlich eine Sackgasse, die uns zur Frage veranlaßt, ob die wirtschaftliche Erklärung, auch wenn sie wichtig ist, wirklich ausreicht.

Warum klingt es lächerlich, die Begriffe des Diskurses umzukehren, also zu sagen, daß ein ausgeglichener Männeranteil undurchführbar war, denn dies würde die Möglichkeit einiger Frauen einschränken, einen Ehemann zu nehmen? Warum ist es hingegen einsichtig, daß Frauen immer in einer double-bind Situation lebten?

Können wir zumindest mutmaßen, welchen Platz diese Sackgasse im herrschenden Organisationsmodell der sozialen Beziehungen im allgemeinen einnahm? Denn sich darauf zu beschränken, Frauen als unnütze Münder (und infolgedessen ihre Ausrottung als für den Fortbestand der Gruppe gewinnbringend) anzusehen, erschöpft sich im Funktionalismus. Im Grunde wird dadurch die Anerkennung der Logik der patriarchalen Geschlechterpolitik als »natürlich« impliziert.[25] Die Geschlechterpolitik aber, die in einer Gesellschaft existiert, ist nicht natürlichen Ursprungs, sondern sozial konstruiert.

Die theoretischen Vorschläge, die uns zur Verfügung stehen, um diese offensichtlichen Widersprüche zu interpretieren, stammen nicht aus der Geschichtsschreibung über das Mittelalter. Diese kann uns aber dazu dienen, einen Zusammenhang zu allgemein theoretischen Fragestellungen, wie zum Beispiel welchen Sinn ein bestimmter Männeranteil in einer Gesellschaft haben kann, herzustellen. Bei der Analyse der Angaben im Polypty-

---

the Province of Canterbury during the Fifteenth Century. In: History of Childhood Quarterly 2, 1975, S. 379–390; Barbara A. Kellum: *Infanticide in England in the Later Middle Ages.* In: History of Childhood Quarterly 1, 1974, S. 367–388; W. L. Langer: *Infanticide. A Historical Survey.* In: History of Childhood Quarterly 1, 1974, S. 353–366; Mary M. McLaughlin: *Survivors and Surrogates. Children and Parents from the Ninth to the Thirteenth Centuries.* In: Lloyd De Mause: The History of Childhood. New York 1974, S. 101–181; K. L. Moseley: *The History of Infanticide in Western Society.* In: Issues of Law and Medicine 1, 1986, S. 345–361? R. C. Trexler: *Infanticide in Florence. New Sources and First Results.* In: The History of Childhood Quarterly 1, 1974, S. 98–116; Mary Ann Warren: *Gendercide.* Totoway/NY 1985.

[25] Das Pionierwerk zu dieser Frage: Kate Millett: *Sexual Politics.* New York 1969. Wichtige Studien, die später entstanden sind: Adrienne Rich: *Compulsory Heterosexuality and Lesbian Existence.* In: Signs 5, 1980, S. 631–660; Andrea Dworkin: *Our Blood. Prophecies and Discourses on Sexual Politics.* New York 1976; Dies.: *Intercourse.* London 1987.

chon stößt Emily Coleman auf den ungewöhnlich hohen Männeranteil von 421,05 an der Geamtbevölkerung und auf 200 bei den Kindern in den Hufen, die weniger als ein *bunuarium* bebaubarer Erde umfaßten, in sehr kleinen Hufen also.[26] Wenn das Land nur so viel hergab, um eine Person zu ernähren, so war diese Person männlich. Reichte es für ein Kind, so war es bevorzugterweise ein Knabe. Dies wird damit erklärt, daß die sehr kleinen Parzellen meist von ledigen Männern bewirtschaftet wurden. Wir können uns aber fragen, warum ausschließlich von ledigen Männern, warum nicht auch von ledigen Frauen? Wir wissen ja, daß Frauen im Mittelalter durchaus Land bebauten. Warum gab es bei einem hohen Männeranteil keinen Platz für Frauen? Warum war eines der Ziele, das der hohe Männeranteil verfolgte, zu verhindern, daß die Frauen (von einigen Ausnahmen abgesehen) selbst über das Land bestimmen konnten und damit auch über das wichtigste Produktionsmittel jener Zeit?

Bei diesen Fragen fällt uns eine Bemerkung der italienischen Mediävistin Michela Pereira ein, die – dem angesehenen Demographiespezialisten des Mittelalters, David Herlihy folgend – meint:

Bis zum 11. Jahrhundert ist die Anzahl der Männer und Frauen in einer erwachsenen Bevölkerung sehr unausgeglichen und der Anteil der Männer höher: Neben der Praxis der Kindestötung war das Leben der Frauen wegen der hohen Sterblichkeit bei der Geburt und wegen der größeren Wahrscheinlichkeit, daß sie Opfer der versteckten Gewalt wurden, *kürzer*.[27]

Fast niemanden scheint es zu verwundern, einen Satz zu lesen, der besagt, daß Frauen in Europa im Hohen Mittelalter eher Opfer der Gewalt waren als Männer. Aber warum ausgerechnet sie?

[26] Vgl. Coleman 1976, S. 52–53.
[27] Michela Pereira (Hrsg.): Einleitung zu: *Né Eva né Maria*. Bologna 1981, S. 12 (Hervorhebung M.-M. R. G.). Die Meinung von David Herlihy: »We can only indicate some few factors that seem to have diminished their hopes of survival. In a violent society, women seem to have been more usually than men the victims of violence. Why else did the barbarian law-givers feel compelled to lend them a special protection?« Life Expectancies for Women in Medieval Society. In: R. T. Morewedge (Hrsg.): The Role of Woman in the Middle Ages. Albany/NY 1975, S. 1–22; 9.

Ihre Zahl war ja ohnehin schon kleiner als die der Männer. Führte die Gewalt, wenn es sich um geschlechtsspezifische Gewalt handelte, dazu, daß auch ledige Frauen nie außerhalb der Familie lebten? Hinderte diese Gewalt die Frauen daran, ihre Subsistenzmittel unabhängig zu erzeugen, selbst wenn sie dann die kleinsten Parzellen bebauen mußten oder die Ränder der Wälder reinigen, und wurden die Mädchen so unausweichlich zu unnützen Mündern? Trug die geschlechtsspezifische Gewalt vielleicht zur Erinnerung daran bei, wie die allgemeinen Machtbeziehungen organisiert waren? Michela Pereira sagt, daß in dieser Zeit ikonographische Darstellungen sehr selten sind, die Frauen allein zeigen, falls es nicht Nonnen oder hochgestellte Frauen waren.[28] Vielleicht hat Celia Amorós nicht zufälligerweise folgendes geschrieben, als sie über die Ursachen des Patriarchats nachdachte:

> *Die Beziehung der Frau zur Produktion wird nicht durch eventuelle Beschränkungen geregelt, die ihr der biologische Faktor auferlegt, also daß sie es ist, die gebiert, sondern sie wird durch das Verbot bestimmter Arbeiten geregelt, die sie eigentlich ausführen könnte. Dieses Verbot beeinflußt sozial und kulturell ihre Beziehung zur Produktion sehr stark,* wie auch *ihre Beziehung zu sich selbst* als Reproduzentin der Gattung *durch ihren Platz in den Verwandtschaftssystemen geregelt und beeinflußt wird, die, stärker oder schwächer, auf die eine oder andere Weise, von den Männern kontrolliert werden.*[29]

---

[28] Vgl. Pereira (Hrsg.) 1981, S. 12. Auch wenn das Folgende aus einer späteren Zeit, dem Höhepunkt des Mittelalters, entstammt, ist es interessant, darauf hinzuweisen, daß die Frauen in den Grenzgebieten der abendländischen Königreiche auf der Iberischen Halbinsel während der Reconquista nicht in die Kategorie von Bürgerinnen aufgenommen wurden, obwohl sie die von den Männern aufgestellten Erfordernisse für Bürgerinnen erfüllten. (Cristina Segura: *Participación de la mujer en la repoblación de Andalucía, siglos XIII y XV*. In: Nuevas perspectivas sobre la mujer. Madrid 1982, S. 61–70. In der Studie von José Font Rius: *Cartas de población y franquicia en Cataluña*. Madrid, Barcelona 1969, scheinen Frauen kein einziges Mal als selbständige Bürgerinnen, also als Töchter oder Ehefrauen von Bürgern, auf.
[29] Celia Amorós: *Sobre la ideología de la división sexual del trabajo*. In: Dies.: Hacia una crítica de la razón patriarcal. Madrid 1985, S. 238 (Hervorhebung von M.-M. R. G.).

Betrachten wir die Kontrolle des Frauenanteils in einer bestimmten Gesellschaft und Zeit, so stehen wir vor einem historischen Problem, das sehr viel komplexere Erklärungen erfordert als die Definition der Mädchen als »unnütze Münder«.

Ein letzter Faktor der Geschichtsschreibung, der als Verbindung zwischen der sozialen Situation im Mittelalter im Rahmen der Proportion zwischen den Geschlechtern und den zeitgenössischen Interpretationsvorschlägen dieses Phänomens im allgemeinen dient, ist der Bezug zur Ernährung und ihrer quantitäts- und qualitätsmäßigen Verteilung bei den Geschlechtern. Wir wissen, daß im präfeudalen Europa (der Zeit also, die von Emily Coleman untersucht wurde) die Mädchen weniger lang gestillt wurden als die Knaben (ungefähr halb so lang).[30] Über die tägliche Ernährung der Männer und Frauen haben wir leider keine Angaben, da die GeschichtswissenschaftlerInnen immer noch über die Begriffe der allgemeinen Entwicklung der Ernährung vom Hohen zum Späten Mittelalter diskutieren, ohne dabei die Kategorie Geschlecht zu berücksichtigen.[31] Wir wissen auch, daß in der römischen Tradition die Mädchen und Frauen offen benachteiligt wurden. Die kostenlose Getreideverteilung an die städtische Bevölkerung, die es in Rom seit dem Ende der Republik gab, war ausschließlich eine Verteilung an die Männer (die Begründung, daß sie die einzigen waren, die Bürgerrechte besaßen, ist genauso ernst zu nehmen, wie die Behauptung, daß sie es waren, die nach dem Ebenbild Gottes erschaffen wurden). Die staatlichen und privaten Stiftungen, die armen Kindern zu essen gaben, sahen für Knaben eine größere Menge an Nahrungsmitteln vor, und sie bekamen sie auch längere Zeit hindurch, als für Mädchen.[32] Auch wenn die Daten aus der Römerzeit für das präfeudale Europa keine Gültigkeit besitzen, ist es wichtig, sie im Auge zu behalten. Außer daß sie auf grundlegende Ungleichhei-

---

[30] Vgl. Coleman 1976, S. 60.

[31] Die Hypothese von Massimo Montanari lautet, daß auch bei den Bauern im Hohen Mittelalter, vor allem nach dem 11. Jahrhundert, mehr Fleisch gegessen wurde als im Spätmittelalter, weil die Jagd in den Wäldern nunmehr gestattet war. Sie scheint die am besten belegte zu sein. Siehe: Massimo Montanari: *Campagne medievali. Strutture produttive, rapporti di lavoro, sistemi alimentari.* Turin 1984. Die entgegengesetzte und traditionelle Interpretation siehe bei: Vern Bullough und Cameron Campbell: *Female Longevity and Diet in the Middle Ages.* In: Speculum 55, 1980, S. 317–325.

[32] Vgl. Pomeroy 1975, S. 202–204.

ten im materiellen Leben hinweisen, sind Ernährungsgewohnheiten ein Kodex, durch den die dominante Kultur (direkt oder indirekt) sozial hergestellte politische Beziehungen zwischen wirtschaftlichen Mitteln und der Bevölkerung ausdrückt. In diesem Fall handelt es sich nicht um eine Gesellschaft, die von unterschiedlichen Klassen gebildet wird, sondern von Männern und Frauen, von Knaben und Mädchen. Es ist also ein Kodex, der zur Aufrechterhaltung geschlechtsspezifischer Unterschiede beitrug.[33]

Betrachten wir nun die Interpretationen des Themas der menschlichen Intervention bei der geschlechtsspezifischen Zusammensetzung der Bevölkerung vom Standpunkt des heutigen Denkens, das bei diesem Thema nicht immer ausdrücklich feministisch orientiert ist.

Das Werk von zwei Autorinnen hat mir geholfen, diese Frage klarer zu sehen: Marcia Guttentag (mit Paul F. Secord, der ihr Werk nach ihrem Tod herausgab) und Susan Cavin.[34] Guttentag und Secord stellen in ihrem Werk »Too Many Women?« die Frage, welche Konsequenzen das Vorherrschen eines hohen oder umgekehrt eines niederen Männeranteils im allgemeinen in verschiedenen Kulturen für die sozialen Beziehungen haben würde. Ihre Schlußfolgerungen sind es wert, auch wenn sie oft zu unkritisch sind, auf unseren konkreten Fall angewandt zu werden, also auf das europäische Mittelalter.

Guttentag und Secord kommen zu dem Schluß, daß in Gesellschaften mit einem hohen Männeranteil die jungen erwachsenen Frauen ein erhöhtes soziales Ansehen genießen, was in den unterschiedlichen Gesellschaften unterschiedliche Formen annimmt. Der Topos, daß ledige Frauen wegen ihrer Schönheit und verheiratete wegen ihrer Funktionen als Ehefrauen und Mütter geschätzt werden, wird oft angetroffen. Die Männer sind bereit, Zugeständnisse zu machen, um eine Ehefrau zu bekommen, und dies könnte der Grund dafür sein, daß die Frauen wie Pfand- oder Wertgegenstände wegen ihrer Knappheit geschätzt wurden. In diesen Gesellschaften wird die Komplementarität

---

[33] Siehe v. a.: Marshall Sahlins: *Culture and Practical Reason*. Chicago 1976.
[34] Marcia Guttentag und Paul F. Secord: *Too Many Women? The Sex Ratio Question*. Beverly Hills/CA 1983; Susan Cavin: *Lesbian Origins*. San Francisco 1985.

der Geschlechtsrollen hervorgehoben und eine sehr klare geschlechtsspezifische Arbeitsteilung eingehalten. Die Frauen benutzen die Ehe oft, um wirtschaftliche Vorteile daraus zu gewinnen. Sie organisieren sich nicht in Bewegungen, um für persönliche oder politische Rechte zu kämpfen. Es können dafür aber Ideale der romantischen Liebe aufscheinen.[35] Dies seien die Merkmale des Lebens der Frauen im Hohen Mittelalter. Es ist eine sehr optimistische Sicht, obwohl die AutorInnen anerkennen, daß die Frauen juridisch eingeschränkte Personen waren:

> *Die Kultur des Hohen Mittelalters [haben sie geschrieben] weist keine Anzeichen von Misogynität auf. Das Gegenteil ist vielmehr der Fall. Alles deutet darauf hin, daß die Frauen einen hohen Wert hatten, daß die Männer heiraten wollten und daß sie ihre familiären Verpflichtungen sehr ernst nahmen. Das bäuerliche Leben war sehr stabil, traditionell und ohne große Veränderungen. Die religiösen Aussagen von Papst Gregor I. (590–604) waren den Frauen wohlgesonnen, obwohl die Kirche die Frauen für unfähig hielt, Angelegenheiten außerhalb der Familie zu regeln. In der Hauswirtschaft übten sie jedoch große Macht aus.*[36]

Die Frauen in einer Gesellschaft mit einem niederen Männeranteil würden hingegen keine Macht haben, immer nach Meinung von Guttentag und Secord. Sie würden sich von ihrer Gesellschaft gering geschätzt fühlen, als reine Sexualobjekte. Weil es schwierig für sie wäre, wirtschaftliche Vorteile aus der Ehe zu ziehen, würden viele nicht einmal heiraten, und die Zahl illegitimer Kinder würde beträchtlich ansteigen. Die Scheidungsrate wäre hoch, aber nur die Männer würden wieder heiraten. Auch die Anzahl der Familien mit weiblichem Familienoberhaupt würde ansteigen. Eine Ethik sexueller Freiheit würde überwiegen, und es gäbe Platz für andere Sexualformen wie den Lesbianismus. Der Ehebruch wäre häufig, es würden keine Ideale ewiger Liebe oder familiäre Verpflichtungen gelten. Die Bedingungen eines niedrigen Männeranteils würden die Entwicklung verschiedener Formen des Feminismus beschleunigen, in dem sich die Frauen hauptsächlich mit ihrem Platz als unabhängige Personen mit eigenen Rechten in der Gesellschaft beschäftigen

---
[35] Vgl. Guttentag und Secord 1983, S. 19–20.
[36] A. a. O.: S. 57.

würden.[37] Diese sozialen Merkmale wären im Europa des Späten Mittelalters sichtbar gewesen:

> *In dieser städtischen Gesellschaft, insbesondere in Nordeuropa, gab es beachtliche Frauenbewegungen sowohl innerhalb als auch außerhalb der Kirche. Weil sich ihre Situation am Heiratsmarkt verschlechterte, kämpften die Frauen für eigene wirtschaftliche, soziale und religiöse Bereiche, in denen sie nicht die Rolle der Ehefrau und Mutter einnehmen mußten. Die Frauen waren in der Gegenkultur des Späten Mittelalters stark vertreten. Die Männer hatten keine Heiratsabsichten, und die sexuelle Freiheit blühte. Die Ehe und Familie wurden von vielen Seiten angegriffen. Die Abwertung der Frauen zeigt sich in der spätmittelalterlichen Misogynie. In seiner mittelalterlichen Form gab es auch den Feminismus. Dem grotesken Umstand einer sozial bestimmten Knappheit adeliger Frauen in einigen Gebieten Europas folgte die Entwicklung und Verbreitung der höfischen Liebe, deren charakteristischerweise romantische Themen auf andere Zeiten zurückgreifen, in denen sich die Männer um eine begrenzte Zahl der begehrten Frauen stritten.*[38]

Susan Cavin hat diese Fragestellungen von Guttentag und Secord, die eher beschreibend als kritisch sind (weil sie weder die Geschlechterpolitik noch den Diskurs des dominanten Geschlechts hinterfragen), in einer Studie, die eigentlich ihre Doktorarbeit in politischer Soziologie ist, weiter und dynamischer gefaßt.[39] Es ist eine feministische Studie, die unabhängig vom Werk von Guttentag und Secord entstand.

Susan Cavin geht ebenfalls von der allgemeinen Hypothese von Georg Simmel aus, nach der ein bestimmter Männeranteil historisch mit bestimmten Gesellschaftsformen verbunden ist und umgekehrt.[40] Aber die Wege, die sie einschlägt, unterscheiden sich trotz des gemeinsamen Ausgangspunktes erheblich von Guttentag und Secord. Susan Cavin meint, indem sie sich auf

---

[37] Vgl. a. a. O.: S. 20–21.
[38] Vgl. a. a. O.: S. 77.
[39] Vgl. Cavin 1985. Die Doktorarbeit wurde 1978 an der Rutgers University (USA) präsentiert.
[40] Vgl. a. a. O.: S. 82.

Daten stützt, die aus ethnographischen Beschreibungen von Völkern in sehr unterschiedlichen Gebieten der Erde stammen, daß die ersten sozialen Formationen der Menschen Gynäkogesellschaften waren, Gruppen also, die zahlenmäßig von den Frauen dominiert wurden und in denen es folglich einen niedrigen Männeranteil gab:[41]

> *Ein hoher Frauenanteil und ein niedriger Männeranteil sind für die Urgeschichte bis zum Übergang des Patriarchats charakteristisch. Die Gynäkokratinnen datieren diesen Übergang auf die Zeit zwischen 10 000 und 1000 vor Christi. Demnach ist fast der gesamte Zeitraum der Menschheitsgeschichte von einem hohen Frauenanteil charakterisiert.*[42]

Die Zeit des Übergangs zum Patriarchat wäre demnach – immer nach Cavin – durch hohe Männeranteile gekennzeichnet, die sich »durch Frauenmord, vor allem Mord an weiblichen Kindern« erreichen ließen.[43] Ein ausgeglichener Anteil von Männern und Frauen würde das etablierte und stabile Patriarchat kennzeichnen. Diese letzte Behauptung (sie stammt von Susan Cavin) wirkt auf den ersten Blick überraschend, vielleicht weil wir Diskurse, die die »Weisheit der Natur« beschwören, schon so verinnerlicht haben; das heißt, die sozialen Normen würden *in diesem Fall* (die Proportion der Geschlechter in einer menschlichen Gesellschaft betreffend), nicht aber in anderen, die gegenwärtigen Tendenzen der Natur widerspiegeln.

Sowohl die hohen als auch die ausgeglichenen Männeranteile würden gesellschaftliche Bedingungen einer sexualisierten Gewalt erzeugen, deren häufigste Opfer die Frauen wären. Cavin beobachtet auch eine enge Beziehung zwischen ausgewogenem Männer-Frauenanteil und den klassischen Schöpfungen patriarchaler Gesellschaften:

---

[41] Für S. Cavin ist ein hoher Männeranteil in einer Gesellschaft einer, der 54 oder mehr Prozent von erwachsenen Männern über 15 Jahre ausmacht, ein niedriger Männeranteil einer von 46 oder weniger Prozent und ein ausgeglichener Anteil beider Geschlechter, wenn beide zwischen 46 und 54 Prozent einer Gesellschaft ausmachen. (A. a. O.: S. 82, Fußnote.)
[42] A. a. O.: S. 82. Eine vergleichbare Datierung nimmt Lerner 1986, insbes. S. 226, vor.
[43] Cavin 1985, S. 82.

Patrifokalität, monogame heterosexuelle Familie (eine unabhängige Kernfamilie), komplexe Systeme der Stratifizierung, Subsistenzwirtschaft, Viehzucht und Entwicklung von Städten.[44]

Susan Cavins Theorie stellt also eine enge und wichtige Verbindung zwischen dem Männeranteil und der sozialen Unterordnung der Frauen her. Diese Zusammenhänge erklärt die Autorin so:

Die historischen Vorbedingungen der universellen Unterwerfung der Frauen sind: 1. ein ausgeglichener Männeranteil oder ein hoher Männer- und ein geringer Frauenanteil. 2. ein hoher Grad körperlicher heterosexueller Integration der jugendlichen und erwachsenen Männer in der weiblichen Gesellschaft, während die Frauen politisch und wirtschaftlich einen zunehmend untergeordneten Platz einnehmen, am Ende der Hierarchien der männlichen Herrschaft. Die Männer nehmen, verglichen mit den Frauen, einen zunehmend übergeordneten Platz ein. 3. eine Vereinnahmung und Beanspruchung der Energie der weiblichen Sexualität durch die Männer, indem die Frauen gezwungen oder bezahlt werden, damit sie für die männlichen Reproduktionsziele ausschließlich die Heterosexualität praktizieren. Diese drei Bedingungen sind zugleich die Vorbedingungen für die soziale Errichtung der Patrilinearität, der monogamen heterosexuellen Familie, des Privateigentums und des männlichen Staates, die Engels als die Ursachen der Unterdrückung der Frauen ansah. Den wirtschaftlichen Ursachen der Unterdrückung der Frauen gingen historisch die sexuellen Ursachen voraus, die ich gerade genannt habe.[45]

An diesem Punkt der Analyse angelangt, ist es mehr als vernünftig, sich zu fragen: Hat all dies etwas mit den Frauen im europäischen Mittelalter zu tun? Hat es etwas mit dem Lai ›Fresne‹ von Marie de France, unserem Ausgangstext, zu tun? Die Antwort

---

[44] A. a. O.: S. 118. Zur Definition sexualisierter Gewalt siehe Christina Delphy: *Modo de producción doméstico y feminismo materialista*. In: Mujeres, ciencia y práctica política. Madrid 1987, S. 17–28.

[45] Cavin 1985, S. 162 (Hervorhebung M.-M. R. G.).

heißt ja, es gibt Zusammenhänge. Analysieren wir nun, welche dies sind.

In der Version von Marie de France aus dem 12. Jahrhundert ist Fresne fast die ganze Erzählung hindurch eine sensible Heldin, deren Charaktereigenschaften uns einleuchtend erscheinen: Sie überlebt mit einer gehörigen Portion Glück den Versuch, getötet und ausgesetzt zu werden, sie erhört die Liebesbeteuerungen ihres Verführers, flieht mit ihm aus der Abtei, ohne ihre Identitätszeichen zu vergessen, und lebt eine Zeitlang mit ihrem Geliebten im Schloß ... Aber plötzlich, als ihr Geliebter sich verpflichtet fühlt zu heiraten, verwandelt sie sich in ein auf den ersten Blick unverständliches Wesen: Sie beklagt und bedauert ihr Unglück nicht, sie fühlt in Wirklichkeit nichts und nimmt das Verlassenwerden mit einer Geduld und Resignation hin, die schon ans Krankhafte grenzen. Und all dies, weil es ihr Geliebter von ihr verlangt. Fresne wandelt sich von einer vom Schicksal zwiespältig behandelten Heldin in ein Modell weiblichen Verhaltens: Eine Frau, die zur Idealfrau wird, weil sie sich aufgrund der heterosexuellen Liebe darauf beschränkt, zu gehorchen, zu schweigen und nicht zu weinen, als ihr Mann sie mit brutaler Grausamkeit behandelt. Sie ist ein Modell weiblichen Verhaltens. Durch Opferbereitschaft verleugnet sie ihre Persönlichkeit und ihr Begehren radikal und ersetzt es durch das Begehren eines anderen, ein Begehren, das ein Mann für sie vorsieht und dessen Gesetz mit ihrem Begehren unvereinbar ist.

Um die historische Bedeutung dieses Verhaltensmodells von Frauen zu verstehen (ein geschlechtsspezifisches Modell, dessen klassenspezifische Konnotationen schwer auszumachen sind), muß gesagt werden, daß das Thema des Lais von ›Fresne‹ weder ein isoliertes noch auf das 12. Jahrhundert begrenztes Thema ist und sich auch nicht auf die anglonormannische Kultur beschränkt. Es handelt sich vielmehr um ein Erfolgsthema mit weit zurückliegenden Vorläufern, in ganz Europa sehr verbreitet, und mit einer literarischen Tradition, die über die Werke der drei klassischen Autoren der Renaissanceliteratur, Boccaccio, Petrarca und Chaucer, führt.

Die historisch-literarische Entwicklung dieses geschlechtsspezifischen Modells (das wir als »Frau-unterdrückt-Leidende-und-Stumme« bezeichnen können) konkretisiert sich vor allem in drei Frauentypen: Die Schöne Annie, Fresne und Griselda.

Die Beziehungen dieser drei Frauengestalten untereinander beobachtete u. a. der Literaturhistoriker Walther Küchler vor mehr als 50 Jahren. Ihre vielfältigen internationalen Verzweigungen haben auch andere Gelehrte auf den Plan gerufen.[46]

Küchler hat literarische Vorläufer von Fresne in der Schönen Annie gefunden (die auch als ›Schön Annie‹, ›Belle Annie‹ und ›Fair Annie‹, je nach Sprache, bekannt ist). Das Thema der Schönen Annie hat als Ballade die Volkstradition vieler europäischer Kulturen durchlaufen: Schweden, Holland, Dänemark, Schottland, Deutschland ... Es ist eine Version, die der von Griselda mehr ähnelt – das endgültige Modell unserer Kultur einer sich selbst bis zum Verbrechen verleugnenden Frau – und die in der Volkskultur von Island, Dänemark und Frankreich zu finden ist.[47] Dies festzustellen ist deshalb interessant, weil daraus hervorzugehen scheint (Studien dazu fehlen leider), daß das Modell Klassenschranken überschritt, daß – nach Meinung von Küchler – die Verankerung des Themas in den traditionellen Volksballaden und in seinen feinen Ausarbeitungen von Marie de France völlig unabhängig voneinander sind.

Zwischen der Schönen Annie und Fresne gibt es außerdem einen interessanten Unterschied, der sich auf die Kategorie Klasse zurückführen läßt, was für eine Bauersfrau, wie es die Schöne Annie war, eine andere Bedeutung hatte als für eine Adelige wie Fresne. Die Schöne Annie ist auch ein Mädchen mit unbekannter Herkunft und wurde in ihrer Kindheit geraubt und verkauft. Obwohl sie den Mann, der sie erwählt hat, leidenschaftlich liebt, akzeptiert sie nicht schweigend, daß er sie verläßt, als er entscheidet zu heiraten. Die Schöne Annie weint ihren Schmerz so laut heraus, daß die Ehefrau, die hier interessanterweise auch ihre Schwester ist, sie hört, sucht und erkennt. Fresne hingegen, die mit ihrem Goldring am Arm ausgesetzt wurde, ist eine schwei-

---

[46] Vgl. Küchler 1927, S. 489–497. Eine gute Zusammenfassung zur Entwicklung des Themas nach dem 12. Jahrhundert – mit Bibliographie in: *Griseldis. Lexikon des Mittelalters*. München, Zürich 1980. Die lateinische Version des Märchens von Boccaccio, die von Petrarca stammt, übersetzte Bernat Metge ins Katalanische und J. Timoneda ins Kastilische. Das Thema bei Chaucer in ›The Clerk's Tale‹, eine seiner ›Canterbury Tales‹. Teresa Gràcia bereitet in Barcelona eine Doktorarbeit vor, in der sie diese und andere Erzählungen des letzten Tages des Decamerone interpretiert.

[47] Vgl. Küchler 1927, S. 489–490.

gende Leidende. Dies macht sie besser (in der Meinung einiger Kommentatoren), weil sie dem Modell das Elegante und Vornehme hinzufügt (es gehört sich, sich zurückzuhalten), was der Weinenden aus dem Volk fehlt. Fresne, die Adelige, stellt ein vollkommeneres Ideal dar, weil sie nicht stört, sondern wie die Engel unsichtbar wird: *Es ist, als wäre sie gestorben.*

Der folgende Kommentar von Jean Rychner belegt den soliden und wachsenden Androzentrismus des Modells wie auch einiger seiner Kritiker:

> *Beim Vergleich des Lais ›Fresne‹ mit den nordischen Balladen der ›Schönen Annie‹ hat W. Küchler die Verinnerlichung und die Freiheit, die die Heldin der Legende in der höfischen Erzählung erreicht hat, unterscheiden und beschreiben können.*[48]

Es ist sicher kein Zufall, daß diese überraschende Gleichsetzung von Verinnerlichung und Freiheit als Maß des Erfolgs der Vermittlung der Geschlechterrollen im männlichen europäischen Diskurs sehr alt ist und sich schon bei der Definition, wie die Frauen ihre Ehemänner zu lieben haben, des Isidor von Sevilla findet: »dem Mann in freier Dienstbereitschaft zu dienen und in ganzer Liebe«. Dienstbereitschaft und Freiheit können hier (in einer vielleicht noch sklavenhalterischen Gesellschaft) deshalb miteinander verbunden werden, weil es sich um eine Losung für Frauen handelt; der berühmte Philosoph vergißt seine eigene Logik, wenn er über die Liebe nachdenkt, die seiner Meinung nach verheiratete Frauen empfinden müssen. Müßte er sie auf seine logischen Schlußfolgerungen anwenden, so erschiene ihm diese Logik sicherlich als zu unbequem.[49]

Eine gewisse Entwicklung des Themas läßt sich auch zwischen Fresne und Griselda feststellen, so wie es Boccaccio in der berühmtesten Fassung dieses weiblichen Geschlechtsmodells präsentiert, nämlich in seiner Erzählung ›Griselda‹, die die letzte des ›Decamerone‹ ist. Petrarca hat diese Erzählung ins Lateinische übertragen, und daraus ist sie von anderen Gelehrten in ihre

---

[48] Jean Rychner in seinem Vorwort zu: Marie de France 1966, S. XVIII, Fußnote 1.

[49] »Serviendum viro quadem servitute libera et dilectione plena.« *De ecclesiasticis officiis*, II, 20, 13 (zit. bei D'Alverny 1977, S. 112).

jeweiligen Landessprachen übersetzt worden. Dabei treten einige Unterschiede auf, obwohl die Moral der Geschichte und die verschiedenen Elemente, aus denen sie besteht, sich nicht ändern.[50] Der größte Unterschied besteht in der Erweiterung und Verfeinerung der Grausamkeit, die der Ehemann, ein Markgraf, unter dem eigenartigen Namen von »Proben« über seine Frau Griselda verhängt. Weder die Geduld noch die Selbstverleugnung oder die Stummheit von Griselda, die alles aus Liebe zu ihrem Ehemann erträgt, verändern sich. In der Erzählung von Boccaccio ist das Opfer eine, wenn auch sehr schöne, so doch arme Frau. Der Markgraf verheiratet sich mit einer Bauersfrau seiner Gutsherrschaft, ohne daß sie vor dem Hochzeitstag davon erfährt. Er fragt zwar Griselda in Anwesenheit ihres Vaters (der, obwohl er Bauer ist, genauso das Recht des Vaters ausübt wie der Adelige) vorher,

ob es ihr, wenn er sie zur Frau nähme, immer gefallen werde, ihm zu dienen, ohne sich von dem beirren zu lassen, was er sagen oder machen würde, und ob sie gehorsam sei, und dergleichen mehr.[51]

Griselda überrascht alle durch ihre absolute Nachgiebigkeit nach der Heirat: Sie nimmt ihre neue Rolle rasch an, fügt sich ins neue Haus ein und bekommt bald eine Tochter. Ihr Ehemann ändert schnell darauf seine Laune und beschließt, sie einigen ausgesuchten Grausamkeiten zu unterwerfen, »um ihre Geduld auf die Probe zu stellen«. Er läßt sie beispielsweise im Glauben, daß er ihre Tochter umbringt (was sie akzeptiert, wie Fresne, »ohne eine Miene zu verziehen«), und später wiederholt er dies bei ihrem Sohn. Der Schriftsteller – der mit Ironie gelesen werden muß, ohne dabei zu vergessen, daß er das misogyne Werk ›Corbaccio‹ in einem späteren Lebensabschnitt geschrieben hat – legt Griselda folgende Worte in den Mund:

---

[50] Über die ersten Beobachtungen eines Zusammenhanges zwischen Fresne und Griseldis siehe: Küchler 1927, S. 489 und 494, der hier Duval: *Histoire Littéraire de la France*, XIV, S. 798 zitiert: »Le lai du Frêne est incontestablement le type de la célèbre nouvelle Griséldis.« Hinweise zu früheren Werken siehe oben, Fußnote 21.
[51] Ich übersetze hier aus Giovanni Boccaccio: Il Decamerone. Hrsg. von Vittore Branca. Mailand 1985, S. 895.

Mein Herr, ich werde dich zufriedenstellen und dir gefallen. Du brauchst nicht an mich zu denken, weil mich nichts erfreut, solange ich nicht sehe, daß es auch dich erfreut. (S. 898)

Schließlich verstößt sie ihr Ehemann und gibt vor, seine eigene Tochter, deren Mutter Griselda ist, zu heiraten; all das heißt Griselda in der androzentrischen Phantasie (möge sie nun ironisch sein oder nicht) des Erzählers gut, ohne dabei böse zu werden, denn ihre Liebe zum Markgraf hat sie von sich selbst entfremdet und ihr eigenes Begehren ausgelöscht. Der Markgraf, der schließlich von Griseldas unendlicher Geduld überzeugt ist, gibt ihr ihre Rolle als Ehefrau und Mutter zurück.

Sowohl Fresne als auch Griselda werden als Frauen dargestellt, die fähig sind, aus Liebe zu ihrem Ehemann unvorstellbare Gewalt zu ertragen.[52]

Welchen Zusammenhang kann es nun zwischen Fresne-Griseldis und dem Kindsmord an Mädchen geben? Es gibt eine Hypothese. Sie stammt aus der Analyse feministischer Interpretationsweisen eines möglichen Zusammenhangs zwischen dem Männeranteil einer bestimmten Gesellschaft und deren Darstellungsformen. Für den hier untersuchten Text lautet sie folgendermaßen: Wenn sich das Verhalten der Frauen dem Modell, das Fresne repräsentiert, angleicht, dann wäre der Kindsmord an weiblichen Kindern überflüssig. Die absolute und stumme Unterwerfung von Fresne neutralisiert die ursprüngliche Notwendigkeit, sie bei ihrer Geburt zu eliminieren. Hat dies etwas mit der These von Susan Cavin zu tun, die besagt, daß ein ausgewogener Männeranteil typisch ist für das etablierte und stabile Patriarchat? Oder steht es mit folgender These von ihr in Zusammenhang?

---

[52] Die historischen Zeugnisse zur Gewalt gegen Frauen zu ihrer Unterwerfung sind unzählbar. Ich kenne keine allgemeine Synthese. In folgenden Studien kann dazu etwas gefunden werden: Dillard 1984, S. 92. Anna Clark: *Women's Silence, Men's Violence. Sexual Assault in England, 1770–1845*. London, New York 1987. Theoretische Interpretationsvorschläge bringen: Linda Gordon: *Heroes of Their Own Lives. The Politics and History of Family Violence*. New York 1988. Gordon und Riger 1988; Betsy Stanko: *Intimate Intrusions. Women's Experience of Male Violence*. Boston 1989.

Ich glaube nicht, daß es nur eine Machtübernahme des Patriarchats gegeben hat, die die weit zurückliegende Urgeschichte begraben hat und die für immer verloren ging. Die sexuelle Macht der Frauen wird täglich zerstört, solange das Patriarchat besteht. Auch wenn die Zeugnisse der ersten Machtübernahme des Patriarchats empirisch nie mehr nachgezeichnet werden können, so werden die funktionalen Voraussetzungen dieses Prozesses der männlichen Zerstörung des weiblichen Geschlechts im Patriarchat täglich aufs neue bestätigt.[53]

Abschließend meine ich, die Aussage, daß die soziale Praxis des weiblichen Kindsmordes sich nicht ausschließlich als Frage der ständigen Angleichung zwischen wirtschaftlichen Möglichkeiten und zu ernährenden Mündern, zwischen den Männern und dem Land, erklären läßt, ist richtig. Sie muß vor allem als eine Frage der ununterbrochenen Angleichung der geschlechtsspezifischen Machtbeziehungen, der Machtbeziehungen zwischen Männern und Frauen interpretiert werden oder anders ausgedrückt: als die vorherrschende Geschlechterpolitik.

---

[53] Cavin 1985, S. 162.

IX. Leonor López de Córdoba: Die Selbstdarstellung

Ich glaube, kaum jemand zweifelt daran, daß in unserer abendländischen Kultur die Autobiographie traditionellerweise eine den Männern vorbehaltene literarische Gattung war. Als Vorläufer dieser literarischen Gattung werden gewöhnlich die ›Beispielhaften Leben‹ der klassischen griechisch-römischen Welt und die ›Bekenntnisse‹ des Augustinus angesehen. In der Renaissance wird diese Gattung voll entwickelt, denn das Renaissancedenken hat eine bis dahin unbekannte Feinheit in der Definition der Qualitäten und Bedeutungen des menschlichen Individuums erreicht. Dieser individuelle Mensch verkörperte in seiner Lebensgeschichte trotz seiner Einmaligkeit und Einzigartigkeit die universelle Erfahrung seiner Zeit. Die Autobiographien von Benvenuto Cellini, von Montaigne, Jean-Jacques Rousseau, Johann W. Goethe und vielen anderen mehr sind sehr signifikante Beispiele dieser traditionellen Assoziation von Autobiographie und männlichem Protagonismus in der Geschichte.[1]

Auf der anderen Seite identifiziert die nicht heterodoxe christliche Ideologie den männlichen, patriarchalen Gott mit dem Wort, mit dem Verb.[2] Die Kenntnis des Wortes und den Kontakt mit diesem Gott über das Wort können nur Männer[3] erlangen, denn den Frauen wurde (schon vor vielen Jahrhunderten) nach einigen Widerständen das Priesteramt und die direkte Einflußnahme auf das Göttliche verwehrt. Die gebildeten Männer des nichtislamischen Europas brauchten trotz dieser für sie vorteilhaften Traditionen viele Jahrhunderte, um autobiographische Texte zu verfassen. Nach den ›Bekenntnissen‹ von Augustinus

---

[1] Grundliteratur zur Autobiographie von Männern: Georg Misch: *Geschichte der Autobiographie*. Frankfurt am Main 1969; Georges Mai: *L'Autobiographie*. Paris 1979; James Olney (Hrsg.): *Autobiography. Essays Theoretical and Critical*. Princeton 1980.
[2] Siehe Kapitel II: Das Erbe: Eine feindliche Tradition.
[3] Vgl. Mary Daly: *The Church and the Second Sex*. Boston 1985; Rosa Rossi: *Teresa de Jesús. II: La mujer y la palabra*. In: Mientras Tanto 15, 1983, S. 29–46.

(354–430) wurde die Gattung erst im 12. Jahrhundert von Guibert von Nogent (›De vita sua‹) und Petrus Abaelard (›Historia calamitatum mearum‹) wieder aufgenommen.[4]

Daraus ersehen wir, daß die Frauen, die ihr Leben schriftlich festhalten wollten – als soziales Geschlecht –, dies nur unter besonderen Bedingungen tun konnten. Denn die Lebenserfahrung von Frauen wird grundsätzlich nicht als universell oder allgemeingültig für die jeweilige Zeit angesehen. Außerdem liest das Publikum, an das sich autobiographische Texte wenden – und dessen sind sich die Autorinnen wohl bewußt –, diese unter dem Blickwinkel der Weiblichkeit der Autorin. Der untergeordnete Platz, den wir Frauen in den patriarchalen Gesellschaften und Kulturen einnehmen, bestimmt daher das autobiographische Schreiben von Frauen nachhaltig.[5] Fast bis heute beeinflußte dies auch die Auslegung, die Literaturkritikerinnen von diesen Texten machten (oder besser gesagt: Nicht machten).

Dennoch gibt es im vorindustriellen Europa autobiographische Schriften von Frauen, auch wenn diese oft merkwürdig beäugt wurden. Die ›Memorias‹ von Agrippina aus dem 1. Jahrhundert oder die von Vibia Perpetua vom Beginn des 3. Jahrhunderts mögen uns als alte Vorläuferinnen erscheinen, aber seit dem 12. Jahrhundert haben Autorinnen wie Hildegard von Bingen (1098–1179) oder Christiana von Stommeln (1242–1312) Spuren weiblicher Selbstdarstellung hinterlassen, die ab dem 14. Jahrhundert zu bemerkenswerten Ergebnissen im allgemeinen

---

[4] Siehe R. C. van Caenegem: *Guide to the Sources of Medieval History.* Amsterdam 1978.

[5] Dies wird von den Autorinnen in den Einleitungskapiteln zu den Werken über Frauen und Autobiographien, die bisher veröffentlicht wurden, bestätigt. Die wichtigsten sind: Estelle C. Jelinek (Hrsg.): *Women's Autobiography. Essays in Criticism.* Bloomington/IN 1980; *Raccontare, raccontarsi.* Monographisches Heft von Memoria 8, 1983; Domna Stanton (Hrsg.). *The Female Autograph.* New York 1984. *Mémoires de femmes.* Monographisches Heft von Pénélope 12, 1985; Estelle C. Jelinek: *The tradition of Women's Autobiography. From Antiquity to the Present.* Boston 1986; Sidonie Smith: *A Poetics of Women's Autobiography. Marginality and the Politics of Self-Representation.* Bloomington/IN 1987; Shari Benstock (Hrsg.): *The Private Self. Theory and Practice of Women's Autobiographical Writings.* Chapel Hill/NC 1988; Bella Brodzki und Celeste Schenck (Hrsg.): *Life/Lines. Theorizing Women's Autobiography.* Ithaca/NY 1988; Alda Blanco: *María Martínez Sierra. Una mujer por los caminos de España.* Madrid 1989.

Kontext des autobiographischen Genres führten.⁶ Die feministische und teilweise auch die nichtfeministische Kritik unserer Tage hat gezeigt, daß einige Autobiographien von Frauen, obwohl sie vom Rande der Gesellschaft aus geschrieben wurden, eine entscheidende Rolle bei der Entwicklung dieser Gattung gespielt haben, auch wenn die Kritiker sie bei der Erstellung des allgemeinen literarischen Kanons ignorierten. So sagte Reinaldo Ayerbe-Chaux über die ›Erinnerungen‹ von Leonor López de Córdoba, daß sie »das erste bedeutende Zeugnis der autobiographischen Gattung in Spanien sind«.⁷ Mary Mason bezeichnete die spirituelle Autobiographie von Juliana von Norwich, die im letzten Viertel des 14. Jahrhunderts geschrieben wurde, als originelles und archetypisches Werk, die von Margery Kempe um 1432 verfaßte als »die erste wirkliche im Englischen geschriebene Autobiographie, ungeachtet des Geschlechts« und die von Margaret Cavendish, Herzogin von Newcastle, veröffentlicht 1656, als »die erste bedeutende Autobiographie einer Laiin und Frau«.⁸ Letzteres trifft wohl eher auf die vier Bände des ›Le Livre de la Mutacion de Fortune‹ zu, das Christine de Pizan 1404 als Teil ihrer Lebensgeschichte verfaßte.⁹ Rosa Rossi hob die Wichtigkeit von ›El Libro de la vida‹ (1562–65) und ›Castillo interior‹ (1577) von Teresa von Avila für die Entwicklung der Autobiographie im allgemeinen hervor und im speziellen für die Selbstdarstellung der Frauen im vorindustriellen Europa. Eine Studie über die ›Exposició sobre el Llibre de l'amic i de l'amat‹ von der Mallorquinerin Margarida Mas i Pujol (Schwester Anna Maria

⁶ Über Perpetua und ihre autobiographischen Anmerkungen in ihrer ›Vita‹ sowie in Teilen des Werkes von Hildegard siehe Dronke 1984, S. 1–17 sowie 144–201. Die ›Vita‹ von Christiana von Stommeln kennen wir durch ihre 63 erhaltenen Briefe (siehe: Dictionnaire d'Histoire Ecclésiastique 12, Sp. 775–776). Siehe auch: Elena Giannarelli: *La tipologia femminile nella biografia e nell'autobiografia del IV. secolo*. Rom 1980, sowie Mary R. Lefkowitz: *Heroines and Hysterics*. London 1982, S. 35–48.

⁷ Reinaldo Ayerbe-Chaux: *Las Memorias de doña Leonor López de Córdoba*. In: Journal of Hispanic Philology 2, 1977, S. 11–33; 250. Ins Englische wurden die ›memorias‹ übersetzt von Amy K. Kaminsky und Elaine D. Johnson: *To Restore Honor and Fortune. The Autobiography of Leonor López de Córdoba*. In: Stanton (Hrsg.) 1984, S. 70–80.

⁸ Mary G. Mason: *The Other Voice. Autobiographies of Women Writers*. In: Brodzki und Schenck (Hrsg.) 1988, S. 19–44, 27, 21, 23.

⁹ Suzanne Solente hat ›Le Livre de la Mutacion de Fortune‹ herausgegeben (Paris 1959–1966).

del Santíssim Sagrament, 1649–1700) ist in dieser vielleicht mystischen Überlieferung noch zu schreiben. Sie verfaßte diesen Text, genau wie Margery Kempe, auf Veranlassung ihres Beichtvaters.[10] Es ist also schlicht unseriös zu behaupten, daß in unserer abendländischen Kultur die Frauen keine Autobiographien geschrieben hätten oder daß es ihren Werken an intellektueller oder formaler Bedeutung mangle. Und dennoch sind ihre Texte bei der Erstellung des Kanons dieser Literaturgattung nicht berücksichtigt worden. Es besteht ganz im Gegenteil ein anderer Kanon, der diese Texte von Frauen – die oft ihre ersten Werke waren – verunglimpft und davon spricht, daß die Frauen nur »ihr Leben erzählen«. Und dieses Leben sei eben von Routine und Ereignislosigkeit gekennzeichnet, einfach eine Geschichte, die es nicht wert sei, im kollektiven Gedächtnis verankert zu bleiben.[11] In diesem Fall reicht es also nicht, daß Frauen über ihre Geschichte schreiben, um in *die* Geschichte aufgenommen zu werden.

Vom zeitgenössischen feministischen Denken aus läßt sich dieser Ausschluß leicht begreifen. Eingeschlossen in den privaten Bereich haben die Frauen nicht direkt und nicht im eigenen Namen (im Namen der Mutter) in die Aktivitäten und Ereignisse eingreifen können, die die Geschichte der Männer grundlegend bestimmten. Die Autobiographien von Frauen konzentrieren sich gewöhnlich auf das Erzählen des Alltäglichen, des Persönlichen und des Privaten, des offensichtlich Trivialen, das nicht von Triumphen, Gegensätzen oder außergewöhnlichen Vorkommnissen berichtet. Falls es diese doch gibt, so scheinen sie von einem traditionellen Geschichtsverständnis aus den Lauf des Politischen nie zu bestimmen, diesen zielgerichteten schwungvollen Lauf, der nur von männlichen Politikern beeinflußt werden

---

[10] Teresa de Jesús: *Libro de la vida*. Hrsg. von Jorge García López. Barcelona 1989; ›Castillo interior o Las Moradas‹ sind in *Obras completas*. Madrid 1970, S. 384–480 erschienen. Siehe außerdem: Rosa Rossi: *Esperienza interiore e storia nell'autobiografia di Teresa d'Avila*. Bari 1977; Dies.: *Il castello interiore di Teresa D'Avila*. In: Memoria 8, 1983, S. 72–84. ›Exposicio‹ von Margarida Mas ist noch nicht veröffentlicht; von den Büchern 1–34 erschien 1760 eine Übersetzung ins Spanische in Madrid (den Hinweis auf dieses Werk verdanke ich Mercè Otero).

[11] Über die Vorurteile, mit denen Texten von Frauen begegnet wird, siehe Dale Spender: *The Writing or the Sex? Or Why You Don't Have to Read Women's Writing to Know it's no Good.* Oxford 1989.

kann. Wenn also das Leben der Frauen durch die Unterwerfung unter die Männer gekennzeichnet ist, können die Erzählungen über unser Leben nur schwer die Machtbeziehungen umkehren, die das bestehende System der Geschlechterbeziehungen bestimmen, so poetisch oder fiktiv unsere Selbstdarstellung auch sein mag.[12]

Diese Dichotomie des Öffentlichen und Privaten, mit der Folge, daß es wieder wir Frauen sind, die uns aufspalten und uns an einen anderen Platz begeben, um uns der Geschichte zu zeigen, ist selbstverständlich nichts anderes als ein Fragment des dominanten Diskurses und hat für die Reinterpretation der Geschichte der Frauen (auch wenn für deren Beschreibung wertvoll) kaum Bedeutung. Die Frauenbewegung hat schon vor Jahren aufgezeigt, daß das Private politisch ist, und dieses Paradigma trug dazu bei, einen Teufelskreis im feministischen Denken und in der feministischen Aktion zu durchbrechen.[13] Wie Sidonie Smith schreibt,

stellen schließlich und endlich alle Frauen, die schreiben, die dominante Geschlechterideologie in Frage, auch wenn dies unbewußt oder unbeholfen geschieht. In ihrer Beziehung zu den Fiktionen des dominanten Diskurses übt der weibliche Autograph auf die Grenzen der kulturellen Modelle von Glaubwürdigkeit und Repräsentativität Druck aus [...] Sie reorganisiert auf subversive Art und Weise den dominanten Diskurs und die dominante Ideologie der Geschlechter, indem sie sich die Sprache und die Macht aneignet, um die kulturellen Fiktionen in ihre eigene Geschichte umzuwandeln.[14]

Es ist also immer notwendig, bei der Interpretation eines autobiographischen Textes das Geschlecht des Autors/der Autorin zu berücksichtigen. Gleich danach wird der Text von der sozia-

---

[12] Vgl. Jelinek: *Introduction. Women's Autobiography and The Male Tradition.* In: Dies. (Hrsg.) 1980, S. 1–20. Smith 1987, S. 44–62. Brodzki und Schenck (Hrsg.): *Introduction* zu *Life/Lines* 1988, S. 1–15.
[13] Siehe dazu die Studie über dieses Thema und diesen Satz von Charlotte Bunch in: Sara Evans: *Personal Politics.* New York 1980, S. 212–232. Sowie Charlotte Bunch: *Passionate Politics. Essays 1968–1986.* New York 1987.
[14] Smith 1987, S. 175.

len Klasse des Autors/der Autorin, seiner/ihrer ethnisch-kulturellen Zugehörigkeit und seiner/ihrer sexuellen Vorlieben beeinflußt. Denn der Adelige lebte im feudalen Europa nicht gleich wie die Adelige. Es war nicht gleichgültig, eine Frau im städtisch-christlichen Bürgertum oder im städtisch-jüdischen Bürgertum zu sein. Genausowenig lebte eine Frau, die sich in einer zwangsheterosexuellen Gesellschaft dieser Heterosexualität zugeneigt fühlte, gleich wie diejenige, die sich in dieser Gesellschaft zum Lesbianismus hingezogen fühlte.[15] Lassen wir den Androzentrismus, den Ethnozentrismus, die Homophobie und das Privileg der dominanten Klasse beiseite, so stoßen wir auf entscheidende Veränderungen des Kanons. Das »Erzählen über das Leben«, der Diskurs des Persönlichen und des Alltäglichen, ganz egal wie dessen Inhalt auch ist, wird dann aufhören, in der Autobiographie als nicht beachtenswert angesehen zu werden.

Ein zeitgenössisches Beispiel für das Revolutionäre dieser Veränderungen ist das Buch ›Flying‹ von Kate Millett, das 1974 als Autobiographie über einen Lebensabschnitt der Autorin erschien, nachdem Millett mit ›Sexual Politics‹ berühmt geworden war.[16] Diese Autobiographie wurde von der Kritik deshalb schlecht aufgenommen, weil sie mit vielen herkömmlichen Schemen bricht und das Triviale, das Routinemäßige des täglichen Lebens in den Mittelpunkt stellt, das nicht nur unregelmäßig und unzusammenhängend ist, sondern das auch frustriert, sowohl während des Erlebens als auch beim Erzählen oder beim Lesen des Geschriebenen, weil es keine Schlüsse zuläßt und nie irgendwohin führt. Zerrissenheit, Wiederholung und Mehrdimensionalität strukturieren gewöhnlich das Leben der Frauen.[17] In ›Flying‹ gibt es beeindruckende Stellen, wo Kate Millett eine andere Autorin sucht und auch findet, eine schon etablierte Autorin, die ihr ideologische und emotionelle Stütze für ihr revolutionäres Konzept dessen, was in einer Autobiographie erzählt wer-

---

[15] Vgl. Milagros Rivera: *Las infanzonas de Aragón en la época de Jaime II*. In: Angela Muñoz und Cristina Segura (Hrsg.): *El trabajo de las mujeres en la Edad Media hispana*. Madrid 1988, S. 43–48. Judith Brown 1986 (1989). Joanne M. Braxton: *Black Women Writing Autobiography. A Tradition Within a Tradition*. Philadelphia/PA 1989.

[16] Millett: *Flying*. New York 1974.

[17] Vgl. Anette Kolodny: *The Lady's Not for Spurning. Kate Millett and the Critics*. In: Jelinek (Hrsg.) 1980, S. 238–259.

den kann, sein soll. Millett besucht in London Doris Lessing und erklärt ihr, wie wichtig es für sie war, ›Das Goldene Notizbuch‹ mit seinen Beschreibungen der persönlichen und ständig sich wiederholenden Erlebnisse im Alltagsleben der Frauen, wie etwa der Menstruation, zu lesen. Bis dahin hatte sie solche Beschreibungen noch in keinem literarischen Text gefunden.[18] Lessings Antwort ist eine vernichtende Dekonstruktion des alten Kanons der Autobiographie:

> *»Es ist eine der Sachen, die dich rot werden lassen«* – sie lacht –. *»Aber das Eigenartige ist, daß ich ausgerechnet auf die Absätze stolz bin, die mir damals angst machten, bei denen ich dachte, nein, nein, das kann ich nicht zu Papier bringen. Über sie freue ich mich am meisten. Denn durch die Reaktionen der Leserinnen habe ich erkannt, daß ich in diesen Momenten für andere schrieb. Das ist paradox. Damals erschienen sie mir so hoffnungslos privat [...]«*
> *»Das Interessanteste bei den Frauen heute ist der Ausdruck des Ich«* – sagt sie – *[...] »Eigentlich ist es das einzige, was mich heute interessiert. Das, was die Leute über ihr Leben schreiben. Ich möchte auch sehen, was du machst.«*[19]

Diese Suche nach einer weiblichen Genealogie, bei der Kate Millett zu Beginn der 70er Jahre mit Doris Lessing in dieser Episode zusammenkommt, hat 500 Jahre zuvor, ebenfalls in der angelsächsischen Kulturtradition, eine sehr schöne und bemerkenswerte Vorläuferin. 1413 besucht Margery Kempe Juliane von Norwich, um bei ihr Solidarität und Unterstützung (das, was wir »geistigen Trost« zu nennen pflegen) für ihre Gedanken und Visionen zu finden. Juliane (die heilig gesprochen wurde) war eine etwa 70jährige Mystikerin (sie wurde um 1342 geboren), die mehrere Male Christus-Erscheinungen gehabt hatte und die im

---

[18] In den letzten Jahren hat dieses Thema glücklicherweise auch Eingang in die Wissenschaft gefunden. Siehe Victoria Sau: *Comportamiento psicológico de la mujer en relación con el ciclo menstrual y uno de sus más frecuentes malestares. El síndrome premenstrual.* Unveröffentlichte Doktorarbeit, Universität Barcelona, 1989. Sowie die Rezension von fünf vor kurzem erschienenen Büchern zum Thema: Diane E. Long: *Going with the Flow.* In: The Women's Review of Books VI/8, Mai 1989, S. 21–22.
[19] Millett: *Flying* 1974, S. 357–358.

Ruf stand, eine Heilige zu sein. Sie lebte in Norwich neben der Kirche der Heiligen Juliane von Conesford eingemauert. Kempe war zu dieser Zeit 40 Jahre alt und wollte, daß ihr jemand ihre religiöse Berufung bestätigte. Diese wies Charakteristika auf, die völlig anders waren als jene der orthodoxen mystischen Tradition. Möglicherweise fand Margery Kempe bei ihrem Besuch, wie Kate Millett, bei der überaus berühmten Frau nicht nur Worte des Trostes für ihre Berufung und Ideen, sondern, nach Meinung von Mary Mason, auch die Anregung, ihre besonderen Lebenserfahrungen niederzuschreiben.[20]

Die gegenwärtige feministische Kritik war entscheidend, um die autobiographischen Texte von Frauen wieder aufzuspüren. Das moderne und postmoderne Denken, das sich gegen Souveränität und absolute Autonomie richtet – beides aber genossen die Autoren in unserer abendländischen Kulturtradition –, haben dies erleichtert. Michel Foucault und Roland Barthes sind zwei der wichtigen Denker, die die Repräsentativität, die den Autobiographen zugeschrieben wurde, und das Vertrauen ins Wanken gebracht haben, mit dem wir ihre für eine bestimmte Zeit repräsentativen Texte – so wurde angenommen – lasen. Indem Foucault und Barthes die Souveränität der Autoren kritisierten, gingen sie beinahe so weit, die traditionelle Beziehung zwischen dem Autor und dessen Lebenserzählung umzukehren: Der Text spiegle nun nicht mehr die erlebte Geschichte mehr oder weniger direkt wider. Der Autor benutze den Prozeß des Texteschreibens (der aus viel mehr Faktoren bestehe als nur der individuellen Persönlichkeit des Autors) vielmehr dazu, seine Identität zu konstruieren, von der er sich wünscht, sie möge im kollektiven Gedächtnis weiterleben (und stehe somit der Fiktion näher als der Wirklichkeit).[21]

Die Kritik der Moderne und Postmoderne an der Autonomie der Autoren als Subjekte des Diskurses hat ohne Zweifel die Erweiterung des alten Kanons sowie die Aufnahme von Autobiographien von Frauen und anderen marginalisierten oder vom do-

---

[20] Vgl. Mason 1988, S. 28–29.
[21] Vgl. Roland Barthes: *Roland Barthes*. Paris 1975; Michel Foucault: *La pensée du dehors*. Paris 1986; Ders.: *What Is an Author?* In: D. F. Bouchard (Hrsg.): Language, Counter-Memory, Practice. Selected Essays and Interviews. Ithaca/NY 1977, S. 116–138. (Deutsch: *Was ist ein Autor?* In: Ders.: *Schriften zur Literatur*. Frankfurt am Main 1991.

minanten Diskurs an den Rand gedrängten Autoren erleichtert. Ein erstaunlich großer Teil der gegenwärtigen feministischen Kritik ist allerdings mit dem Vorschlag, die Souveränität des Subjekts völlig zu dekonstruieren, nicht einverstanden. Sie wendet sich gegen den »Tod des Autors«. Dem Text wird also nicht der Vorrang vor dem/der AutorIn eingeräumt. Dieser Vorrang ist, in anderen Worten, ein Vorrang der Sprache über das Leben, der bedeutungsgebenden Prozesse (wie wir jetzt sagen) über die gelebte Erfahrung (die im Falle der Frauen oft eine leidvolle Erfahrung ist). Es wird zwar natürlich nicht geleugnet, daß das Leben und die Kunst, die Erfahrung und das Symbol sich gegenseitig beeinflussen. »Der Tod der Autorin« jedoch und ihr Ersatz durch die semantische Analyse ihres Textes – unter Text verstehe ich hier ein Kunstwerk, das kaum oder nur vage mit dem Leben in Zusammenhang steht – würden politische Inhalte, die das Denken und die Aktionen des Feminismus revolutioniert haben, entscheidend entkräften. In Wirklichkeit sind wir als Autorinnen noch nicht vollständig geboren, so daß uns die Dekonstruktion neuerlich unsichtbar machen würde, auch wenn dieser Vorgang noch so gut durchdacht erscheint. Bella Brodzki und Celeste Schenck erklären diese Haltung eines Teils der feministischen Kritik im konkreten Kontext einer Studie über autobiographische Werke so:

> *Wir glauben, daß der Schlüssel zum Verständnis der Autobiographien gerade in der zweifachen und komplizierten Beziehung zwischen »Leben« und »Kunst« liegt. Ihr durch die Erinnerung der »einfachen Prämisse der Referenz« auszuweichen, bedeutet, den wichtigen Bezugspunkt von Klasse, ethnischer Zugehörigkeit und sexueller Neigung zu ignorieren und wichtige politische Fragen nicht ernst zu nehmen. Was wir vorschlagen, ist kein naiver Ersatz des Textes durch das Leben, denn dieser Glaube hat sowohl die feministische Kritik als auch die Kritik der Autobiographie im allgemeinen verwirrt. Die Dialektik kann neben einem weitreichenden theoretischen Diskurs bestehen bleiben. Unser Titel: ›Life/Lines. Theorizing Women's Autobiography‹ versucht, diese Spannung aufrechtzuerhalten.*[22]

---

[22] Brodzki und Schenck (Hrsg.): *Introduction* zu *Life/Lines* 1988, S. 12–13.

Die Spannung zwischen Leben und Kunst, zwischen Schöpfung und Text, zwischen historischem Ereignis und schriftlichem Dokument wird heutzutage auch von Historikerinnen diskutiert.[23]

Für die Geschichtsschreibung von Frauen ist diese Debatte von großer Bedeutung, denn in ihr werden einige grundlegende Begriffe diskutiert, in denen sich die Frauen in der Vergangenheit als Subjekte der sozialen Aktion und auch als Subjekte des Diskurses konstituierten. In anderen Worten: Es geht also um die Frage, ob sexuelle Differenz bedeutet, daß wir Frauen unausweichlich Spiegel des männlichen Geschlechts sind, oder ob Frauen andere Frauen spiegeln können, ohne jene Hierarchie, die das Geschlechtersystem von Anfang an mit sich zu bringen scheint.[24] Demnach muß der Körper der Frauen in den Mittelpunkt der Analyse gestellt werden, nicht nur der Text. Die Frage müßte, wie Mary Jacobus es provokativ formuliert hat, lauten: »Gibt es in dieser Frau einen Text?«[25] Der Frau, einer Frau, die etwas zu sagen hat und dies (manchmal) mit ihrem Körper tut, und dem Text müßte dabei das gleiche Gewicht verliehen werden.

Mary Jacobus brachte diese Frage in Zusammenhang mit der berühmten Krankengeschichte von Dora, der Patientin Freuds, deren Verhalten ihn zu einigen seiner wichtigen Definitionen

---

[23] Siehe die interessante Diskussion über das Buch von Joan W. Scott: *Gender and the Politics of History*. New York 1988, vor allem die Rezension von Koonz 1989, S. 19–20, und die Briefe an die Herausgeberin von Joanna Russ. In: The Women's Review of Books VI/7, April 1989; sowie Judith Butler und Bertha Harris. In: A.a.O. VI/9, Juni 1989, S. 5.

[24] Siehe Luce Irigaray: *Spéculum de l'autre femme*. Paris 1974. Deutsch: *Speculum. Der weibliche Diskurs*. Frankfurt am Main 1980; Domna Stanton: *Autogynography. Is the Subject Different?* In: Dies. (Hrsg.) 1984, S. 3–20; Nancy Miller: *Arachnologies*. In: Dies. (Hrsg.): *The Poetics of Gender*. New York 1986; Braidotti 1988, S. 23–37; Michèle Roit-Sarcey, Christine Planté und Eleni Varikas: *Femmes sujets de discours, sujets de l'histoire*. In: Cahiers du GRIF 37–38, 1988, S. 21–23; über das Thema im klassischen Griechenland: Nicole Loraux: *Notes sur un impossible sujet de l'histoire*. In: A.a.O., S. 113–124. Sowie Linda J. Nicholson (Hrsg.): *Feminism and Postmodernism*. New York 1989. Über weibliche Identität und Spiegelung: Jenijoy La Belle: *Herself Beheld*. Ithaca/NY 1988.

[25] Mary Jacobus: *Reading Woman. Essays in Feminist Criticism*. New York 1986, S. 109.

von Hysterie führte. Nach der Interpretation von Jacobus ist der »hysterische« Körper von Dora, das Subversive an ihrem Verhalten, gerade ihr Text, dessen Schöpferin Dora ist. Ihr Körper weigert sich, ihrem Arzt als Analyse- und Diskursobjekt zu dienen. Beim Lesen der Analyse von Jacobus habe ich den autobiographischen Text von Leonor López de Córdoba, der mich in diesem Kapitel interessiert, besser verstanden. Es handelt sich dabei nämlich um einen Text, von dem sein jüngster Herausgeber sagt, er sei ein »eigenartiges«, wenn auch »authentisches« Selbstbildnis.[26] Das Eigenartige an diesem Text löst sich wahrscheinlich auf, wenn der Text aus der Perspektive des gegenwärtigen feministischen Denkens betrachtet wird.

Die ›Memorias‹ von Leonor López de Córdoba sind, ich möchte es noch einmal wiederholen, die erste uns bekannte Autobiographie in spanischer Sprache. Ihre Autorin lebte ungefähr zur gleichen Zeit wie Christine de Pizan (1364–1430). Ihr Text beschreibt einen Lebensabschnitt, der sich ungefähr mit dem deckt, von dem Pizan in ›La Mutacion de Fortune‹ (1404 geschrieben) berichtet.[27] Beide Frauen erlebten darüberhinaus unglaubliche Schicksalsschwankungen.

Leonor López de Córdoba diktierte ihre Memoiren einem Notar oder einem Schreiber aus Córdoba. Der Zeitpunkt ist uns nicht bekannt, fällt aber ins erste Viertel des 15. Jahrhunderts. Es ist ein kurzer Text, der in einer Kopie vom Beginn des 18. Jahrhunderts kaum neun Seiten umfaßt.[28] Sie erzählt darin von den außerordentlichen Schwierigkeiten der ersten 40 Jahre ihres Lebens. Der Bericht endet mit dem Tod ihres ältesten Sohnes, geht nicht auf die schönste Zeit in ihrem Leben ein, die sie einige Jahre danach erlebt hatte, und erwähnt auch nicht, daß sie anschließend in Ungnade gefallen war. Leonor López de Córdoba dik-

---

[26] Ayerbe-Chaux 1977, S. 32.
[27] Hrsg. von Suzanne Solente. Paris 1959–1966.
[28] Vgl. Ayerbe-Chaux 1977, S. 13. Über Frauen im dominanten Diskurs in Kastilien am Ende des Mittelalters: María Luisa Lobato: *El ideal de mujer en los escritores doctrinales de los siglos XV y XVI*. In: Revista Augustiniana 29, 1988, S. 725–736; María Isabel Pérez de Tudela: *Acerca de la condición de la mujer castellano-leonesa en la Baja Edad Media*. in: En la España Medieval 4/2, 1984, S. 765–796; María Pilar Rábade: *La mujer en las crónicas reales castellanas del siglo XV*. In: Anuario de Estudios Medievales 17, 1987, S. 533–550; Dies.: *El arquetipo femenino en los debates intelectuales del siglo XV castellano*. In: En la España Medieval 11, 1988, S. 261–301.

tierte ihren Text nicht als Testament, sondern in der expliziten Absicht, daß ihre Sicht der historischen Wahrheit im kollektiven Gedächtnis sowie im individuellen derer, die ihrer Erzählung zuhören würden, verhaftet bliebe: »damit die, die es zu Gehör bekommen«, schreibt sie, »alle meine Taten und die Wunder der Heiligen Jungfrau Maria einordnen können. Meine Absicht ist es, daß man sich daran erinnert.«[29] Schauen wir uns nun an, was Leonor López de Córdoba über ihre ersten 40 Lebensjahre sagt.

Sie erzählt, daß sie im Hause Peters I. von Kastilien, des Grausamen, in Calatayud geboren wurde[30], daß seine Töchter, die Infantinnen, ihre Taufpatinnen waren, daß sie mit ihnen und ihrer Mutter zur Festung von Segovia gebracht wurde, wo ihre Mutter starb, bevor Leonor sie bewußt erinnern konnte. Sie dürfte im Jahre 1362 oder 1363 zur Welt gekommen sein, wie aus dem Text selbst hervorgeht.[31] Sie erzählt, sie war die Tochter von Martin López de Córdoba, Meister des Militärordens von Calatrava und Alcántara, der von dem Geschlecht Aguilar abstammte und Neffe von Don Juan Manuel war. Ihre Mutter war Sancha Carrillo, Nichte von Alfons XI. von Kastilien, dem Vater Peters I. Im Alter von sieben Jahren verheiratete sie ihr Vater mit Ruy Gutiérrez de Hinestrosa, Sohn des Kammerdieners und Kanzlers des Monarchen und oberster Mayordomus der Königin und der María de Haro, Herrin von Haro und von Cameros. Sie brachte eine Mitgift von 20 000 *Doblas* in die Ehe ein und ihr Ehemann, einziger Sohn und Erbe,

> *viele Güter [...] und Länder, mehr als dreihundert Pferde, vierzig Perlenketten, so groß wie Kichererbsen, und fünfhundert Mauren und Maurinnen und zweitausend Silberlinge in Geschirr und den Schmuck und die Juwelen seiner Familie, was alles nicht auf zwei Seiten Papier Platz hat.*

Die Jungvermählten ließen sich mit einem Bruder und drei Schwestern von Leonor, den Schwägern und den Töchtern von Peter I. in Carmona nieder.

---

[29] Ayerbe-Chaux 1977, S. 16.
[30] Und nicht in Córdoba, wie die Crónica de Juan II, S. 278 behauptet *(Crónicas de los Reyes de Castilla.* Hrsg. von Cayetano Rossell. Madrid 1953 [Biblioteca de Autores Españoles 68]).
[31] Vgl. Ayerbe-Chaux 1977, S. 11.

Als Peter I. 1369 von Heinrich von Trastamara in Montiel ermordet wurde, erzählt Leonor López de Córdoba weiter, widersetzte sich ihr Vater mit seiner Familie und den Töchtern Peters I. dem neuen König Heinrich II. und machte sich in Carmona stark, wo sie einige Monate lang belagert wurden. Schließlich verhandelten sie mit Heinrich II., dieser hielt sich aber nicht an das Abkommen, nahm sie am 15. Mai 1371[32] gefangen, ließ ihren Vater, Meister von Calatrava, am San Francisco Platz in Sevilla köpfen und konfiszierte seine Güter sowie die seines Schwiegersohnes, Leonors reichen Ehemann. Dann schildert sie, wie der Meister beim Betreten des Schaffots auf Beltrán Duguesclin (dem Ritter, der Peter I. dem Tod durch seinen Bruder ausgeliefert hatte) traf, und zwischen den beiden entstand folgendes Gespräch, das berühmt werden sollte: »Herr und Meister, habe ich Ihnen nicht gesagt, daß Sie nun aufhören müssen? Und er antwortete: Es ist besser loyal zu sterben, wie ich, als so zu leben wie Ihr, als Verräter.«

Danach verbrachte Leonor (die damals ungefähr acht Jahre alt war) gemeinsam mit ihrem Ehemann, zwei ihrer Brüder, drei Schwägern und anderen Gefolgsleuten ihres Vaters neun Jahre als Gefangene im Schiffszeughaus von Sevilla; »und unsere Ehemänner hatten jeder 70 Pfund Eisen an den Füßen, und mein Bruder Don Lope hatte eine Kette an den Eisen, die aus siebzig Gliedern bestand.« Leonor überstand die Pestepidemie, die 1374 das Königreich Kastilien heimsuchte, aber einige der Gefolgsleute ihres Vaters starben, auch die Schwager von Leonor und ihr Bruder Lope López, der 13 Jahre alt war (ein Jahr älter als sie). In den Augen seiner Schwester war er »die schönste Kreatur auf Erden«. Lope starb in den Armen von Leonor. Mit Schrecken erzählt sie, daß all diese Toten »hinausgeschmissen wurden wie Abfall, wie Mauren«, das heißt, sie wurden auf irgendeinen Abfallplatz geworfen, als wären sie keine Christen.[33]

Nach diesem Massensterben blieben von der Familie des Meisters nur noch Leonor López de Córdoba und ihr Ehemann im

---

[32] Vgl. Angel L. Molina: *Don Frey Martín López, maestre de las Ordenes de Calatrava y Alcántara, Adelantado mayor de Murcia*. In: Anuario de Estudios Medievales 11, 1981, S. 749–758; Doc. 5, S. 757–758.

[33] Nach dem ›Diccionario‹ von J. Corominas kommt »desferrar« vom Katalanischen »deferra« und bedeutet so viel wie »Beraubung/Raub/Besitzentziehung oder Kriegsbeute«.

Schiffszeughaus von Sevilla bis zum Tod Heinrichs II., am 30. Mai 1379, gefangen. Dieser »verfügte in seinem Testament, daß sie uns aus dem Gefängnis entlassen und uns unsere Güter wieder zurückgeben sollen.« Leonor wurde im Haus ihrer Tante María García Carrillo in Córdoba aufgenommen, ihr Ehemann verbrachte währenddessen sieben unglückliche Jahre. Er versuchte ohne Erfolg, seine Güter zurückzubekommen »und die, die sie besaßen, schätzten sie wenig, weil er nicht in der Lage war, dies einzufordern. Und ihr wißt ja, daß das Recht von jemandem ausgeführt werden muß«. Sie verhandelte unterdessen mit ihrer Tante Teresa Fernández Carrillo, der Schwester ihrer Mutter, über ihren Eintritt in den Orden von Guadalaxara, »den meine Urgroßeltern gegründet hatten und mit Besitz ausstatteten, damit 40 reiche Frauen ihrer Familie eintreten könnten«. In diesem Orden wurde ihre Mutter bis zu ihrer Heirat erzogen.

Ihr verarmter Ehemann kam dann zu Leonor nach Córdoba zurück. Von nun an nimmt sie die Zügel in die Hand. Der Ehemann verschwindet endgültig aus der Erzählung. Es entsteht eine enge Bindung zwischen Leonor López de Córdoba und der Heiligen Jungfrau, die sie inspiriert und ihr bei ihren ökonomischen und familiären Angelegenheiten hilft. In den vier letzten Seiten der Erzählung erscheint die Heilige Jungfrau fünf Mal und arbeitet bei den Geschäften der Protagonistin mit: Die Heilige Jungfrau schickt ihr Botschaften im Traum; sie beseitigt Hindernisse, erleichtert die schwierige Beziehung mit ihrer Tante und ihren Cousinen, schenkt ihr Häuser; die Jungfrau gibt ihr ein Gehöft, wo sie sich »mit ihrer Hände Arbeit« »zwei Paläste und einen Garten sowie zwei oder drei Häuser für die Dienstleute« errichtet. Das erste Mal erscheint ihr die Heilige Jungfrau in einem Gebet. Leonor beschreibt dies so:

Wir ruhten wenig. Und da betete ich zur Heiligen Jungfrau Maria dreißig Tage lang, jede Nacht betete ich kniend dreihundert Ave Maria, damit in das Herz meiner Herrin ihre Zustimmung für eine Tür in ihren Häusern eingepflanzt würde, und zwei Tage bevor ich mit dem Beten aufhörte, fragte ich meine Herrin, meine Tante, ob sie mir erlaube, diese Tür zu machen, damit wir nicht bei den Mahlzeiten über die Straße zu ihr kommen müssen, wo es doch so viele Ritter in Córdoba gab; und sie antwortete mir, daß sie zu-

stimme, und ich war getröstet, und als ich dann die Tür machen wollte, hatten ihre Dienerinnen sie umgestimmt, daß ich diese nicht machen könne, und ich wurde so traurig, daß ich die Geduld verlor, und die, die bei meiner Tante am meisten gegen mich war, starb in meinen Armen und biß sich dabei auf die Zunge. Und am nächsten Tag, als nur noch ein Tag fehlte, um meine Gebete zu beenden, am Samstag, träumte ich vom Heiligen Hippolyt, und als es Morgen wurde, sah ich in der Wand des Hauses einen sehr großen Bogen, er war sehr hoch, und ich schritt durch ihn hindurch, und pflückte auf den Hügeln Blumen, und ich sah einen weiten Himmel, und da wachte ich auf, und bat die Heilige Jungfrau Maria, daß sie mir ein Haus geben möge.

Als sie ihre Wünsche verwirklicht hatte und in ihr Haus neben dem Heiligen Hippolyt von Córdoba eingezogen war, genau dort, wo sie es sich vorgestellt und wo es ihr die Heilige Jungfrau gezeigt hatte, brach 1400–1401 die Pest aus. Sie verließ die Stadt und ging mit ihren Söhnen zunächst nach Santaella und kurz darauf mit ihrer Tante und Beschützerin nach Aguilar. Voller Gemütsschwankungen und mit vielen bitteren Erlebnissen, von denen die Feindschaft mit ihren Cousinen, den Töchtern ihrer Beschützerin, wohl die hervorstechendsten sind, erzählt Leonor von den Greueln der Pest, die sie nach Aguilar und zu ihrer Familie brachte. Denn die Krankheit wurde durch den Juden Alonso, den sie nach den Judenverfolgungen des Jahres 1391 als Waisenkind in Córdoba zu sich genommen und getauft hatte, übertragen. Alonso kam in derselben Nacht wie Leonor mit ihren Kindern und ihrer Tante nach Aguilar. Er kam »mit zwei Geschwülsten an der Kehle, und drei Geschwüren im Gesicht und hohem Fieber«. Die Verwandten von Leonor wollten den Kranken nicht aufnehmen, »und ihr, die ihr diese Geschichte hört, könnt den Schmerz sicher gut verstehen, der mein Herz erfüllte, denn ich kam abgehetzt und bitter an«. Sie bittet einen früheren Dienstmann ihres Vaters, für den Kranken zu sorgen, »und wegen meiner Sünden starben dreizehn Personen, die sich in der Nacht um ihn kümmerten«. Leonor konzentrierte sich unterdessen auf die Gebete zum gekreuzigten Christus »und bat Gott, daß er mich und meine Kinder befreien möge; und falls er einen holen müsse, so solle er den ältesten nehmen, denn dieser sei sehr krank«. Eines Nachts, als niemand bereit war, bei dem Kranken zu bleiben, bewegte sie diesen schwachen und kränklichen Sohn, der zwölf Jahre und vier Monate alt war, dazu, den Kranken zu betreuen. Am nächsten Tag starb er tatsächlich, während der Kranke weiterlebte. Die Familienangehörigen und die Bewohner von Aguilar zeigten beim Begräbnis ihres ältesten Sohnes ihren Unmut und ihre Angst:

> *und als sie ihn begruben, ging ich mit ihm, und als ich auf der Straße mit meinem Sohn ging, kamen die Leute schreiend heraus und beschimpften mich und sagten zu mir: Gehen Sie zur Seite, Herren, und Sie werden die unglücklichste und schutzloseste und schlechteste Frau der Welt sehen.*

Leonor wurde tatsächlich von ihren Verwandten aus Aguilar vertrieben und kehrte nach Córdoba zurück, wo ihre Tante und Beschützerin mit ihr brach. Hier hört die Erzählung mit dem Satz auf: »und so kam ich in mein Haus in Córdoba.«

Soweit der Text von Leonor López de Córdoba. Obwohl wir nicht wissen, wann sie gestorben ist, besitzen wir über ihr weiteres Leben dennoch wichtige Quellen, wie beispielsweise die königlichen Chroniken von Kastilien, auch wenn es sich hier um Texte handelt, die von Personen verfaßt wurden, die Leonor López offen feindlich gesinnt waren. Wenige Jahre, nachdem die Pest ihren ältesten Sohn heimgesucht hatte, wurde Leonor López de Córdoba Günstling oder Vertraute der Königin Katharina von Lancaster, einer der Töchter von Peter I., mit denen Leonor aufgewachsen war. Wir wissen, daß sie schon 1406 oder 1407 ihre Vertraute war. Katharina von Lancaster, Witwe Heinrichs III., regierte zu dieser Zeit Kastilien (mit Ferdinand von Antequera), weil ihr Sohn Johann II. noch minderjährig war. In der ›Crónica de Juan II.‹ steht, daß die politische Meinung von Leonor López de Córdoba weit über die der großen Adeligen und Kirchenmänner des kastilischen Hofes hinausragte:

> *[Die Königin] hatte eine Dame aus Córdoba, die Leonor López hieß, Tochter von Don Martin López, Meister von Calatrava zu Lebzeiten König Peters. Ihr vertraute sie so sehr und sie liebte sie so, daß sie nichts ohne ihren Rat unternahm. Und auch wenn etwas schon im Rat beschlossen wor-*

den war, wo die Königin und der Thronfolger, die Bischöfe von Sigüenza und Segovia, Palencia und Cuenca, die Doktoren Pero Sanchez und Periañez, und viele andere Doktoren und Ritter mehr waren, wenn sie dem widersprach, wurde nur das getan, was sie sagte.[34]

Leonor López de Córdoba war 1411 noch die »sehr Vertraute der Königin«[35]. Katharina von Lancaster war eine Königin, die ihr Zeitgenosse Fernán Pérez von Guzmán in seinen berühmten ›Generaciones y semblanzas‹ so beschreibt:

hoch im Wuchs, sehr dick, weiß, bunt und blond, ihr Körper und ihre Körperbewegungen könnten sowohl von einem Mann als auch von einer Frau sein [...] sehr ehrlich und ihrer Person und ihrem Ruf sehr verpflichtet, liberal und großartig, aber ihren Vertrauten sehr ergeben und von ihnen gelenkt.[36]

1412, als Leonor López de Córdoba ungefähr 50 Jahre alt war, änderte sich ihr Schicksal radikal. Die Königin, die sie so sehr geliebt hatte, entfernte sie und ihre Verwandten und Beschützer endgültig vom Hof und drohte ihr an, sie verbrennen zu lassen, falls sie wiederkomme.[37] Danach wissen wir nichts mehr von dieser Frau, deren Beschützerin, die Königin, 1418 verstarb.

Einige Gelehrte am kastilischen Hof störte es sehr, daß Leonor López de Córdoba als Frau sechs Jahre lang einen so großen politischen Einfluß hatte. Ihre Klassenzugehörigkeit, ihre hohe adelige Abstammung von vier Linien halfen ihr da wenig: Nach der gewichtigen Meinung von Fernán Pérez de Guzmán war es weniger schändlich, daß die Königin einem nichtadeligen Mann (Hernán Alonso de Robles) vertraute als einer Frau, auch wenn diese mit der Königin von Kastilien verwandt war. Bei diesem Historiker heißt es (um 1460):

die Verwirrung und die Scham für Kastilien war groß, weil die Großen, die Perlen und Ritter, deren Vorfahren und

---

[34] *Crónica de Juan II*, S. 278.
[35] A.a.O.: S. 340.
[36] A.a.O.: S. 700.
[37] A.a.O.: S. 344.

> *würdige und edle Könige Einhalt geboten, die mit guter und rechter Kühnheit ihren ungeordneten Willen verwirrten, zum Nutzen und Vorteil des Reiches, und um die Freiheit zu erhalten, sich einem Mann von so niederer Herkunft wie diesem unterwarfen, und noch größer, weil sie sich einer so geringen und armen Frau wie Leonor López es war [...] unterordneten und sich ihr beugten.*[38]

Reinaldo Ayerbe-Chaux meint, daß Leonor die ›Memorias‹ verfaßte, nachdem sie bei der Königin in Ungnade gefallen war. Seiner Meinung nach wollte sie damit, und das sagt er nicht ohne Herablassung, nur die Ehre ihrer Familie verteidigen:

> *so in Ungnade gefallen und Zuflucht im Streben nach Heiligkeit suchend, diktiert Doña Leonor diese ›Memorias‹, die Erinnerungen an ihre Leiden, die trotz des Bestrebens, vorbildlich und fromm zu sein, in Wirklichkeit eine Verteidigung und ein Wiederherstellen der verletzten Ehre sind.*[39]

Möglicherweise hat er recht. Aber es scheint mir eher, daß sie die ›Memorias‹ nach den Ereignissen, von denen sie erzählt, in der Absicht diktierte, ihre Sicht der Dinge zu veröffentlichen, durch die ihr Vater den Tod fand, über dessen Todesart es vielleicht schon Gerüchte gab, die seinem Andenken und auch der sozialen Wertschätzung und der Selbstachtung seiner Tochter schaden könnten.[40] Aber vor allem schrieb sie wohl deshalb, damit »die, die davon hören, über all meine Taten und die Wunder, die die Jungfrau Maria mir gezeigt hat, Bescheid wissen«. Denn das Zentrum der Autobiographie ist zweifelsohne die Darstellung ihrer eigenen Person. Diese konstruierte Leonor López de Córdoba rund um die familiären und häuslichen Ereignisse. Außer-

---

[38] ›Generaciones y semblanzas‹, Kap. 30. In: *Crónica de Juan II*, S. 711.
[39] Ayerbe-Chaux 1977, S. 26.
[40] Der Herausgeber der ›Crónica de Enrique III‹ (*Crónicas de los Reyes de Castilla*, BAE 28, S. 9) zitiert in der Fußnote 2 eine Stelle aus dem ›Compendio‹ über den Tod von Martín López de Córdoba: »am Montag, dem 12. Juni [...] schleiften sie Martin López durch ganz Sevilla, sie schnitten ihm die Füße und die Hände auf dem Platz San Francisco ab und verbrannten ihn.« Über den Sinn der Gewaltakte und -rituale in dieser sozialen Formation siehe: Angus Mackay und Geraldine McKendrick: *La semiología y los ritos de violencia. Sociedad y poder en la Corona de Castilla*. In: En la España Medieval 11, 1988, S. 261–301.

dem würde die Datierung des Textes auf die Zeit zwischen 1401 und 1406 erklären, warum sie weder über die Zeit, als sie Vertraute der Königin war, noch von der Zeit danach, als sie in Ungnade fiel, spricht.[41]

Leonor López de Córdoba verstand ihre Autobiographie also nicht als eine Darstellung ihrer Erfolge (was häufig in Autobiographien von Männern beabsichtigt wird) und auch nicht als eine dramatische Erzählung im Stile einer Bekehrungsgeschichte, wie beispielsweise die ›Bekenntnisse‹ von Augustinus. Was bedeuten also ihre ›Memorias‹ für eine zeitgenössische feministische Lektüre von Texten, die der Selbstdarstellung dienen?

Ich meine, daß ein bedeutender Beitrag von ihr im Glanz liegt, mit dem sie sich in den Mittelpunkt ihres Textes stellt. Sie ist immer das Subjekt ihres Diskurses, die Lupe, durch die sie die Erinnerung ihrer gelebten Erfahrung filtert, die dabei zu einer künstlerischen Komposition wird: »alles, was hier geschrieben steht«, sagt sie bei der Präsentation ihres Werkes, »ist wahr, so wie ich es gesehen habe, und es geschah mir, und ich schrieb es auf.« Diese Haltung ist deshalb wichtig, weil die Autobiographie wahrscheinlich die Textart ist, in der die Absicht einiger Autorinnen der Vergangenheit, sich als aktive Subjekte ihres Lebens und ihres Textes einzusetzen, mit dem Vorhaben einiger ihrer Leserinnen und zeitgenössischer Denkerinnen, eine weibliche Genealogie herzustellen und zu artikulieren, die den Frauen als Subjekte des Diskurses Macht verleiht, zusammenfließt. Dabei ist es gleichgültig, ob dieser Diskurs nun philosophisch, literarisch, historisch oder anderswie ist.

In der Autobiographie findet sich nämlich ein bedeutender Teil der feministischen Theorie: die Forderung nach dem weiblichen Subjekt. Sie stellt sogar das zentrale Thema des kritischen zeitgenössischen Denkens in den Vordergrund: den problematischen Status des Ich.[42]

---

[41] Vgl. Ayerbe-Chaux 1977, S. 26. In ›La Crónica de Juan II‹ steht, daß, als die Königin Leonor López endgültig vertrieb, »sie ihren Bruder aus dem Haus warf, sie selbst, ihn und Don Juan, den Schwiegersohn, und sie aus den Ämtern enthob, die ihnen der König, ihr Sohn und sie übertragen hatten«. (S. 344.) Es steht nicht fest, ob dieser Bruder der selige Alvaro de Córdoba (geboren um 1430) war.

[42] Brodzki und Schenck (Hrsg.) 1988, S. 1–2.

Eine Verbindung zwischen mittelalterlicher Vergangenheit und der Gegenwart in dieser Klarheit läßt sich beim heutigen Wissensstand der Geschichte von Frauen nur selten herstellen.

Die ›Memorias‹ von Leonor López de Córdoba zeigen uns außerdem Elemente, die das neueste Modell bestätigen und nuancieren, das wir von der Analyse der Autobiographien von Frauen seit dem 14. Jahrhundert haben. Mary G. Mason ist, ausgehend von der Lektüre der Autobiographien von Juliane von Norwich (›Showings‹), Margery Kempe (›The Book of Margery Kempe‹), Margaret Cavendish (›True Relation‹) und Anne Bradstreet (›To My Dear Children‹) zum Schluß gekommen, daß das Definieren der eigenen Identität über das, was sie Alterität nennt, also die beziehungsmäßige Form, bei der immer auf eine fremde Identität zurückgegriffen wird, um die eigene zu konstruieren, archetypisch für die Autobiographie von Frauen ist. Mary Mason drückt es folgendermaßen aus:

> *[...] die Entdeckung der weiblichen Identität durch die Frauen selbst scheint die wirkliche Gegenwart und die Anerkennung eines anderen Bewußtseins festzustellen. Die Beziehung des weiblichen Ich ist an die Identifikation eines »anderen« gebunden. Diese Anerkennung eines anderen Bewußtseins – und ich unterstreiche Anerkennung eines und nicht Rücksicht auf – bedeutet die Identität in bezug auf einen anderen, Erwählten, herzustellen, und dies scheint (ausgehend von unseren vier repräsentativen Beispielen) die Frauen in die Lage zu versetzen, offen über sich selbst zu schreiben.[43]*

Die Frauen stehen also im Mittelpunkt ihrer Texte, sind dabei aber nicht allein.

Genau dies trifft auf die ›Memorias‹ von Leonor López de Córdoba zu, wenn auch mit leichter Veränderung in bezug auf das Geschlecht ihrer Begleiterin/ihres Spiegels. Wenn, so wie es Mary Mason nachgewiesen hat, Juliane von Norwich zur Identifizierung ihres Ichs über den Dialog mit dem gekreuzigten Christus kommt, Margery Kempe in bezug auf Christus/den Sohn und Christus/den Liebhaber oder Margaret Cavendish durch die

---

[43] Mason 1988, S. 22.

Anerkennung der Identität (gleichbedeutend mit ihrer eigenen) ihres Ehemannes, des Herzogs von Newcastle, so entdeckt Leonor López de Córdoba ihre Identität über die Beziehung zur Heiligen Jungfrau. Diese Frauenfigur verdrängt den Ehemann aus der Erzählung und ersetzt die Erinnerung an den Vater. Isabel de Villena (1430–1490) hat ein paar Jahre später diese Figur offen beansprucht und ihr Merkmale zugeschrieben, die sie im traditionellen Geschlechtersystem nicht besaß.[44] Für Leonor López de Córdoba spiegelt die Heilige Jungfrau jene (erweiterte) Identität wider, die sie sich nach ihrer äußerst harten Kindheit und Jugend aufbaut. Die Jungfrau sanktioniert Projekte und Ambitionen, die nicht zu den Inhalten passen, die ihre Gesellschaft dem Weiblichen zuschreibt. Sie steht Leonor López de Córdoba vor allem bei, um ihr bei der Lösung ihrer häuslichen Probleme und der Probleme in der Beziehung zu den Leuten, die sie im täglichen Leben umgaben, zu helfen: Die Jungfrau hilft ihr, ein Haus zu finden, die Türen der Häuser zu öffnen, in die sie eintreten will, in das Haus ihrer Tante zu gehen, ohne dabei auf der Straße gesehen zu werden, daß der Klerus von Córdoba ihr erlaubt, ihren Palast zu errichten, daß ihre Tante sich nicht mit ihr streitet, daß die Dienstmagd, die sich zwischen sie und ihre Tante stellt, im richtigen Moment stirbt etc. Es ist auffallend, daß sie bei Christus nur Zuflucht sucht, wenn es um Leben und Tod geht, als die Pest in ihr Haus kommt und um sie herum fast alle sterben. Im Mittelpunkt des Textes steht aber jener Traum oder jene Vision, in der die Heilige Jungfrau ihr eröffnet, daß sie ein Haus finden wird, und zwar genau an jenem Punkt der Stadt, auf den sie ihr Augenmerk und ihre Sehnsüchte gerichtet hatte.

Es erscheint mir schwierig, sich beim Lesen der ›Memorias‹ aus der Zeit des frühen 15. Jahrhunderts nicht an das Gespräch (nun natürlich nicht in religiöser Sprache) zu erinnern, das ich eingangs zitiert habe, in dem Doris Lessing zu Kate Millett sagt:

> *Aber das Eigenartige ist, daß ich ausgerechnet auf die Absätze stolz bin, die mir damals Angst machten, bei denen ich dachte, nein, nein, das kann ich nicht zu Papier bringen.*

---

[44] Vgl. Isabel de Villena: *Protagonistes femenines a la »Vita Christi«*. Hrsg. von Rosanna Cantavella und Lluïsa Parra. Barcelona 1987 (Clàssiques Catalanes 15).

Über sie freue ich mich am meisten. Denn durch die Reaktionen der Leserinnen habe ich erkannt, daß ich in diesen Momenten für andere schrieb. Das ist paradox. Damals erschienen sie mir so hoffnungslos privat. [...] (von mir hervorgehoben)

Nun ist es also nicht weiter verwunderlich, daß Leonor López de Córdoba dem Tod ihres Bruders in ihren Armen, der Schönheit seines jugendlichen Gesichtes, die sie auch noch nach 30 Jahren nicht vergessen hat, oder dem Kauf des Hauses mehr Bedeutung beimißt als beispielsweise dem Mut, den die Ritter ihres Vaters während des Krieges gegen den König von Trastámara (vielleicht) gezeigt haben. Die Betonung liegt in dieser Erzählung aus dem 15. Jahrhundert, genauso wie bei Millett oder Lessing viele Jahrhunderte später, auf dem Persönlichen (mit seiner großen politischen Dimension), auf dem Alltäglichen (das das Maß für das Außergewöhnliche ist) und dem Privaten (das die Existenz des Öffentlichen erst ermöglicht).

X. Christine de Pizan:
Die Utopie eines getrennten Raumes

Ich war bis jetzt bei der Auslegung der hier vorgelegten Texte von Frauen auf der Suche nach materiellen und symbolischen Räumen, die die Frauen forderten mit dem Klang ihrer Stimme und mit ihrem Entschluß, in einer Kultur zu schreiben, die dem öffentlichen Gebrauch des Wortes durch die Frauen sowie dem Einfluß der Frauen auf die Worte offen feindlich gesinnt war. Sie gaben diesen Räumen Grenzen und interpretierten sie neu. Diese Aneignung von Räumen in Begriffen der Differenz gipfelt in einem Werk von Christine de Pizan, in ›Le livre de la Cité des Dames‹. Soviel wir wissen, wird darin zum ersten Mal im Abendland ein ausschließlich für Frauen bestimmter politischer Raum imaginiert und seine materielle und geistige Existenz gefordert: Erstmals wird eine ›Gynäkotopie‹ (›Gynetopia‹)[1], wie Ursula K. Le Guin es heute nennt, entworfen, ein Ort von Frauen, der keine Utopie ist, denn Utopie bedeutet ja »kein Ort«. Was gesucht wird, ist aber gerade ein eigener, greifbarer, mit Körperlichkeit ausgestatteter Ort. Christine de Pizan konstruierte im 15. Jahrhundert nicht mehr und nicht weniger als diesen Ort und bezeichnete ihn als »Stadt der Schwesterlichkeit« *(Cité de consoeurerie)*.[2]

Ich nehme an, daß ein politischer Vorschlag wie der von Christine de Pizan nicht so ohne weiteres entstehen konnte, aus dem Nichts sozusagen und ohne daß es Vorbilder gegeben hätte, die

---

[1] Ursula K. Le Guin: *Up to Earth*. In: The Women's Review of Books VI/5, Februar 1989. Siehe auch: Rosi Braidotti: *U-topies, des non-lieux post-modernes*. In: Les Cahiers du GRIF 30, 1985, S. 51–61.

[2] Christine de Pizan: *Le Livre de la Cité des Dames*. Übers. und eingel. von Eric Hicks und Thérèse Moreau. Paris 1986, S. 240. Dieser Übersetzung ist eine Liste mit allen bekannten Werken von Christine de Pizan und deren jeweiligen Ausgaben angeschlossen. Katalanische Übersetzung der ›Cité des Dames‹ von Mercè Otero i Vida: *La Ciutat de les Dames*. Barcelona 1990. Deutsche Übersetzung: *Das Buch von der Stadt der Frauen*. 4. Aufl. München 1995. Bibliographie zu Christine de Pizan: Angus J. Kennedy: *Christine de Pizan. A Bibliographical Guide*. London 1984; sowie Edith Yenal: *Christine de Pizan. A Bibliography of Writings by Her and About Her*. Metuchen/NY 1982.

einem so überraschenden Traum den Weg bereitet hätten. Dieser Traum ließ im Europa des beginnenden 15. Jahrhunderts eine Stadt entstehen, die in dem Sinne perfekt war, daß die Frauen in ihr für die Männer unantastbar waren. (Thomas Morus schrieb sein berühmtes Werk ›Utopia‹ – das allerdings wenig mit den Gynäkotopien gemein hat – bekanntlich 1516.)

Einige der sozialen Vorläufer der ›Cité de consoeurerie‹ lassen sich relativ eindeutig ausmachen. Was allgemein als *die Frauenfrage*[3] bezeichnet wird, existiert in Europa seit dem 12. Jahrhundert. Ab nun werden die Frauen als Kollektiv zu einem Problem für diejenigen, die die verschiedenen sozialen Gruppierungen des Christentums regierten. Denn die Frauen durchbrachen die ihnen zugewiesenen Schranken und machten sich Verhaltensmuster zu eigen, die nicht für sie vorgesehen waren. In diesem Sinne ist Guglielma eine bedeutende soziale Vorläuferin für ›La Cité des Dames‹. Ihr Auftreten und ihr Erfolg brachte Bewegung ins Mailand des 13. Jahrhunderts. Guglielma gab sich als Verkörperung des Heiligen Geistes aus und gründete eine alternative Kirche, die von der Vikarin Gottes und Mitarbeiterin Guglielmas, Maifreda von Pirovano, angeführt wurde.[4] Für das Schreiben von Frauen literarische Vorfahrinnen auszumachen, ist um einiges schwieriger. In den vorangegangenen Kapiteln habe ich vorsichtig versucht, einige aufzuspüren. Vorsichtig deshalb, weil Schriftstellerinnen im Mittelalter selten bewußt Inspiration oder Autorität bei anderen schreibenden Frauen oder in Texten von Frauen suchten. Nicht einmal Christine de Pizan, die sich während ihrer ganzen Schaffensperiode bewußt mit ihrem Geschlecht identifizierte, schien eine jener Autorinnen zu kennen, die ich bisher vorgestellt habe. Es hat auch nicht den Anschein, als hätte sie diese gesucht, obwohl sie eine überaus gebildete Frau war und selbst sehr wohl eine weibliche Genealogie schuf. In ihrer historischen Genealogie berühmter Frauen, die sie in ›La Cité des Dames‹ beschreibt, finden wir allerdings keine Schriftstelle-

---

[3] Erscheint im spanischen Text im deutschen Originalwortlaut. Gottfried Koch: *Frauenfrage und Ketzertum im Mittelalter. Die Frauenbewegung im Rahmen des Katharismus und des Waldensertums und ihre sozialen Wurzeln* (12.–14. Jahrhundert). Berlin 1962.
[4] Vgl. Luisa Muraro: *Guglielma e Manfreda. Storia di un' eresia femminista.* Mailand 1985. (Deutsch: *Wilemina und Manfreda. Die Geschichte einer feministischen Häresie.* Freiburg im Breisgau 1987.)

rinnen.⁵ Korrekterweise soll aber darauf hingewiesen werden, daß es in Europa bis zum Zeitpunkt der Verbindung von feministischer Theorie und sozialer Aktion durch die Frauenstimmrechtsbewegung kaum möglich war, *auctoritas* (eine kulturell legitimierte Macht) im Denken anderer Frauen zu suchen.

Eine Analyse von ›La Cité des Dames‹, Christine de Pizans Vorschlag einer Gynäkokratie, kann von der Biographie und den anderen Werken der Autorin nicht getrennt werden. Im Grunde ist auch die Entdeckung ihres schriftstellerischen Talents sehr eng mit ihrer Lebensgeschichte und der Aufnahme ihrer ersten Werke verbunden. Deshalb werde ich zunächst auf ihre Biographie und ihr literarisches Schaffen eingehen.⁶

Die Lebensgeschichte von Christine de Pizan und der Bezug zu ihrem Schaffen

Gewöhnlich wird von Christine de Pizan (1364–1430) gesagt, sie sei der erste Schriftsteller Frankreichs gewesen, und mit einer ironischen Geste wird hinzugefügt, »daß dieser Schriftsteller eine Frau war«. Damit soll u. a. ausgedrückt werden, daß Christine de Pizan die erste Person war, die, dank des königlichen und adeligen Mäzenatentums, von ihren literarischen Werken in französischer Sprache leben konnte. Pizan wurde in Venedig geboren zu einer Zeit, in der diese Stadt wie ganz Europa noch im Begriff waren, sich von der Schwarzen Pest zu erholen. Ihr Vater, Tomasso di Benvenuto da Pizzano, hatte Medizin studiert und an der Universität von Bologna, damals eine der besten Europas (die nicht unter der Kontrolle der Kirche stand wie beispielsweise die Universität von Paris), Astrologie gelehrt. Er lebte also im Umfeld der großen Humanisten, eines Petrarca oder eines Coluccio Salutati beispielsweise.

---

⁵ Vgl. Christine de Pizan 1986, S. 63 ff.

⁶ Die Zusammenfassung des Lebens und der Werke von Christine de Pizan basiert auf dem Werk jener Autorin, die am ausführlichsten über sie geschrieben hat: Charity Cannon Willard: *Christine de Pizan. Her Life and Works.* New York 1984. Willard hat selbst eine Zusammenfassung verfaßt: *The Franco-Italian Professional Writer. Christine de Pizan.* In: Wilson (Hrsg.) 1984, S. 333–364.

Als Christine de Pizan drei Jahre alt war, übersiedelte ihre Familie nach Paris an den Hof Karls V. von Frankreich. Thomas de Pizan, wie er sich ab nun nannte (nicht Pisan, denn er stammte aus Pizzano und nicht aus Pisa), wurde zum »Philosophen, Diener und Ratgeber« des Monarchen bestellt. Christine de Pizan wuchs in der Welt des Pariser Hofes auf. Sie kannte die königliche Familie, den Adel und die Palastbürokratie aus nächster Nähe. Sie kam auch mit deren großer Bibliothek in Berührung sowie mit der Bücherproduktion für Karl V. Hier lernte sie die Klassiker kennen, aber auch die ersten französischen Übersetzungen von Boccaccio, der auf ihre Werke einen großen Einfluß ausübte. Das Wesentliche in ihrer Kindheit und Jugend aber brachte ihr, gegen den Willen der Mutter, ihr Vater bei. Ihre Mutter hätte es lieber gesehen – wie uns die Autorin selbst erzählt –, daß Christine nähen und sticken gelernt hätte. Der erste Lebensabschnitt von Christine de Pizan war dem anderer italienischer Humanistinnen des 14. und 15. Jahrhunderts (Laura Cereta, Maddalena Scrovegni, Casandra Fedele, Isotta Nogarola) sehr ähnlich: Es waren Frauen, die in nichtkirchlicher Umgebung heranwuchsen und erzogen wurden und die von ihren Vätern in die Kreise der intellektuellen Elite eingeführt wurden.

1380 wurde Christine de Pizan im Alter von 15 Jahren mit Etienne du Castel, ebenfalls ein Intellektueller, verheiratet. Er war königlicher Sekretär und zehn Jahre älter als sie. Sie bekam eine Tochter und zwei Söhne, von denen der jüngste als Kind starb. Für Christine de Pizan war diese Ehe glücklich. In einem ihrer Werke mit halbautobiographischen Zügen (›La Mutacion de Fortune‹) spricht sie von »zehn glückliche[n] Jahre[n] im Hafen der Ehe«.[7]

Zehn Jahre nach der Eheschließung, als sie ungefähr 25 Jahre alt war, änderte sich ihr persönliches Schicksal schlagartig. Als der König, der Beschützer ihres Vaters, starb, war sein Thronfolger noch minderjährig. Er sollte eine der politisch schwierigsten Phasen in der französischen Geschichte, den Hundertjährigen Krieg (1337–1453), einleiten. Thomas de Pizan wurden wichtige Funktionen entzogen, und er starb bald darauf. Etienne du Castel, der königlicher Sekretär blieb, starb 1390 an einer Epidemie in Beauvais, wohin er den König auf einer offiziellen Mission be-

---

[7] Willard: *Christine de Pizan* 1984, S. 35.

gleitet hatte. Christine de Pizan stand so plötzlich, »jung und unerfahren« – wie sie selbst sagt –, ohne Männer da und war für eine Familie verantwortlich, zu der ihre Mutter, ihre Kinder und eine Nichte, die einer ihrer Brüder ihr überließ, mit der Pflicht, sie zu verheiraten, gehörten. Ihre zwei Brüder kehrten nach Italien zurück. Sie aber blieb – mit vielen Problemen – in Paris zurück.

Diese schwierige Zeit, die bis circa 1400 dauerte, hat für das Verständnis des Werkes und der Überzeugungen von Christine de Pizan eine große Bedeutung. Denn nun nahm ihre Berufung zur Schriftstellerin konkrete Formen an. Gleichzeitig entstand ihr Bewußtsein der Unterdrückung, vor allem aber der vielfältigen Formen der Ausbeutung von Frauen, die in ihrer Gesellschaft herrschten. Ihre größten Probleme waren (in dieser Reihenfolge): Geldschwierigkeiten, Einsamkeit, die Schutzlosigkeit und gesundheitliche Schwierigkeiten. All das wurde erschwert durch den Umstand, eine Frau zu sein. Sie selbst erzählt, daß sie viele Jahre mit Gerichtsklagen verbrachte, um das Geld zurückzubekommen, das der König ihrem Gatten schuldete, und die Anlagen, die ihr Ehemann bei verschiedenen Händlern gemacht hatte, um die materielle Zukunft seiner Kinder zu sichern. (All dies war für Witwen im Mittelalter durchaus nichts Ungewöhnliches.) Es scheint, daß die Summe für die Anwälte höher war als die, die sie schließlich zurückbekam. Außerdem mußte sie sich unzähligen Schikanen aussetzen, weil sie als Frau allein vor den Gerichten erschien. Auf diesen Erfahrungen beruhten viele ihrer späteren Überlegungen über die Ausbeutung der Witwen und die Notwendigkeit, die Töchter so zu erziehen, daß sie sich allein in allen Lebenslagen behaupten können (›Le livre des Trois Vertus‹).

In dieser schwierigen Zeit widmete sich Pizan der Suche nach Mäzenen, deren Unterstützung ihr ein Leben als Schriftstellerin möglich machen sollte. Um ihren Unterhalt zu verdienen, arbeitete sie wahrscheinlich auch als Kopistin fremder Handschriften. Möglicherweise gründete sie eine eigene Kopierwerkstatt. In dieser Zeit mußte sie das zukünftige Leben ihrer Tochter regeln, die nicht heiraten konnte, weil sie keine Mitgift besaß. 1397 ergab sich die Möglichkeit des Eintritts in eine königliche Stiftung, die Abtei von Poissy bei Paris, für Töchter der königlichen Familie und des Adels. Im selben Jahr wurde Maria, eine Tochter König Karls VI., Nonne. Sie war erst fünf Jahre alt und mußte als

Sühneopfer ins Kloster, um den Schwachsinn ihres Vaters, der sich im Geburtsjahr des Kindes zum ersten Mal zeigte, zu mindern. Es war damals üblich, wurde eine Tochter des Königs Nonne, Töchtern dem Hofe nahestehender Personen ebenfalls eine Mitgift für das Kloster zu schenken. Eine dieser Mitgiften fiel auf die Tochter von Christine de Pizan, die ebenfalls Maria hieß. Der Klostereintritt ihrer Tochter steht am Beginn von ›Dit de Poissy‹ (›Erzählungen von Poissy‹), die Christine de Pizan drei Jahre später schrieb und in der sie einen Besuch bei ihrer Tochter schilderte.

An dieser Stelle möchte ich darauf verweisen, daß Pizan Jahre später in ›La Mutacion de Fortune‹ die Krisen und Veränderungen zusammenfaßte, die sie in diesem Lebensabschnitt erlebte. Interessanterweise benutzte sie den alten griechisch-römisch-christlichen Topos der »Verwandlung in einen Mann«[8]; für Pizan bedeutete diese Verwandlung in das andere Geschlecht, Verantwortung und dieser Rolle zugeschriebene Privilegien zu übernehmen und auszuüben, ohne dabei ihr Frausein zu verleugnen.

Das Schicksal dieser Autorin veränderte sich um 1400 neuerlich, als sie mit ihren ersten literarischen Werken Erfolg hatte. Bemerkenswerterweise gelang ihr dies ausgerechnet im Zusammenhang mit einem sehr konkreten Streit zwischen Männern und Frauen. Dieser Streit vollzog sich auf zwei Ebenen: Zum einen handelte es sich um einen literarischen Streit über die Merkmale des Weiblichen in der damaligen Zeit und Kultur; zum anderen wurde dabei eine lebendige und reale Konfrontation zwischen männlichen Schriftstellern und einer weiblichen Schriftstellerin ausgetragen. Es handelt sich um den berühmten Streit über den ›Roman de la Rose‹, der neben einer geschlechtsspezifischen Konfrontation auch die erste bekannte Literaturdebatte Frankreichs war.

Die Debatte wurde 1401 von einem der königlichen Sekretäre (Jean de Montreuil) eröffnet. Eigentlich ging es vor allem um die literarischen Verdienste von Jean de Meun in dem von ihm stammenden Teil des ›Roman de la Rose‹. Der ›Roman de la Rose‹ wurde um 1236 von Guillaume de Lorris geschrieben und erzielte in Europa einen unglaublichen Erfolg. Es ist ein Liebesge-

---

[8] A.a.O.: S. 48.

dicht, das zwar in der Tradition der höfischen Liebe steht, sich aber in einer Welt von Allegorien und Träumen entwickelt. Der Roman erzählt von den Erfahrungen des Dichters, eines zwanzigjährigen Mannes, der an einem Maientag schlafend davon träumt, wie er eine Rose aus dem Rosengarten bekommen könnte; sein Vorhaben gelingt ihm aber nicht. Jean de Meun setzte das Gedicht am Ende des 13. Jahrhunderts fort und ging von einer philosophischen Perspektive und einer anderen sozialen Umgebung aus. Sein Teil ist vor allem satirisch und sehr misogyn. Er spricht sich gegen die Liebe und Ehe, aber für die Freundschaft, vor allem die Freundschaft zwischen Männern, aus. Uns interessiert an dieser Auseinandersetzung insbesondere das feministische Moment, das Christine de Pizan in die Debatte einbrachte.[9] Sie wurde dadurch in der Öffentlichkeit bekannt und konnte ihre intellektuellen Kontakte mit anderen Schriftstellern in Paris ausweiten. Durch das feministische Moment wiederum wurde die Öffentlichkeit auf die Debatte aufmerksam. Dies bewirkten sowohl die konkreten Inhalte als auch die Tatsache, daß eine Frau zum ersten Mal im europäischen Mittelalter alle Frauen gegen eine Art von Aggression verteidigte, die eine lange Tradition hatte und deren Argumente seit Jahrhunderten wiederholt wurden.

Von all den feministischen Argumenten, die Christine de Pizan in der Auseinandersetzung um den ›Roman de la Rose‹ vorbrachte, stechen zwei ins Auge:

1. Die immer wieder ins Treffen geführte Bosheit der Frauen, vor allem die der verheirateten Frauen ihren Ehemännern gegenüber, habe nichts mit der Natur der Frauen zu tun, sondern viel-

---

[9] Es ist ausführlich darüber diskutiert worden, ob Christine de Pizan als Feministin zu bezeichnen ist oder nicht, trotz der vielfältigen Inhalte, die der Feminismus – genauso wie jede andere intellektuelle oder soziale Bewegung – je nach Kultur oder Zeit haben kann. Zu diesem Thema sei hingewiesen auf: Joan Kelly: *Early Feminist Theory and the »Querelle des Femmes«*. In: Dies.: Women, History, and Theory. Chicago 1984, S. 65–109 (Es gibt davon eine frühere Fassung in: Signs 8-1, 1982, S. 4–28); Sylvia Huot: *Seduction and Sublimation. Christine de Pizan, Jean de Meun, and Dante*. In: Romance Notes 25/3, 1985, S. 361–374. Zu Definitionsversuchen in bezug auf die Ursprünge und Inhalte des Feminismus siehe: Karen Offen: *Sur les origines des mots »féminisme« et »féministe«*. In: Revue d'Histoire Moderne et Contemporaine 34, 1987, S. 492–496; insbes.: Dies. 1988, S. 119–157. Deutsche Fassung des Rosenromans: Guillaume de Lorris und Jean de Meun: *Der Rosenroman*. 3. Aufl. o. O. 1987.

mehr mit den gesellschaftlichen Verhältnissen, in denen diese leben müßten. Die Logik dieses Arguments gab alle anderen ein für allemal der Lächerlichkeit preis, wie beispielsweise das von Thomas von Aquin, der meinte, verleihe man den Frauen die Priesterweihe, könne man sie auch jedem anderen unvollkommenen Wesen erteilen: Aufgrund ihrer Natur schlage das Sakrament bei den Empfängerinnen nämlich keine Wurzeln, da sie unfähig seien, dem Sakrament einen Sinn zu geben.[10]

2. Da es in der Geschichte unzählige tugendhafte Frauen gebe, sei sowohl das traditionelle negative Bild der Frauen, ihre Identifikation mit Eva, mit der Sünde und dem Geiz als auch ihre systematische Diffamierung im allgemeinen ungerecht.

Die beiden Argumente erregen auch deshalb unser Interesse, weil Pizan sie in ›La Cité des Dames‹ ebenfalls anführt. Außerdem muß darauf hingewiesen werden, daß Christine de Pizan in dieser Debatte von einer Persönlichkeit unterstützt wurde, nämlich von Jean Gérson, der in der Öffentlichkeit und in philosophischen Kreisen hohes Ansehen genoß. Gérson war Kanzler an der Universität von Paris. Durch seine Autorität wurde der Streit zu einem Zeitpunkt beendet, als Pizan schon sehr verzweifelt war. Der literarische Disput hatte nämlich die Form persönlicher Beleidigungen angenommen.[11]

Die Debatte über die Würde der Frauen wird später, im 16. Jahrhundert, fortgesetzt und mündet in die literarische Strömung des ›Querelle des femmes‹. Die Ideen und Schriften von Pizan waren in dieser Auseinandersetzung grundlegend: Sie übten großen Einfluß auf das ›Heptaméron‹ von Margarita von Navarra (1492–1549) aus.[12]

Christine de Pizan begann nach dem Streit über den ›Roman de la Rose‹ entschlossen ihre ethisch-politischen Werke zu verfassen, die stets von der Verteidigung der Frauen handeln. Ihr erstes berühmtes Werk, ›L'Epistre Othea‹, verfaßte sie in den er-

---

[10] Siehe Daly 1985, S. 90–98.
[11] Zu diesem Thema gibt es Texte in: Willard: *Christine de Pizan* 1984, S. 84–85. Außerdem: Blanche H. Dow: *The Varying Attitude Toward Women in French Literature of the Fifteenth Century*. New York 1936; Dow behandelt die misogyne Literatur zwischen 1200 und 1400 sowie die Antwort von Christine de Pizan.
[12] Marguerite de Navarre: *L'Heptaméron*. Hrsg. von Michel François. Paris 1943. Dies.: *Théâtre profane*. Hrsg. von V. L. Saulnier. Genf 1978.

sten Jahren des 15. Jahrhunderts (1400–1403). Es ist ein Erziehungsmodell für Jugendliche, das vielleicht für ihren Sohn Jean gedacht war. Aus der gleichen Zeit stammt ein politisches Gedicht über die für Frankreich und das Christentum schwierige Phase zu Beginn des Jahrhunderts: ›Le Chemin de Long Estude‹. Das Thema der Erziehung und die gesellschaftspolitische Analyse beschäftigten sie auch in den folgenden Jahren. Zwischen 1406 und 1407 schrieb sie ›Le Livre du corps de policie‹, eine Abhandlung über die Erziehung von Prinzen, Adeligen und allen anderen Männern (Studenten, Händlern, Handwerkern, Bauern etc.). Es war ein Auftragswerk, gedacht als Beitrag zur Erziehung des Dauphin von Frankreich, Ludwig von Guyenne. 1405 schrieb sie ›Le Livre des Trois Vertus‹ oder ›Le Tresor de la Cité des Dames‹, eine Abhandlung über die Erziehung von adeligen und nichtadeligen Frauen, Margarita von Nevers gewidmet, die gerade Ludwig von Guyenne geheiratet hatte. Ihre politischen Analysen vertiefte sie in ›L'Avision Christine‹, wo sie, in Prosa und mit allegorischen Begriffen, Lösungsvorschläge für die politische Krise, die Frankreich gerade durchmachte, entwarf.

Neben der Poesie widmete sich Pizan auch dem Genre der Autobiographie. Der wohl wichtigste Text dieser Gattung ist ›Le Livre de la Mutacion de Fortune‹ (1404). Darin erzählt sie von ihrer Kindheit, ihren glücklichen Ehejahren, ihren persönlichen Krisen und der daraus hervorgegangenen persönlichen Veränderung, die sie in den ersten dreizehn Jahren ihres Witwendaseins erlebte. Wie in all ihren Werken finden wir auch hier, neben vielen überflüssigen Bemerkungen zur Moral, sehr schöne Beobachtungen und Beschreibungen. Der Abschnitt, in dem sie von ihrer Beziehung zu ihren Eltern erzählt, ist wegen seiner Intimität, aber auch wegen des klaren Bewußtseins über die Hierarchie der Geschlechter besonders anziehend. Sie bezeichnet ihren Vater als Philosophen und ihre Mutter als Dame Natur[13] und sagt, daß der Reichtum ihres Vaters auf einigen Steinen beruhe, die er aus dem Brunnen der Musen am Berg Parnaß geschlagen habe. Zwei dieser Steine besäßen einen besonderen Wert, der eine, weil er die Macht verleiht, die Zukunft vorauszusagen, die Veränderungen der Planeten und die Bewegungen der Sterne zu deuten, der andere, weil er die Fähigkeit weitergibt, Krankheiten zu hei-

---

[13] Willard: *Christine de Pizan* 1984, S. 108.

len (wir erinnern uns daran, daß ihr Vater Astrologe und Arzt war). Sie aber ist als Frau zur Welt gekommen und kann daher die Schätze ihres Vaters nicht erben. Vielmehr müsse sie sich damit begnügen, die Fragmente und Reste seines Wissens zu sammeln (eine Metapher, die Dhuoda in ihrem Handbuch für die Religion verwendet).[14] Da sie das Wissen ihres Vaters nicht erben konnte, gab ihre Mutter sie in die Dienste von Frau Fortuna und schenkte ihr ihr eigenes Säckchen wertvoller Steine als Erbe, die Tugenden. Aber diese Steine sind nicht so wertvoll wie die ihres Vaters. In den Dienst von Frau Fortuna zu treten bedeutet, sich in die Welt der Unsicherheit, der Unbeständigkeit, der unkontrollierbaren Gefühlsschwankungen und unausweichlichen Abhängigkeiten, die das Erwachsenendasein der Frauen kennzeichnen, zu begeben.

In ihren letzten Lebensjahren (wie viele es waren, wissen wir nicht, aber mit Sicherheit mindestens elf) lebte Christine de Pizan zurückgezogen in der Abtei von Poissy. Dort schrieb sie ihr letztes uns bekanntes Werk ›Le Ditié de Jeanne d'Arc‹ (1429). Dieses Gedicht würdigt zum ersten Mal die Jungfrau von Orléans. Es ist auch das einzige, das noch zu Lebzeiten Johannas geschrieben wurde, als sie von der Kirche, die sie später heilig sprechen sollte, noch nicht bei lebendigem Leib verbrannt worden war. Für Christine de Pizan war das Heldengedicht auf Johanna von Orléans Anlaß zur Euphorie. Sie erlebte den ersten Triumph von Johanna von Orléans und die Krönung des Dauphin zu Karl VII. als Gipfel ihrer kühnsten Träume für Frankreich und als ihre große Rache als Frau. Es war für sie der Wirklichkeit gewordene und unleugbare Beweis, daß ihre jahrelange Verteidigung der Frauen richtig war.

In ›Le Ditié de Jeanne d'Arc‹ schrieb sie folgendes:

Welche Ehre ist dies für die Frauen,
geliebt von Gott, so schien es,
als diese traurige Menge, resigniert durch die Niederlage,
aus dem Königreich floh, gelähmt vor Schreck.
Nun wird sie hier gerettet von einer Frau
(was 5000 Männern nicht gelang),

---

[14] Dhuoda: *Liber manualis* (siehe Kap. V).

*durch die die Verräter verschwanden.
Es ist kaum zu glauben, daß dies wahr ist.*[15]

Der Triumph von Johanna von Orléans war für Christine de Pizan schließlich auch der Beweis, daß die Genealogie berühmter Frauen, die sie in ›La Cité des Dames‹ entworfen, und die Fähigkeiten, die sie den Frauen in der Vergangenheit zugeschrieben hatte, in ihrer eigenen Zeit Gestalt angenommen hatten.

Anscheinend erlebte Pizan weder den Fall Johanna von Orléans durch ihre Gefangennahme vor den Mauern von Compiègne im Mai 1430 noch ihren Prozeß und ihre Verbrennung in Rouen im Mai des darauffolgenden Jahres.

Ans Ende dieses Abschnitts stelle ich einige Worte zum Einfluß der Werke von Christine de Pizan. Das Thema ihres zukünftigen Ruhmes beschäftigte sie schon während ihres Lebens und zeigte sich vor allem in ihren autobiographischen Schriften immer wieder.

Pizan ist – vielleicht – so berühmt geworden, wie sie es sich vom Standpunkt eines Renaissance-Individualismus aus gewünscht hatte. Charity C. Willard unterscheidet vier Phasen dieser Berühmtheit:[16] zunächst den Bekanntheitsgrad zu ihren Lebzeiten, der in ihren Gedichten, der Teilnahme an der Debatte um den ›Roman de la Rose‹, dem ›L'Epistre Othea‹, der ›La Cité des Dames‹ und ›La Mutacion de Fortune‹ begründet lag; danach, ihren Ruhm um die Mitte des 15. Jahrhunderts, am Hof der Herzöge von Burgund; ihre Berühmtheit im Paris der zweiten Hälfte des 15. und des beginnenden 16. Jahrhunderts; und schließlich ihre Bekanntheit seit ihrer Wiederentdeckung im Jahr 1883. In dieser letzten Phase wurde sie von einigen stark kritisiert, von

---

[15] Zitiert in Willard: Christine de Pizan 1984, S. 206. Es gibt eine englische Ausgabe und Übersetzung des Textes: Christine de Pizan: *Le Ditié de Jeanne d'Arc.* Hrsg. und übers. von Angus J. Kennedy und Kenneth Varty. Oxford 1972. Aus der umfangreichen Bibliographie zu Jeanne d'Arc sollen hier herausgegriffen werden: Marina Warner: *Joan of Arc. The Image of Female Heroism.* London 1981 und New York 1982; M. Craver: *Sante e streghe. Biografie e documenti dal XIV al XVI secolo.* Mailand 1980; Dworkin 1987 und 1988, S. 97–142; Anne Barstow: *Joan of Arc, Heretic, Mystic, Shaman.* Lewiston, New York 1986; Régine Pernoud: Jeanne d'Arc. Paris 1959 (deutsch: *Jeanne d'Arc. Glaube, Kraft, Vision.* München 1995).

[16] Vgl. Willard: *Christine de Pizan* 1984, S. 212–223.

den Frauenstimmrechtlerinnen aber als eine ihrer Vorläuferinnen angesehen. In unseren Tagen hat die Künstlerin Judy Chicago Christine de Pizan zu ihrer ›Dinner Party‹[17] eingeladen.

La ›Cité des Dames‹ und die Gynäkotopien

In ›Le Livre de la Cité des Dames‹, geschrieben zwischen dem 13. Dezember 1404 und April 1405, legt Christine de Pizan ihre Vision einer neuen Stadt dar, die ausschließlich von Frauen bewohnt wird. Diese Stadt steht in der sozialen und politischen Tradition Griechenlands und Roms und ist demnach eine autonome politische Einheit. Es ist eine Stadt mit einer eigenen, von Frauen gemachten Geschichte. Die Aktivitäten dieser Frauen bestimmen eine weibliche Genealogie, die die Wurzeln für die Geschlechtsidentität der Stadtbewohnerinnen zu Lebzeiten der Autorin und in einer idealen, von ihr vorausgesehenen Zukunft bildeten.

Ihr gesamtes gynäkotopisches Projekt besteht eigentlich aus zwei Büchern: ›La Cité des Dames‹ und ›Le Livre des Trois Vertus‹, das auch ›Le Tresor de la Cité des Dames‹ genannt wird. Letzteres hat Pizan unmittelbar nach dem ersten (1405) geschrieben.[18] In ›Les Trois Vertus‹ will Pizan allen Frauen ihrer Zeit, von den Königstöchtern bis zu den Bäuerinnen, zeigen, wie sie sich für die Gesellschaft nützlich machen und in ›La Cité des Dames‹ aufgenommen werden können.

›Le Livre de la Cité des Dames‹ besteht aus drei Teilen. Ich

---

[17] Vgl. Chicago 1977.
[18] Charity C. Willard hat die Herausgabe von ›Le Livre des Trois Vertus‹ (für die Bibliothèque du XVe siècle) angekündigt. Bis dahin kann die Ausgabe der portugiesischen Übersetzung aus dem 15. Jahrhundert herangezogen werden: Christine de Pizan: *Das Buch von den drei Tugenden.* Portugiesische Übers. von D. Carstens-Grokenberger. Münster/Westfalen 1961 (Portugiesische Forschungen der Görresgesellschaft, 2. Serie, Bd. 1). Englische Übers.: *The Treasure of the City of Ladies.* Übers. von Sarah Lawson. Harmondsworth/U.K. 1985. Außer der angegebenen Bibliographie von Kennedy 1984 siehe auch Milagros Rivera: *Modelos de participación de las mujeres en la vida económica bajomedieval. ›Livre des Trois Vertus‹ de Christine de Pizan (1364–1430).* In: Simonetta Cavaciocchi (Hrsg.): La donna nell'economia (sec. XIII–XVIII). Florenz 1990, S. 605–611.

werde zunächst deren Inhalt zusammenfassen und dann versuchen, aus der Perspektive der heutigen feministischen Kritik die mir interessant erscheinenden Themen zu interpretieren.

Am Beginn des ersten Teils (oder des ersten Buches) stellt sich die Autorin vor, zurückgezogen in ihrer kleinen Schreibstube, wie eine ideale Humanistin von Büchern umgeben. Sie ist nach dem Lesen eines Buches von einem gewissen Matheolus, den ›Lamentationes‹, sehr niedergeschlagen: Es handelt sich um ein Gedicht in lateinischer Sprache aus dem Ende des 13. Jahrhunderts, das um 1370 ins Französische übersetzt wurde und einen großen Erfolg hatte. Wie der ›Roman de la Rose‹ waren auch die ›Lamentationes‹ des Matheolus äußerst misogyn. Alle traditionellen, frauenfeindlichen Argumente, das Unglück und die Knechtschaft, die die Ehe für die Männer bedeutete, wurden darin zusammengefaßt. Während Christine de Pizan dasitzt und über die Gründe der systematischen Diffamierung der Frauen nachdenkt, schläft sie ein. Im Traum erscheinen ihr drei Frauen, die ihr einen Weg aus ihrer Niedergeschlagenheit zeigen: Vernunft, Rechtschaffenheit und Gerechtigkeit. In jedem der drei Teile des Buches führt die Autorin Dialoge mit einer dieser drei allegorischen Figuren. Die Gespräche handeln von der wahren Natur der Frauen und den wirklichen Ursachen für ihre schwierigen Lebensumstände.

Vernunft leitet die Reihe der Dialoge ein. Sie tröstet Christine, indem sie ihr verkündet, daß die Zeit der Befreiung für die Frauen gekommen sei und sie mit Hilfe der drei Tugenden (die weltlich sind, also nicht Glaube, Hoffnung und Barmherzigkeit) eine uneinnehmbare Stadt bauen wird, in der »ausschließlich berühmte und vornehme Frauen« leben werden und in der die dort wohnenden Frauen jeglichen Aggressionen unzugänglich seien:

> *Es gibt allerdings noch einen gewichtigeren, tieferen Grund für unser Kommen, den du unserem Bericht entnehmen kannst: wisse, wir sind hier, um eben jenen Irrtum, dem du aufgesessen bist, aus der Welt zu schaffen und um künftig allen hochherzigen und rechtschaffenen Frauen einen Ort der Zuflucht, eine umfriedete Festung gegen die Schar der boshaften Belagerer zu bieten. Allzu lange schon stehen die edlen Frauen ganz allein, sind ungeschützt wie ein Feld*

ohne Hecke, ohne einen Kämpfer, der sich ihrer Sache in angemessener Weise annähme, von Rechts wegen hätten sie eigentlich die Edelleute verteidigen müssen, aber sie haben es aus Nachlässigkeit und Gleichgültigkeit geduldet, daß man mit den Frauen übel umsprang. Deshalb ist es nicht weiter verwunderlich, wenn ihre mißgünstigen Gegner und die hämischen Finsterlinge, die auf die Frauen alle möglichen Pfeile abgeschossen haben, diesen Krieg für sich entscheiden konnten, fehlte es doch ganz einfach an einer angemessenen Verteidigung. Welche Stadt, ganz gleich, wie stark ihre Befestigungen sind, ließe sich nicht einnehmen, wenn es an Widerstand mangelt? Und welcher noch so eindeutig zu entscheidende Streitfall würde, bei Abwesenheit der Gegenpartei, nicht von demjenigen gewonnen, der den Prozeß ohne Gegenspieler führt? Die Frauen, gutmütig und ohne Falschheit, haben das göttliche Gebot der Langmut befolgt und gelassen die schweren Beschimpfungen erduldet, die ihnen in Rede und Schrift, völlig zu Unrecht, zugefügt wurden. Sie vertrauten dabei auf die göttliche Gerechtigkeit. Aber nun ist es höchste Zeit, ihre gerechte Sache den Händen Pharaos zu entreißen! Wir, die drei großen Frauen, die wir hier vor dir stehen, haben deshalb der Regung des Mitgefühls stattgegeben und sind gekommen, dir von einem Bauwerk ganz besonderer Art zu künden. Es wird der Umfriedung einer solide gemauerten und gebauten Stadt gleichen. Dir ist es bestimmt, es mit unserer Hilfe und unserem Beistand zu errichten. Bewohnen sollen es ausschließlich berühmte und vornehme Frauen, ferner solche, die es verdienen, gepriesen zu werden; für solche jedoch, denen es an Tugend gebricht, werden die Mauern unserer Stadt ein unüberwindbares Hindernis sein.[19]

Christine antwortet, daß sie weder etwas von Kunst noch von baulichen Berechnungen oder der Tischlerei verstehe. Vernunft beruhigt sie und beginnt selbst mit dem Bau der Stadt. Während-

---

[19] Christine de Pizan 1986, S. 42. Das Buch, das Pizan so schwermütig machte: *Les Lamentations de Mathéolus*. Text, übers. und kommentiert von A. G. Van Hamel, 2 Bde. Paris 1892 und 1905 (Bibliothèque de l'Ecole des Hautes Etudes). Die deutschen Zitate stammen – leicht modifiziert – aus der deutschen Übersetzung: Christine de Pizan 4. Aufl. 1995, S. 42.

dessen sprechen sie über Themen, die Christine de Pizan gerade beschäftigen.

Zahlreiche Gründe, deretwegen die Männer die Frauen diffamieren, werden angeführt und Autoren und klassische sowie mittelalterliche Werke zum Thema genau kritisiert. Unter anderem beschuldigt Pizan Ovid (»dessen wache Intelligenz in all seinen Werken sichtbar ist«, sagt sie), daß er im Alter die Frauen kritisierte, als er sich nicht mehr mit ihnen vergnügen konnte, um so den Jungen, auf die er eifersüchtig geworden war, das Vergnügen zu vergällen.[20] Sie spielt auch auf ›De secretis mulierum‹[21] an, ein Werk über die körperlichen Eigenschaften der Frauen, das bei den Männern des Mittelalters sehr bekannt war. Ihrer Meinung nach sei es aber voller Lügen. In diesem frauenfeindlichen Kontext männlicher Stimmen fordert Pizan das Recht für Frauen, selbst das Wort zu ergreifen. Dieses Recht der Frauen auf das Wort sei göttlichen Ursprungs: »Ganz ähnlich verhält es sich mit der Gabe der Rede, mit der Gott die Frau – gelobt sei er dafür! – versah.«[22] Wäre das Wort der Frau so verurteilenswert, wie man behauptet, hätte Christus nicht zugelassen, daß eine Frau, nämlich Maria Magdalena, als erste seine Auferstehung verkündete.[23]

Ein anderes wichtiges Thema, das Christine mit Vernunft im ersten Teil erörtert, bezieht sich auf die Gründe der zahlreichen Einschränkungen und Verbote, die die Gesellschaft den Frauen auferlegt. Das führt Pizan zur Frage, warum die Frauen keine Sitze in den Gerichtssälen innehätten, warum sie keine wichtigen Stellen in der Regierung, im Heer oder in der Wissenschaft bekleideten. Auf jede dieser theoretischen Fragen über die Ursachen dieser Einschränkungen folgen Beispiele von Frauen, die in der Geschichte eine herausragende Position in genau diesen Gebieten innehatten: Fredegunda, die Königin der Franken, die Amazonen (über die sie sich ausführlich ausläßt), Penthesilea, Dido etc. Nach Meinung von Christine de Pizan hat die praktische Gestaltungskraft der Frauen der Menschheit viele Wohlta-

---

[20] Christine de Pizan 4. Aufl. 1995, S. 52.
[21] Eine gute Annäherung an dieses Werk, über das es viel Material gibt, ist Michela Pereira: *Un trattato medievale sul corpo delle donne. Il ›De secretis mulierum‹*. In: Memoria 3, 1982, S. 108–113.
[22] Christine de Pizan 1986, S. 59.
[23] Zu diesem Thema siehe Villena 1987.

ten beschert, die genauso wertvoll sind wie die Philosophie von Aristoteles.

Soweit die Konstruktion der Fundamente der Stadt.

Die Bauarbeiten gehen unter der Aufsicht von Rechtschaffenheit weiter. Das zweite Buch ist ihren Dialogen mit der Protagonistin Christine de Pizan gewidmet. Darin werden die weiblichen Qualitäten analysiert, die in der *Cité des Dames* vorhanden sein werden. Die Autorin hebt die Liebe der Kinder für die Eltern, die Demut in der Ehe (als intellektuelle Humanistin betrachtet Pizan die Ehe und nicht ein Leben im Kloster als Lebensform für Frauen), die Keuschheit, die Geduld und die Beständigkeit unter diesen Qualitäten hervor.[24] Pizan veranschaulicht in diesem Teil wieder ihre Theorien zur Stellung der Frauen durch Beispiele aus der Vergangenheit. Sie fügt auch weiterhin Themen in die Dialoge ein, die sie gerade beschäftigen. Hier sind vor allem zwei hervorzuheben: Ihre Verteidigung der Erziehung von Frauen und, wenn sie von der Keuschheit spricht, ihre scharfsinnige Verteidigung des Arguments, daß Frauen keine Lust bei einer Vergewaltigung verspüren. Damit gelang es ihr, die misogyne Rhetorik des Mittelalters – die sie als »abscheulich« bezeichnete – zu überwinden. Die dieser Rhetorik zugrundeliegende Ideologie geht auf niemand Geringeren als Augustinus und seinen ›Gottesstaat‹ zurück.[25] Pizan prangert das krankhafte und phallische Argument von Augustinus und seinen Anhängern an:

Hohe Frau, ich glaube Euch aufs Wort und bin überzeugt davon, daß es genügend schöne, gute und sittsame Frauen gibt, die sich sehr wohl vor den üblen Machenschaften der

---

[24] Um die Charakterstärke, zu der Frauen fähig sind, zu unterstreichen, verweist sie hier auf das Beispiel von Griseldis (siehe Kapitel VIII sowie die letzte Erzählung des letzten Tages im ›Decamerone‹ von Boccaccio).

[25] Der ungeheuer misogyne Text von Augustinus findet sich in: *Der Gottesstaat*, I, 19. Kommentare zum Thema: Jane T. Schulenberg: *The Heroics of Virginity. Brides of Christ and Sacrificial Mutilation*. In: Mary B. Rose (Hrsg.): Women in the Middle Ages and the Renaissance. Literary and Historical Perspectives. Syracuse, New York 1986, S. 29–72; Mary Jacobus: *Judith, Holofernes and the Phallic Woman*. In: Dies.: Reading Woman. Essays in Feminist Criticism. New York 1986, S. 110–136; Mercè Otero: *Casta fuit, lanam fecit*. In: María Dolores Verdejo Sánchez (Hrsg.): La condición de la mujer a través de textos latinos. Málaga 1992, S. 125–138.

> *Verführer zu hüten wissen. Um so mehr betrübt und bekümmert es mich jedoch, die Männer so häufig behaupten zu hören, Frauen wollten vergewaltigt werden; aber ich kann mir einfach nicht vorstellen, daß Frauen an einer solchen Gemeinheit Gefallen finden sollen.*[26]

Um ihre Haltung zu untermauern, bedient sich Pizan des Beispiels von Lucretia, die sich nach ihrer Vergewaltigung das Leben nahm. Pizan führt aber auch die Königin von Galatia an, die ihre Vergewaltiger hinrichten ließ.

Im dritten Teil des Buches geht es schließlich um die Frauen, die die Stadt bewohnen werden. Es sind sehr tugendhafte Frauen aus der Vergangenheit und zeitgenössische, weniger tugendhafte Frauen, vor allem Adelige (wie zum Beispiel Isabell von Bayern, die Königin Frankreichs). Das Buch endet mit einem Aufruf und einer Einladung der Autorin an alle Frauen, sich über die Gründung eines eigenen Raumes zu freuen und in ihm Zuflucht zu suchen:

> *Da es ferner, Ihr geliebten Frauen, in der Natur des menschlichen Herzens liegt, sich zu freuen, wenn es ein Unternehmen erfolgreich beendet und seine Widersacher überwunden hat, so dürft Ihr, liebe Frauen, Euch nun in Tugend und Gottesfurcht am Anblick dieser neuen und vollkommenen Stadt erfreuen. Sie soll Euch allen, die Ihr die Tugend liebt, nicht nur als Zufluchtsort dienen, sondern auch – vorausgesetzt, Ihr verteidigt sie gut – als Hort und Zufluchtsort gegen Eure Feinde und Angreifer. [...]*
> *Und dann, meine lieben Frauen, treibt bitte mit diesem neuen Vermächtnis keinen Mißbrauch in der Weise der Hoffärtigen, denen die Vermehrung ihres Wohlstands und ihrer Güter zu Kopf steigt.*[27]

Die Ideologie, auf der dieses Werk beruht, ist sehr originell und solide, obwohl ein Gutteil der verwendeten Daten (aus der Geschichte oder der Legende) von früheren Autoren stammt – was im Mittelalter durchaus üblich war –, vor allem aus ›De claris

---

[26] Christine de Pizan 4. Aufl. 1995, S. 191.
[27] A. a. O.: S. 286.

mulieribus‹ von Boccaccio, das 1401 ins Französische übersetzt wurde. Der Titel bezieht sich auf Augustinus und seinen ›Gottesstaat‹, der für die königliche Bibliothek übersetzt worden war. Christine de Pizan wetteifert sicher auch damit. Einer der Künstler, die diese Übersetzung illustrierten, tat dies ebenfalls bei Teilen von ›La Cité des Dames‹. Pizan schrieb, wie Augustinus, um ihresgleichen vor nicht zutreffenden Anschuldigungen in Schutz zu nehmen: Augustinus verteidigte die Christen vor der Schuld am Untergang des Römischen Reiches; Pizan verteidigte die Frauen vor der Eskalation der Misogynie des ausgehenden Mittelalters.

Trotz aller Anleihen bei anderen gelang es Christine de Pizan – wie Sylvia Huot nachgewiesen hat – dennoch, eine eigene poetische Identität zu erlangen, deren Wurzeln in ihrem Frausein zu suchen sind. Sie beschränkte sich also nicht auf die Übernahme des bestehenden männlichen Modells.[28] Diese Entwicklung hin zum »Sinn einer poetischen Identität« war schon um 1404/1405 unverkennbar, als sie ›La Cité des Dames‹ verfaßte.[29] Ein bemerkenswerter Beweis dafür findet sich in einem Satz jenes Absatzes, den ich gerade zitiert habe: »meine lieben Frauen, treibt bitte mit diesem neuen Vermächtnis keinen Mißbrauch«. Das Vermächtnis besteht aus nichts anderem als aus dem, was den Frauen, den möglichen Müttern, gehört: die Materie der Frauen, die neue Stadt, der eigene Raum, den sie soeben geschaffen hat. Ihr Vermächtnis steht nicht im geringsten Zusammenhang mit Männern.

Betrachten wir nun den Text von ›La Cité des Dames‹ aus der Perspektive der heutigen feministischen Theorie, so stoßen wir sofort auf zwei große Themenbereiche (mit all ihren Verzweigungen), die sowohl im Text des 15. Jahrhunderts als auch in der Kritik des 20. Jahrhunderts angesprochen werden:

1. Die Lage der Frauen begründet sich nicht durch ihre Natur, sondern ist gesellschaftlichen Ursprungs und Folge der Unterordnung, zu der die Frauen gezwungen wurden. Pizan nahm das wahr, was wir heute die soziale Konstruktion des Geschlechts und die systematische Geschlechterhierarchie nennen, also die fast universelle Vormacht des Männlichen über das Weibliche,

---

[28] Vgl. Huot 1985, S. 370–373.
[29] Vgl. a. a. O.: S. 372.

mit den Gegensätzen und Kämpfen zwischen Männern und Frauen im sozialen Leben, die diese Hierarchie unweigerlich mit sich bringt. Gerade um die Frauen vor den Aggressionen der Männer zu schützen, war es notwendig, die ummauerte *Cité des Dames* zu bauen.

2. Die Utopie eines getrennten Raumes, eines Raumes, der nicht nur physisch von der Welt der Männer getrennt ist (nicht durch eine Schwelle, sondern durch eine Mauer). Er ist eine Gynäkotopie, ein sozialer und politischer Raum ausschließlich für Frauen.

Ich werde mich nicht beim ersten Thema, also bei der Konstruktion des Weiblichen, aufhalten, denn diese Überlegung steht am Ausgangspunkt fast jeder heutigen feministischen Theorie. Beim zweiten Thema, dem der Gynäkotopie, zu verweilen, ist hingegen außerordentlich interessant, weil es innerhalb der feministischen Theorie keine eindeutige Haltung dazu gibt, die auch nur in ihren Grundzügen breitere Akzeptanz findet: Das bedeutet, daß wir gegenwärtig vor einer noch nicht abgeschlossenen Theoriebildung stehen.

Die literarische Gattung der Gynäkotopie hat vor allem Schriftstellerinnen des 20. Jahrhunderts angezogen, obschon es frühere Werk gibt, wie beispielsweise das der Herzogin von Newcastle, Margaret Cavendish, die 1666 eine ›Description of a New World called the Blazing World‹ schrieb. »Ab diesem Zeitpunkt«, schreibt Elizabeth Russell, »ist immer dann, wenn eine Theorie erschienen ist, die die Unterdrückung der Frauen rechtfertigte, eine Utopie von einer Frau dagegen geschrieben worden«.[30] E. Russell übernimmt die dreiteilige Klassifizierung der Utopien und Antiutopien oder »Dystopien« von Frauen von Ann Mellor. Unterscheidungskriterium ist das Geschlecht: Es wird differenziert zwischen ausschließlich weiblichen Utopien, androgynen Utopien und solchen, in denen zwei völlig gleichberechtigte Geschlechter leben.[31] Mich interessieren hier vor allem

---

[30] Elizabeth Russel: *Women's Utopias and Dystopias*. In: Occasional Papers 4, University of Hull, English Department, März 1989 (ohne Seitenangabe). Siehe auch dies.: *A la recerca del paradis. La utopia vista per la dona*. In: Encontre d'escriptors del Mediterrani. Valencia 1986, S. 69–75.
[31] Vgl. Ann Mellor: *On Feminist Utopias*. In: Women's Studies 9, 1982, S. 241–262.

die ersten, die Ursula K. Le Guin Gynäkotopien genannt hat, denn das alte, einzige und einzigartige Vorbild, ›La Cité des Dames‹, gehört in diese Kategorie.

Als Beispiele von Gynäkotopien in unserem Jahrhundert sei verwiesen auf: ›Herland‹ von Charlotte Perkins Gilman (1915), ›Les Guérrillères‹ von Monique Wittig (1969), ›The Female Man‹ von Joanna Russ (1975), ›Mundane's World‹ von Judy Grahn (1988) und ein Teil von Shulamith Firestones ›The Dialectic of Sex‹ (1970).[32] Diese Autorinnen entwerfen sehr unterschiedliche Gesellschaftsmodelle. Aber alle träumen zumindest von einer anderen Lebensweise, was die Machtbeziehungen zwischen den Geschlechtern, die Sexualität und die Fortpflanzung betrifft.[33]

Wenden wir uns zunächst der Frage der Machtbeziehungen zwischen den Geschlechtern zu. Charlotte Perkins Gilman löste das Problem der Überwindung der Unterwerfung der Frauen durch einige geologische und soziale Katastrophen, in denen die Männer eliminiert werden. In ›Herland‹ errichten die Frauen auf der Grundlage von Kooperation und Gewaltfreiheit ein perfektes politisches System. Pizan stellt sich ihre perfekte *Polis* in ›La Cité des Dames‹ als einen neuen Ort vor, den nur Frauen betreten (und erspart sich so eine Eliminierung der Männer). Die oberste Machtinstanz an ihrem politischen Ort ist eine jungfräuliche Königin, Maria, die Jungfrau schlechthin.[34] Maria regiert in Frieden über ein *peuple des femmes*, die ihre Schwestern und Freundinnen sind:

---

[32] Charlotte Perkins Gilman: *Herland*. Hamburg 1980; Monique Wittig: *Les Guérrillères*. Paris 1969; Joanna Russ: *The Female Man*. London 1985; Judy Grahn: *Mundane's World*. Freedom/CA 1988. Shulamith Firestone: *The Dialectic of Sex. The Case for Feminist Revolution*. New York 1970. Deutsch: *Frauenbefreiung und sexuelle Revolution*. Frankfurt am Main 1987.

[33] Zu den Utopien von Frauen im 20. Jahrhundert siehe: Nan B. Albinski: *Women's Utopias in British and American Fiction*. London 1988. Eine neue Zusammenfassung, die auch französische und kanadische Werke berücksichtigt, ist das für Oktober 1989 angekündigte Werk von Frances Bartkowski (Hrsg.): *Feminist Utopias*. Lincoln/NE.

[34] Über die Jungfrau Maria ist das klassische Werk nach wie vor das von Marina Warner: *Alone of All Her Sex. The Myth and the Cult of the Virgin Mary*. London 1981 und New York 1983. (Deutsch: *Maria. Geburt, Triumph, Niedergang und Rückkehr eines Mythos*. München 1982.)

> *Das gesamte fromme Geschlecht der Frauen bittet Dich untertänigst, es möge Dir nicht widerstreben, aus Gnade und Barmherzigkeit in seiner Mitte zu weilen, als seine Verteidigerin, Beschützerin, als sein Schild gegen die Angriffe der Feinde und der Welt, damit sich die Frauen am Quell der Tugend, der in Dir entspringt, so sehr laben und erquicken, daß sie jede Form der Sünde und des Lasters verabscheuen. [...]*
> *Und, hochverehrte Dame, da es Gott gefiel, seine vortreffliche Braut aus eben jenem Geschlecht zu erwählen, müssen sich Dir zu Ehren alle Männer nicht nur hüten, die Frauen zu verunglimpfen, sondern sie außerdem hoch verehren?*
> *Die Heilige Jungfrau erwiderte darauf folgendes: »Gerechtigkeit, du teure Freundin meines Sohnes, mit großer Freude will ich inmitten meiner Schwestern und Freundinnen, den Frauen, wohnen und weilen.*[35]

In dieser Stadt von Schwestern und Freundinnen[36] sind familiäre Bindungen nicht notwendig. Die Macht wird in diesem politischen System von der »Tugend« bestimmt und nicht von dem Platz, den jemand innerhalb der Verwandtschaft einnimmt. Die Inhalte dieser Tugend werden je nach Kultur und Epoche unterschiedlich definiert (wie dies auch bei einem verwandtschaftlichen Organisationssystem ist). Es handelt sich jedenfalls um eine Tugend von Frauen. Und dies steht im Gegensatz zu den Verwandtschaftssystemen, die in der Geschichte des Abendlandes selten von anderen als von Männern definiert und beherrscht wurden.

Obwohl Pizan eine positive Haltung zur Ehe einnimmt, schließt sie in ihrer idealen Stadt die Familie aus. Dieser Widerspruch läßt sich teilweise auf die misogyne Literatur zurückführen, gegen die Pizan ankämpfte. Die Autorin versucht diesen Widerspruch aber nicht zu lösen, vielleicht weil die Gesellschaft, die wir bewohnen, und die, von der wir träumen, anderen Logi-

---

[35] Leicht moderiert übernommen aus: Christine de Pizan 4. Aufl. 1995, S. 250.
[36] Dazu siehe Raymond 1986. *Ragnatele di rapporti. »Patronage« e reti di relazione nella storia delle donne.* Turin 1988.

ken folgen. Jedenfalls hat es Jahrhunderte gedauert, bis eine (erste, wenn auch nicht endgültige) Analyse der Beziehungen zwischen der Familie, dem Staat und der Unterwerfung der Frauen geschrieben wurde: ›Der Ursprung der Familie, des Privateigentums und des Staates‹ von Engels, erschienen 1884.[37] Die grundlegende Auffassung von Christine de Pizan, die auf der Vorstellung einer Stadt ohne Familien beruht, wenn diese Stadt die Freiheit und die Verteidigung der Frauen garantieren soll, ist eine Auffassung, die weiterhin Gültigkeit besitzt. Gerda Lerner hat u. a. die enge Verbindung zwischen Vätern, der Familie und dem Staat aufgezeigt, die mit der Entstehung und Aufrechterhaltung des Patriarchats einhergeht. Die Formen und Inhalte dieser drei Elemente und ihre Kombinationen haben sich im Laufe der Zeit verändert, so wie sie sich auch in jeder Kultur anders zeigen, aber diese Dreiheit scheint sehr beständig und andauernd zu sein.[38]

Für das Abendland hat Irmgard Schultz die Entstehung des »modernen Staates« in Europa in der Zeit angesiedelt, in der Christine de Pizan lebte: Nun wurde das Recht, jede Person, die zur Familie gehört (der bewaffneten *manus* der klassischen Zeit), mit dem Schwert zu strafen, aus der Hand der Väter genommen und direkt dem Staat übertragen.[39] Es war eine Entwicklung, die den Frauen keine Freiheit bringen sollte, genausowenig wie dies die Renaissance tat. Denn das neue Strafrecht, das am Ende dieser Veränderung stand, behandelte die Männer und die Frauen nicht gleich, trotz der vielen und ausgeklügelten Diskurse über den Individualismus und die persönliche Verantwortung für ein Verbrechen.[40]

Aus der Hartnäckigkeit von Modellen sozialer und politischer

---

[37] Über dieses Werk ist sehr viel geschrieben worden. Ich verweise lediglich auf Celia Amorós: *Origen de la familia, origen de un malentendido.* In: Dies. 1985, S. 251–288.
[38] Vgl. Lerner 1986. Eine Zusammenfassung der feministischen Debatte über das Patriarchat findet sich in Pateman 1988, S. 19–38.
[39] Vgl. Irmgard Schultz: *Überlegungen zu einer feministischen Staatstheorie anhand von Jean Bodin (1429–1569).* In: beiträge zur feministischen theorie und praxis 13, 1985, S. 9–22; 12. Das gesamte Heft dieser Zeitschrift behandelt das Thema ›Unser Staat?‹.
[40] Schultz kommt in ihrer Analyse zur Schlußfolgerung, daß dieser Prozeß für die Frauen über die Hexenverbrennung verlief (siehe a. a. O., insbes. S. 16).

Beziehungen, die den Frauen gegenüber feindlich eingestellt sind, erklärt sich die Neigung der Frauen, sich in die Utopie zu flüchten, in den Traum von einer anderen Welt. Aber aus einer historischen Perspektive stellt sich die Frage, was hinter der augenscheinlichen Unausweichlichkeit des Mißerfolges von Frauen bei ihrer Annäherung an die Macht steht. Warum ist eine Frau an der Macht im besten Fall immer nur eine Ausnahmeerscheinung, selbst wenn die soziale Basis der politischen Macht sich ausweitet, selbst wenn sich neue Gruppen an der Macht beteiligen können?

Die Frage ist so komplex, daß wir, selbst wenn wir sie für gegenwärtige Gesellschaften stellen, noch keine eindeutigen Antworten haben. Einen systematischen Erklärungsversuch hat vor kurzem Carole Pateman angeboten, eine Spezialistin der politischen Theorie an der Universität von Sydney.[41] Ihr sehr gewissenhaftes Werk, ›The Sexual Contract‹, wurde (von Linda Zerilli) als biologistisch klassifiziert.[42] Es bringt aber sehr originelle und mutige Ideen für das Verständnis der Stellung von Frauen in sozialen Beziehungen im allgemeinen. Sie führt in ihrer Analyse die Kategorie »Geschlechtervertrag« ein. Ihre Studie meint, kurz gesagt, daß der Geschlechtervertrag die Grundlage der sozialen Organisation bildet. Dieser Vertrag ist – auch wenn er eher wie ein Abkommen zwischen Männern aussieht – ein Abkommen zwischen Männern und Frauen über die Benützung des Körpers der Frauen. Er hat aber nur die Form eines Vertrages, denn zwischen den beiden Vertragsteilen herrscht immer eine große Asymmetrie. Wir Frauen könnten nie frei handeln – wir verhandeln also in Wirklichkeit nie –, denn um dies zu tun, müßten wir über das zu verhandelnde Objekt (also über unseren Körper) ganz verfügen. Aber diese völlige Verfügung hat für Frauen in patriarchalen Gesellschaften nie existiert. Die geläufigsten Formen des Geschlechtervertrages sind die Ehe und die Prostitution und seit neuestem das Mieten einer Gebärmutter, was »auf eine neuerliche Veränderung des modernen Patriarchats hindeute«,

---

[41] Vgl. Pateman 1988. Die feministische Theorie aus Australien wird zunehmend interessanter; die Zeitschrift Australian Feminist Studies, die seit 1986 in Adelaide (Südaustralien) erscheint, ist ein Beispiel dafür.
[42] Vgl. Linda Zerilli: *In the Beginning Rape*. In: The Women's Review of Books VI/6, März 1989, S. 16.

sagt Carole Pateman. »Das Recht des Vaters«, setzt sie fort, »erscheint in einer neuen Form wieder, als Vertrag.«[43]

Laut Pateman geht der Geschlechtervertrag dem Gesellschaftsvertrag voraus (dem Gesellschaftsvertrag als Grundlage des staatsbürgerlichen Lebens, dessen berühmteste Formulierung von J.-J. Rousseau stammt). Die Bedeutung dieser Hypothese hat Zerilli wahrscheinlich zur Aussage veranlaßt, daß Pateman die Biologie über das Soziale stellt. Die Haltung von Pateman läßt tatsächlich eine zweideutige Interpretation zu, denn es wird nicht klar, ob der Geschlechtervertrag dem Gesellschaftsvertrag, den wir kennen (also dem patriarchalen) vorangeht oder vor jedem Gesellschaftsvertrag steht. Carole Pateman argumentiert so:

Sexuelle Differenz ist politische Differenz; die sexuelle Differenz ist die Differenz zwischen Freiheit und Beherrschung. Die Frauen sind nicht einer der Teile des ursprünglichen Vertrages, durch den die Männer ihre natürliche Freiheit in die Sicherheit der staatsbürgerlichen Freiheit verwandelt haben. Die Frauen sind die Materie des Vertrages. Der Vertrag (der Geschlechter) ist das Vehikel, durch das die Männer ihr natürliches Recht über die Frauen in die Sicherheit des bürgerlichen patriarchalen Rechts verwandelt haben. Aber wenn die Frauen nicht Teil des ursprünglichen Vertrages sind, wenn sie nicht daran teilhaben können, warum machen dann die klassischen Theoretiker des Gesellschaftsvertrages (mit Hobbes als einziger Ausnahme) aus der Ehe und aus dem Ehevertrag einen Teil des Naturvertrages? Wie kann davon ausgegangen werden, daß Lebewesen, die eines Vertrages nicht fähig sind, immer wieder in diesen Vertrag eintreten? Und warum bestehen alle klassischen Theoretiker (Hobbes eingeschlossen) darauf, daß die Frauen in der bürgerlichen Gesellschaft nicht nur in den Ehevertrag eintreten können, sondern müssen?[44]

Die Frauen sind also wieder in einer *double-bind* Situation. Pessimistisch, wie Christine de Pizan war, stellte sie sich ihre um-

---

[43] Pateman 1988, S. 209.
[44] A.a.O.: S. 6.

mauerte *Cité des Dames* nicht nur als neue, sondern auch als ewige Stadt vor.⁴⁵

Die Analysekategorie »Geschlechtervertrag« kann als Brücke dienen zwischen dem Thema eines eigenen politischen Raumes und den Themen Sexualität und Reproduktionsformen, wie sie in den Gynäkotopien imaginiert werden, auf die ich mich bezogen habe.

Christine de Pizan geht nicht auf die Frage der menschlichen Fortpflanzung in ihrer Stadt ein. Im historischen Kontext, in dem sie lebte, fiel es ihr – ebenso wie Johanna von Orléans – vielleicht gar nicht weiter auf, daß die Möglichkeit, daß alle Frauen die Heterosexualität zurückweisen, ein dringendes theoretisches Problem sei.⁴⁶ Die Figur der Jungfrau-Mutter, die die Stadt regiert, könnte Spekulationen oder Vermutungen über die Parthenogenese freien Lauf lassen, was aber aus dem Text von Pizan nicht eindeutig hervorgeht.⁴⁷

Trotzdem spricht sie in ihrem Buch über Sexualität. Sie tut dies ausführlich, wenn sie den Frauen die Gefahren klarmacht, die das leidenschaftliche Begehren eines Mannes für sie mit sich bringen kann:

> *Und deshalb weicht zurück vor den hinterhältigen Schmeichlern, die Euch mit allerlei Verlockungen und auf mannigfache Weise Euer höchstes Gut, das heißt: Eure Ehre und Euren makellosen Ruf, zu nehmen trachten. Oh, Ihr Frauen, flieht, flieht die sündige Liebe, zu der sie Euch zu überreden suchen! Flieht vor ihr, um Gottes Willen, flieht vor ihr! Denn einer Sache könnt Ihr ganz sicher sein: auch*

---

⁴⁵ »Une Cité nouvelle et éternelle«, Christine de Pizan 1986, S. 47.

⁴⁶ Zit. bei Dworkin 1987, S. 100. Eine Ausgabe des Prozesses von Johanna von Orléans (aus der dieses Zitat stammt): *Procès et mort de Jeanne d'Arc*. Forest d'Aubignosc 1981.

⁴⁷ Außer dem Werk von Maria Warner (zit. Fußnote 34) siehe zum Thema Mutterschaft der Jungfrau im Mittelalter: Julia Kristeva: *Stabat mater*. In: Dies.: Histoires d'amour. Paris 1983, S. 295–327. Von seiten der Kirche siehe: John Bugge: *Virginitas. An Essay in the History of a Medieval Ideal*. Den Haag 1975, insbes. S. 141–154. Über Parthenogenese siehe Edith Specht: *Parthenogenese und Kopfgeburten. Zur Aneignung weiblicher Potenz im Klassischen Athen*. In: Feministische Studien 5, 1986, S. 76–85.

wenn das, was sie an Versuchungen birgt, Euch zunächst irreführen mag – die Rechnung bezahlt letztendlich immer Ihr! Laßt Euch bitte nicht das Gegenteil einreden, denn es kann gar nicht anders kommen! Liebe Frauen, denkt stets daran, wie sehr jene Männer Euch einerseits der Schwäche, Leichtfertigkeit und Unbeständigkeit bezichtigen – wie sehr sie aber andererseits sich aller erdenklichen und höchst merkwürdigen Mittel und Betrugsmanöver bedienen, um Euch wie Tiere in Netzen und unter gewaltigen Anstrengungen einzufangen. Flieht, flieht, liebe Frauen, und meidet solche Annäherungsversuche, denn hinter ihrer lächelnden Fassade verbergen sich äußerst gefährliche, todbringende Gifte. Laßt es Euch also angelegen sein, Ihr meine hochverehrten Frauen, durch Eure Tugendhaftigkeit anziehend zu wirken, flieht das Laster in all seinen Erscheinungsformen, betreibt den Ausbau unserer Stadt, vermehrt die Anzahl ihrer Bewohnerinnen und übt Euch in Heiterkeit und Rechtschaffenheit.[48]

Die Bewohnerinnen der Stadt werden – und das wiederholt Pizan bis zum Überdruß – ausschließlich »Frauen guten Charakters« sein, »tugendhafte Frauen«, »Damen«, »berühmte Frauen«, Frauen also, die sich nicht verführen, die sich nicht von der leidenschaftlichen Sehnsucht nach einem Mann beherrschen ließen. Dabei spielt es keine Rolle, ob sie Jungfrauen sind oder nicht, ob sie Mütter oder Witwen sind, arm oder reich.

Welchen Sinn kann diese Haltung haben, die auf den ersten Blick eigentlich nicht in die Renaissance paßt? War Christine de Pizan eine Verdrängerin, wie uns Freud zu sagen lehrte? Und hatte sie nicht den geringsten, so gesunden Penisneid? Oder war sie eine prüde Person, die das sexuelle Vergnügen in Angst versetzte? Elizabeth Russell schrieb über die Asexualität, die Charlotte Perkins Gilman in ›Herland‹ vorschlägt, daß diese in der damaligen Zeit unentschuldbar war.[49] In der Tat ist die Sexualität ein kulturelles Konstrukt und demnach eine weitere gesellschaftliche Beziehung, die in ihrem Kontext analysiert werden muß.

---

[48] Christine de Pizan 1986, S. 277–278. Dies.: 4. Aufl. 1995, S. 288–289.
[49] Vgl. Gilman 1980. Siehe auch: Sheila Jeffreys: *The Spinster and her Enemies. Feminism and Sexuality, 1880–1930.* London 1985.

Aber leiden die Frauen immer an Repression, wie Freud es will, wenn sie sich nicht von einer leidenschaftlichen Sehnsucht nach einem Mann beherrschen lassen? Oder könnte dies auch eine mögliche Form von Freiheit sein?

Andrea Dworkin hat mir mit ihrem Buch ›Intercourse‹ geholfen, eine gewisse Logik im sexuellen Diskurs von ›La Cité des Dames‹ zu finden, mit der ich den Eindruck eines althergebrachten Moralismus, den dieser Diskurs zurückläßt, überwinden konnte.[50] In bezug auf die Sexualität gibt es ja in der heutigen feministischen Kritik nahezu unversöhnliche Standpunkte: Da gibt es die Unterscheidung von heterosexuellen Frauen und Lesben, das für Frauen nur halbherzige Ergebnis der »sexuellen Revolution« der 60er Jahre und den Gegenangriff in den 80ern von der neuen Rechten und ihre, im patriarchalen Sinne manipulierende Rolle bei der Angstmacherei, was Aids betrifft (»die sexuelle Freiheit tötet«), und die daraus folgende Angst, falsch verstanden zu werden, wenn man/frau die sexuelle Freiheit nicht hundertprozentig verteidigt, und vieles mehr. Ein gutes Beispiel für die Schwierigkeiten bei der Theoriebildung sind die Diskussionen über Pornographie und Prostitution. In einem so verworrenen Rahmen wie diesem hat sich Andrea Dworkin dafür ausgesprochen, in den uns bekannten Gesellschaften den Koitus als Kern der sozialen Vorherrschaft der Männer über die Frauen zu sehen. Sie verteidigt in diesem Zusammenhang das mittelalterliche Ideal der Jungfräulichkeit als eine für Frauen befreiende Wahl. Sie behauptet klarerweise nicht, daß der Koitus an und für sich gut oder schlecht ist, sondern geht davon aus, daß es für Frauen in einer Welt der sozialen Vorherrschaft der Männer keine freie Heterosexualität geben kann. In einer Gesellschaft, in der die Männer die soziale Vorherrschaft innehaben, würde sexuelle Freiheit für Frauen – nach Meinung von Dworkin – bedeuten, immer penetriert werden zu können, dem männlichen Begehren ständig zugänglich zu sein.

Indem sie sich auf das Beispiel von Johanna von Orléans beruft (ein beeindruckendes Beispiel, das, wie ich schon erwähnt habe, auch Christine de Pizan faszinierte), schlägt Dworkin eine Neuinterpretation des mittelalterlichen Diskurses über die Jung-

---

[50] Vgl. Dworkin 1987.

fräulichkeit vor, die beiseite läßt, was die Rhetorik des männlichen Diskurses in dieses Ideal eingeschleust hat.⁵¹

> *Wir leben eingezwängt in dem männlichen Rahmen. Die Jungfräulichkeit wird gleichgesetzt mit Nichtwissen. Wissen bedeutet, verändert zu werden, durch das Wissen eines Mannes verändert und nicht das, was eigentlich geschieht, nämlich penetriert zu werden. Jungfräulichkeit bedeutet noch nicht eingeschlossen worden zu sein. Unser Wesen ist demnach noch intakt, ob wir nun schon penetriert wurden oder nicht.*⁵²

Die »Jungfrau« von Orléans zu sein, bedeutete für Johanna von Orléans das gleiche wie für die alleinstehenden, aktiven Frauen der ersten christlichen Jahrhunderte.⁵³ Sie haben die Grenzen des Geschlechts hinter sich gelassen, am sozialen Leben mit einem nichtvergewaltigbaren Körper teilgenommen und kontrollierten dabei die eigene Intimität und Identität, die Frauen eigentlich verwehrt war. Denn in ihrer Kultur waren die Jungfrauen, wie die Transvestiten (Johanna von Orléans bemächtigte sich beider Möglichkeiten), mit einer besonderen Macht ausgestattet, durch die sie unberührbar wurden:

---

[51] Vgl. a. a. O.: S. 97–142. Weitere, ideologisch sehr unterschiedliche Bibliographien zur Jungfräulichkeit: Anton Blok: *Notes on the Concept of Virginity in Mediterranean Societies*. In: E. Schulte van Kessel (Hrsg.): Donne e uomini nella cultura spirituale. Women and Men in Spiritual Culture, XIV–XVII centuries. Den Haag 1986, S. 27–33; Peter Brown: *The Notion of Virginity in the Early Church*. In: B. McGinn, J. Meyendorf, J. Leclerq (Hrsg.): World Spirituality. Bd. 16: Christian Spirituality. Origins to the XIIth Century. New York 1985, S. 427–443; Elena Cassin: *Le Proche-Orient ancient. Virginité et strategie de sexe*. In: Le Mythe de la virginité perdue à travers les siècles et les continents. Paris 1981, S. 241–258; Elizabeth Castelli: *Virginity and its Meaning for Women's Sexuality in Early Christianity*. In: Journal of Feminist Studies in Religion 2, 1986, S. 61–88; Feministische Studien 5/1, Mai 1986, sind fast ausschließlich dem Thema Jungfräulichkeit gewidmet; Jo-Ann McNamara: *Sexual Equality and the Cult of Virginity in Early Christian Thought*. In: Feminist Studies 3, 1976, S. 145–158; Giulia Sissa: *Le corps virginal. La virginité féminine en Grèce ancienne*. Paris 1987; Francisco de B. Vizmanos: *Las vírgenes cristianas de la Iglesia primitiva. Estudio histórico y antalogía patrística*. Madrid 1949.
[52] Dworkin 1987, S. 134.
[53] Vgl. McNamara 1983 hat diese untersucht (die gesamte Nummer).

> *Für Johanna hingegen war die Jungfräulichkeit ein aktives Element einer selbstbestimmten Integrität, einer existentiellen Unabhängigkeit, die jede Minute durch ihre Entscheidung und durch ihren Glauben neu bestätigt wurde; für sie war es kein Rückzug vom Leben, sondern ein aktiver Kompromiß mit dem Leben; gefährlich und konfliktreich, weil die männliche Macht über die Frauen verschmäht wurde, statt sie zu unterstützen [...] Als Auflehnung verstanden wurde die Jungfräulichkeit mit einem Kapitalverbrechen gleichgesetzt. Auf alle Fälle hat keine Frau je zuvor in der Form rebelliert, wie dies Johanna durch ihre Jungfräulichkeit tat. Denn sie fand einen Weg, um das männliche Begehren zu überwinden. Die Geschichte von Johanna beleuchtet und klärt, wie weit männliches Begehren die Lebensmöglichkeiten einer Frau bestimmt: in welchem Rhythmus, wie weit, wann und wie sie sich bewegen kann; wodurch und durch welche Aktivitäten sie teilnehmen kann; wo die Grenzen ihrer physischen Freiheit liegen; die absolute Unterwerfung ihres Körpers und ihrer Freiheit unter das, was die Männer von ihr wollen.*[54]

Die frei gewählte und aus eigenem Entschluß beibehaltene Jungfräulichkeit konnte den Frauen das (männliche) Privileg verleihen, einen nicht verletzbaren Körper zu haben. Dies beschäftigte schon Trotula in ihrem Vorwort zu ›De mulierum passionibus‹.[55] Andrea Dworkin hat ihre Überlegungen über den Koitus in einem sozialen Umfeld (dem des zeitgenössischen Abendlandes) geschrieben, das – es ist ein Topos, das zu sagen – sehr schnell erotisiert. Die gleiche Tendenz (in einem anderen Ausmaß) könnte Christine de Pizan soziales Umfeld gekennzeichnet haben. Claudia Opitz und Caroline Bynum haben diese Tendenz in der Spiritualität des mittelalterlichen Europa seit dem XIII. Jahrhundert festgestellt.[56]

[54] Dworkin 1987, S. 113.
[55] Siehe Kapitel VII.
[56] Vgl. Claudia Opitz: *Hunger nach Unberührbarkeit? Jungfräulichkeitsideal und weibliche Libido im späteren Mittelalter.* In: Feministische Studien 95, Heft 1, 1986, S. 59–75. Caroline W. Bynum: »*... And Woman His Humanity«. Female Imagery in the Religious Writing of the Later Middle Ages.* In: C. W. Bynum, Stevan Harrell und Paula Richman (Hrsg.): Gender and Religion. On the Complexity of Symbols. Boston 1986, S. 257–288.

Jedenfalls konnte Christine de Pizan auf eine lange und komplexe Interessenstradition der Jungfräulichkeit bei den Frauen Europas zurückblicken. Die Jungfräulichkeit wurde, wie Andrea Dworkin sagt, auch damals nicht im wörtlichen Sinn, noch nicht penetriert worden zu sein, verstanden. Sie wurde vielmehr weitergefaßt, nämlich sich nicht von dem leidenschaftlichen Begehren eines Mannes beherrschen zu lassen. Die berühmten Prostituierten der Spätantike, die nach ihrer Konvertierung zum Christentum Heilige wurden, wie die Heilige Pelagia oder einige der Protagonistinnen der Komödien von Hrotsvitha, hatten das Gegenteil gewählt. Sie ließen sich von diesem Begehren beherrschen und bildeten die Antithese zu denen, die nie erotisches Begehren für Männer zeigten. Ich meine die Märtyrerinnen und Jungfrauen wie die Heilige Kathalina von Antiochien oder die Heilige Margarita von Alexandrien, die hochgeehrte Vorbilder von Johanna von Orléans waren, oder die Heilige Ines oder die Heilige Agueda, deren *passiones*, weil sie keinen anderen Mann außer Gott/Jesus Christus begehrten, Jahrhunderte hindurch die christliche Liturgie bei der Nonnenweihe im mittelalterlichen Europa verschönerten.[57] Sie wurden als Jungfrauen verehrt, obwohl bezweifelt werden kann, daß diese jungen Märtyrerinnen in den Gefängnissen des Römischen Reiches, umgeben von bewaffneten Männern, oder in den Bordellen, in denen einige eingeschlossen wurden, weil sie bedeutende Freier zurückgewiesen hatten, wirklich nie vergewaltigt worden waren. Im sechsten und siebenten Jahrhundert wurde interessanterweise darüber diskutiert, ob Radegunde von Frankreich, die einige Jahre lang mit dem König der Franken verheiratet war und dann zurückgezogen in Poitiers gelebt hatte, als Jungfrau gelten konnte oder nicht. Und im 15. Jahrhundert kleidete sich Margery Kempe[58] in Weiß, um demonstrativ ihre persönliche Wahl der Jungfräulichkeit zum Ausdruck zu bringen, obwohl sich ihr Ehemann Jahre lang weigerte, auf seine sexuelle Beziehung mit ihr zu verzichten

---

[57] Eine Zusammenfassung dieser christlichen Liturgie findet sich bei M. Teresa Tavormina: *Of Maidenhood and Maternity. Liturgical Hagiography and the Medieval Ideal of Virginity*. In: The American Benedictine Review 31, 1980, S. 384–399.
[58] Vgl. Kempe 1936. Über die Autobiographie von Margery Kempe siehe: Clarissa Atkinson: *Mystic and Pilgrim. The Book and the World of Margery Kempe*. Ithaca, New York 1982.

und vierzehn Kinder mit ihr zeugte. Denkerinnen wie Ida Magli haben in dem Entschluß, Nonne zu werden, einen befreienden Ausweg für Frauen gesehen. Auch wenn dieses weibliche Lebensmodell unter dem größeren Einfluß der Kirchenväter stand als die vorhin erwähnten ledigen Frauen, erlaubte es ihnen dennoch, aus den Zwängen der ehelichen Sexualität, der Fortpflanzung und der Verpflichtung, andere zu ernähren, auszubrechen, und wurde obendrein von der herrschenden Kultur gutgeheißen.[59]

Was ihre persönliche Geschichte betrifft, so scheint sich Christine de Pizan an das Modell gehalten zu haben, das sie selbst als befreiend für die Frauen ihrer Zeit empfand. Sie zog sich im Alter zurück, um in der Gemeinschaft von Poissy unter Frauen zu leben. Seit sie mit 25 Jahren Witwe geworden war, bestimmte sie ihre intimen Räume ausschließlich selbst. In einem ihrer Gedichte sagt sie dies ohne Umschweife:

Ich bin ganz allein und will es auch sein,
Ganz allein gelassen von meinem Geliebten,
Ganz allein bin ich, ohne Gefährten und Herrn,
Ganz allein, traurig und ergrimmt,
Allein bin ich in qualvollem Sehnen,
Allein und in Verwirrung mehr als jede andere,
Allein bin ich, ohne Freund geblieben.

Allein bin ich an der Tür oder am Fenster,
Allein in einem Winkel versteckt,
Allein bin ich und nähre mich von Tränen,
Allein, bekümmert oder mich beruhigend,
Allein bin ich und nichts behagt mir,
Allein in meiner Kammer eingeschlossen,
Allein und ohne Freund geblieben.

Allein bin ich in jeder Lage, überall,
Allein bin ich, wo ich geh' und steh',
Einsamer bin ich als jedes andere Erdenwesen,
Allein bin ich und von jedermann verlassen,

---

[59] Vgl. Ida Magli 1975, S. 125–132; auch in: Ida Magli: *La donna, un problema aperto*. Florenz 1974, S. 90–95.

Allein und grausam bedrückt fühle ich mich,
Allein bin ich mit ganz verweinten Augen,
Allein und ohne Freund geblieben.

Mein Fürst, dies ist der Anfang meiner Leiden:
Allein bin ich, bedroht von jeder Trauer,
Allein bin ich, in tiefster Düsternis,
Allein und ohne Freund geblieben.[60]

---

[60] Die Übersetzung aus dem Mittelfranzösischen besorgte dankenswerterweise Fritz Peter Kirsch.
Seulete suy et seulete vueil estre,
Seulete m'a mon doulz ami laissiée,
Seulete suy, sanz compaignon ne maistre,
Seulete suy, dolente et courrouciée
Seulete suy en languour mesaisiée,
Seulete suy plus que nulle esgarée,
Seulete suy sanz ami demourée.

Seulete suy a huis ou a fenestre,
Seulete suy en un anglet muciée,
Seulete suy pour moy de plours repaistre,
Seulete suy, dolente ou apaisiée,
Seulete suy, riens n'est qui tant me siée,
Seulete suy en ma chambre enserrée,
Seulete suy sanz ami demourée.

Seulete suy partout et en tout estre.
Seulete suy, ou je voise ou je siée,
Seulete suy plus qu'autre riens terrestre,
Seulete suy de chascun delaissiée,
Seulete suy durement abaissiée,
Seulete suy souvent toute esplourée,
Seulete suy sanz ami demourée.

Princes, or est ma doulor commenciée:
Seulete suy de tout dueil menaciée,
Seulete suy plus tainte que morée,
Seulete suy sanz ami demourée.

Christine de Pizan: *Cent ballades*. In: Dies.: *Œuvres poétiques*. Hrsg. von Maurice Roy. Paris 1886–1896 (Société des Anciens Textes Français), Bd. 1, S. 1–100; 12 (11. Ballade). Siehe auch: Suzanne Bagoly: *Christine de Pizan et l'art de »dictier« ballades*. In: Moyen Age 92, 1986, S. 41–67.

Danksagungen

Die Ausarbeitung dieses Buches ist sehr langsam vor sich gegangen, und im Laufe der Zeit habe ich bei vielen Personen und einigen Institutionen, die – in einem kleineren oder größeren Ausmaß – dazu beigetragen haben, daß dieses Buch vollendet und veröffentlicht wird, Schulden angehäuft.

Teile des Manuskripts haben gelesen und Verbesserungsvorschläge haben gemacht: Mercè Otero, Teresa Gràcia, Montserrat Cabré, Montserrat Roset und María Echániz. Auf unterschiedlichste Weise haben mir geholfen: Montserrat Carbonell, María Antonia Cabezuelo, John Connolly, Peter und Ursula Dronke, Asunción Feliu-Torras, Antonio Godino, Antònia Gustem, Montserrat Otero, Carl Pletsch, Dolors Reguant, Isabel Ricou, María Luisa Rivera, Elizabeth Russell, Isabel Segura und Rosa Vidal. Die Studentinnen und Studenten des post-graduate Studiums *Frauengeschichte* sowie des ersten und zweiten *Frauenstudien*-Masterprogramms an der Universität von Barcelona und meines DoktorandInnenseminars *Frauen in der mittelalterlichen Gesellschaft: Historiographie und Interpretation* waren, als ich ihnen frühere Versionen dieses Buches vorstellte, das anregendste und aufnahmebereiteste Publikum, das ich mir nur wünschen konnte. Das »British Council« von Barcelona kam für die Reisekosten eines einmonatigen Aufenthaltes an der Bibliothek der University of Cambridge auf. Die für die Bibliothek des »Milà i Fontanals« Institutes des *Consejo Superior de Investigaciones Científicas* in Barcelona verantwortlichen Frauen haben meine zahlreichen Ankaufwünsche in bezug auf Bücher über Frauengeschichte bearbeitet. Die Abteilung für Geschichte des Mittelalters, Paleographie und Diplomatie der Universität von Barcelona hat mir ein Forschungsjahr gewährt und mir so die Fertigstellung dieses Textes ermöglicht.

Schlußbetrachtungen

Der zeitgenössischen feministischen Theorie gelingt es problemlos, in einen komplexen und kreativen Dialog mit den in diesem Buch interpretierten Texten von Frauen zu treten. Um diesen Dialog Wirklichkeit werden zu lassen, war es notwendig, viele Stunden dem Lesen der Texte zu widmen, dem Studium und Nachdenken über die feministische Theorie. Diese Zeit war sehr gewinnbringend, denn das Verständnis der Texte öffnet sich uns heute genauso unerwartet wie damals Hrotsvitha von Gandersheim, als sie im Sachsen des 10. Jahrhunderts die griechischen und lateinischen Klassiker las.

> *Wenn [so schrieb sie] man mir aber vorwirft, ich hätte manches, das dies Werk enthält, aus den Apokryphen gewählt, so habe ich das nicht mit Bedacht, sondern nur aus Unwissenheit gemacht. Denn ich wußte nicht, als ich begann und den Faden zu dieser Legendenreihe spann, daß man Zweifel hegt über den Stoff, den ich meiner Arbeit zugrundegelegt. Als ich dann davon gehört, habe ich sie trotzdem nicht zerstört, da das, was man heute als falsch schilt, vielleicht später wieder als echt gilt.*[1]

Es ist nicht schwierig vorauszusehen, daß das Werk von Christine de Pizan faszinierende Gedanken über die Suche nach Räumen und Genealogien von Frauen in der europäischen Geschichte birgt. Um einiges gewagter ist es aber, im vorhinein zu beurteilen, daß aus früheren Texten – v. a. aus solchen vor dem 12. Jahrhundert – genauso anregende Ergebnisse und Interpretationsmöglichkeiten erzielt werden können.

Dennoch bieten sich diese Ergebnisse dem aufmerksamen Blick mit ähnlicher Leichtigkeit an. Es muß allerdings die Bereitschaft bestehen, Sätze näher unter die Lupe zu nehmen, die zunächst als bloße Formeln keinen Sinn zu ergeben scheinen. Die Ergebnisse sind immer im Kontext von Raum, Zeit und der Kul-

---

[1] Zitiert in Kapitel VI, Fußnote 12.

tur, die den Text schuf, gültig, ohne dabei das 6. mit dem 11. oder das 15. mit dem 20. Jahrhundert zu verwechseln.

Trotz aller Besonderheiten kann bestätigt werden, daß es in diesen Jahrhunderten nicht dasselbe war und auch nicht dasselbe bedeutete, in einem weiblichen Körper zu leben und von diesem Körper aus zu schreiben oder dies von einem männlichen Körper aus zu tun. So wie es Trotula in ihrem Vorwort zu ›De mulierum passionibus‹ ausdrückte:

> *Und sobald diese Übel an den intimsten Zonen auftreten, wagen es die Frauen nicht, wegen ihrer Bescheidenheit oder wegen ihrer Zerbrechlichkeit, dem Arzt die Veränderungen zu zeigen, die der Schmerz hervorruft. Aus diesem Grund und weil diese Umstände Mitleid in mir erzeugen, und vor allem auch, weil eine Adelige mich darum bat, begann ich genauer über die Krankheiten nachzudenken, die mit gewisser Häufigkeit das weibliche Geschlecht überkommen.*[2]

Dieser Gedanke Trotulas wird noch aussagekräftiger, wenn wir ihn vom Standpunkt einer anderen Frau aus betrachten, die ebenso den weiblichen Körper ins Zentrum ihrer Überlegungen stellt: Julia Kristeva. Ausgehend von der Frage, warum Frauen in unserer Zeit ein besonderes Interesse für künstlerische Leistungen, insbesondere für literarische, zeigen, meint Kristeva:

> *Diese Identifikation [die Identifikation mit der Macht des Imaginären] weist auch auf den Wunsch der Frauen, sich von dem zu befreien, was im Sozialvertrag geheiligt wird, und unsere Gesellschaften mit einem flexibleren und freieren Diskurs zu versehen, der es möglich macht, das zu benennen, was bis heute noch nie Objekt der Zirkulation in der Gesellschaft war: die Rätsel des Körpers, die Träume, die geheimen Freuden, die Scham, den Haß des anderen Geschlechts.*[3]

---

[2] Zitiert in Kapitel VII, Fußnote 16.
[3] Julia Kristeva: *Women's Time*. Übers. von Alice Jardine und Harry Blake. In: Signs 7/1, 1981, S. 13–35; 32 (zuerst erschienen in: Le Temps des Femmes, Cahiers de Recherche des Sciences des Textes et Documents 5, 1979, S. 5–19).

Die Rätsel des Körpers zu benennen hat nichts mit einem biologistischen Essentialismus zu tun, sondern bezieht sich vielmehr auf Namen, auf die Sprache, und das bedeutet – wie wir alle wissen – immer soziale Konstruktion.[4] Ist nun dieser Körper außerdem der des anderen Geschlechts, dann ist das Benennen untrennbar mit der Bewußtmachung der ungleichen Behandlung dieses Geschlechts verbunden. Genau das bezeugen die Texte von Frauen immer wieder in allen Epochen. Aufgrund der Erfahrung dieser ungleichen Behandlung haben die Frauen die Welt anders gedacht und ihre Werke auf eine andere Art geschrieben. Diese andere Art ist aber nicht eine einzige, sondern viele. Diese vielfältigen anderen Arten werden wiederum von den Erfahrungen definiert, die das Leben der jeweiligen Frauen bestimmen: Ihre spezielle Stellung innerhalb der sozialen Klassen, ihre ethno-kulturelle Zugehörigkeit, ihre erotischen Vorlieben und vieles mehr.

Bringen aber die Frauen beispielsweise in den Texten ihre Angst vor dem Schreiben zum Ausdruck, indem sie sagen, sie schreiben »trotz ihres Geschlechts«, dann zeugt dies von einer Geschlechterpolitik, die sie alle betrifft.

Denn Einhard und Jean de Meun hatten es nicht nötig, ihre Werke auf diese Art zu rechtfertigen. Für sie ist ihr Geschlecht kein »trotz«, »dennoch«, »obwohl« oder »aber«, sondern steht im Zentrum ihres Textes; obwohl auch sie nach einer Formel suchen, um sich ihr Publikum wohlgesonnen zu stimmen.

Bei all dem dürfen wir jedoch nicht vergessen, daß die Merkmale und Spielregeln dieser Ungleichheiten glücklicherweise weder ahistorisch noch unveränderbar sind.

---

[4] Eine überaus vollständige Antwort auf die Kritik zum Essentialismus, die vom Denken der sexuellen Differenz aus formuliert wurden, findet sich in der monographischen Ausgabe von Differences 1/2, 1989, mit dem Titel: *The Essential Difference. Another Look at Essentialism.*

Literaturverzeichnis

Verwendete Abkürzungen:

AA Auctores Antiquissimi
AASS Acta Sanctorum
MGH Monumenta Germaniae Historica

Abaelard: *Der Briefwechsel mit Heloisa*. Übers. und mit einem Anhang hrsg. von Hans-Wolfgang Krautz. Stuttgart 1989.
Acker, C. L. und P. K. Townsend: *Demographic Models and Female Infanticide*. In: Man 10, 1975.
Adams, Parveen: *Representation and Sexuality*. In: m/f 1, 1978, S. 65–82.
Dies.: *A Note on the Distinction between Sexual Division and Sexual Difference*. In: m/f 3, 1979, S. 51–57.
Dies.: *Mothering*. In: m/f 8, 1983, S. 40–52.
Affeldt, Werner und Annette Kuhn (Hrsg.): *Frauen in der Geschichte*, VII. Düsseldorf 1986.
Albinski, Nan B.: *Women's Utopias in British and American Fiction*. London 1988.
Alic, Margaret: *Hypathia's Heritage. A History of Women in Science from Antiquity through the Nineteenth Century*. Boston 1986.
Almazán, Vicente: *Es viaje de la princesa Cristina a Valladolid (1257–1258) según la saga islandesa del rey Hakón*. In: Archivos Leoneses 37, 1983, S. 101–110.
Ders.: *De Santa Silvia e Egeria. En busca da primeira escritora galega*. In: Grial 94, 1986, S. 399–410.
Amorós, Celia: *Hacia una crítica de la razón patriarcal*. Madrid 1985.
Amundsen, Darrel und Carol J. Diers: *The Age of Menarche in Medieval Europe*. In: Human Biology 45, 1973, S. 363–369.
Anderson, Bonnie S. und Judith P. Zinsser: *A History of Their Own. Women in Europe from Prehistory to the Present*, Bd. 1. New York 1988. (Deutsch: *Eine eigene Geschichte. Frauen in Europa, Bd. 1, Verschüttete Spuren. Frühgeschichte bis 18. Jahrhundert*. Zürich 1992.)
Arcana, Judith: *Every Mother's Son. The Role of Mothers in the Making of Men*. New York 1983 sowie London 1983.
Aristoteles: *Politik. Die Lehrschriften*. Hrsg., übertragen und in ihrer Entstehung erläutert von Dr. Paul Gohlke. Paderborn 1959.
Aspects of Female Existence. Kopenhagen 1980.
Atkinson, Clarissa: *Mystic and Pilgrim. The Book and the World of Margery Kempe*. Ithaca, New York 1982.
Ayerbe-Chaux, Reinaldo: *Las Memorias de doña Leonor López de Córdoba*. In: Journal of Hispanic Philology 2, 1977, S. 11–33.
Baader, Gerhard und Andrea Kammeier-Nebel: *Frauen und Kinder. Medizinische und demographische Aspekte zur Gebärfähigkeit von Frauen*. In: Affeldt und Kuhn (Hrsg.) 1986, S. 126–153.

Bagoly, Suzanne: *Christine de Pizan et l'art de »dictier« ballades.* In: Moyen Age 92, 1986, S. 41–67.

Barstow, Anne: *Joan of Arc. Heretic, Mystic, Shaman.* Lewiston, New York 1986.

Barthes, Roland: *Roland Barthes.* Paris 1975.

Bartkowski, Frances (Hrsg.): *Feminist Utopias.* Lincoln, New York (in Druck).

Baudonivia: *De Vita Sanctae Radegundis Liber II.* In: MGH: Scriptores rerum merovingicarum, II, S. 377–395.

Bell, Rudolph M.: *Holy Anorexia.* Chicago 1985.

Bell, Susan G. (Hrsg.): *Women. From the Greeks to the French Revolution. An Historical Anthology.* Belmont/CA 1973.

Dies.: *Christine de Pizan (1364–1430). Humanism and the Problem of the Studious Woman.* In: Feminist Studies 3, 1976, S. 173–184.

Benstock, Shari (Hrsg): *The Private Self. Theory and Practice of Women's Autobiographical Writings.* Chapel Hill/NC 1988.

Benton, John F.: *Trotula. Women's Problems, and the Professionalization of Medicine in the Middle Ages.* In: Bulletin of the History of Medicine 59, 1985, S. 30–53.

Bertini, Ferruccio (Hrsg.): *Medioevo al femminile.* Bari 1989. (Deutsch: *Heloise und ihre Schwestern.* München 1991.)

Bessmertny, Y.: *Le monde viste par une femme noble au IX siècle.* In: Le Moyen Age 93, 1987, S. 161–184.

Blaise, Suzanne: *Le rapt des origines ou la meurtre de la mère. De la communication entre femmes.* O. O., o. J.

Blanco, Alda: *María Martínez Sierra. Una mujer por los caminos de España.* Madrid 1989.

Bleier, Ruth: *Science and Gender. A Critique of Biology and its Theories on Women.* New York 1984.

Blok, Anton: *Notes on the Concept of Virginity in Mediterranean Societies.* In: Schulte van Kessel (Hrsg.) 1986, S. 27–33.

Boccaccio, Giovanni: *De las ilustres mujeres en romance.* Zaragoza 1494 (Hrsg. facsímil de la Real Academia Española, 1951).

Ders.: *De mulieribus claris.* In: Tutte le opere di Giovanni Boccaccio, Bd. 10. Hrsg. von Vittore Branca. Verona 1970.

Ders.: *Il Decamerone.* Hrsg. von Vittore Branca. Mailand 1985. (Deutsch: *Das Dekameron.* Vollständige Ausgabe. 9. Aufl. München, Zürich 1991.)

Bock, Gisela: *Storia, Storia delle donne, Storia di genere.* Florenz 1988.

Bock, Gisela und Giuliana Nobili (Hrsg.): *Il Corpo delle donne.* Ancona 1988.

Bogin, Magda: *Les trobairitz. Poetes occitanes del segle XII.* Barcelona 1983.

Bornstein, Diane: *The Lady in the Tower. Medieval Courtesy Literature for Women.* Hamden/CT 1983.

Boskind-Lodhal, Marlene: *Cinderella's Stepsisters. A Feminist Perspective on Anorexia Nervosa.* In: Signs 2, 1976, S. 342–346.

Boswell, John: *Christianity, Social Tolerance, and Homosexuality. Gay People in Western Europe from the Beginning of the Christian Era to the Fourteenth Century.* Chicago 1980.

Ders.: *»Expositio« and »Oblatio«. The Abandonment of Children and the Ancient and Medieval Family.* In: The American Historical Review 89-1, 1984, S. 10–33.

Bouchard, D. F. (Hrsg.): *Language, Counter-Memory, Practice. Selected Essays and Interviews.* Ithaca/NY 1977.

Braidotti, Rosi: *U-topies, des non-lieux post-modernes.* In: Les Cahiers du GRIF 30, 1985, S. 51–61.

Dies.: *Modelli di dissonanza. Donne e/in filosofia.* In: Magli (Hrsg.) 1988, S. 23–37.

Dies.: *Patterns of Dissonance. A Study of Women in Contemporary Philosophy.* Übers. von Elisabeth Guild. Cambridge 1991.

Branca, Vittore: *Boccaccio y su época.* Madrid 1975.

Braxton, Joanne M.: *Black Women Writing Autobiography. A Tradition Within a Tradition.* Philadelphia/PA 1989.

Bridenthal, Renate, Claudia Koonz und Susan Stuard (Hrsg.): *Becoming Visible. Women in European History.* 2. Aufl. Boston 1987.

Brinker Gabler, Gisela (Hrsg.): *Deutsche Literatur von Frauen.* Bd. 1: Vom Mittelalter bis zum Ende des 18. Jahrhunderts. Stuttgart 1988.

Brissaud, Yves: *L'infanticide à la fin du Moyen Age. Ses motivations psychologiques et sa répression.* In: Revue d'Histoire du Droit Français et Etranger 50, 1972, S. 229–256.

Brodzki, Bella und Celeste Schenck (Hrsg.): *Life/Lines. Theorizing Women's Autobiography.* Ithaca/NY 1988.

Brown, Beverley und Parveen Adams: *The Feminine Body and Feminist Politics.* In: m/f 3, 1979, S. 39–50.

Brown, Judith C.: *Immodest Acts. The Life of a Lesbian Nun in Renaissance Italy.* New York, Oxford 1986. (Spanische Übers. Crítica, Barcelona 1989; deutsch: *Schändliche Leidenschaften. Das Leben einer lesbischen Nonne in Italien zur Zeit der Renaissance.* Übers. von Barbara Rojahn-Deyk. Stuttgart 1988.)

Brown, Peter: *The Notion of Virginity in the Early Church.* In: McGinn, Meyendorf und Leclerq (Hrsg.) 1985, S. 427–443.

Ders.: *Die Keuschheit der Engel. Sexuelle Entsagung, Askese und Körperlichkeit im frühen Christentum.* München, Wien 1991.

Brownmiller, Susan: *Against Our Will. Men, Women and Rape.* New York 1975. (Deutsch: *Gegen unseren Willen. Vergewaltigung und Männerherrschaft.* 9. Aufl. Frankfurt am Main 1992.)

Brumberg, Joan J.: *Fasting Girls. The History of Anorexia Nervosa.* New York 1989.

Brundage, James: *Law, Sex, and Christian Society in Medieval Europe.* Chicago 1987.

Bugge, John: *Virginitas. An Essay in the History of a Medieval Ideal.* Den Haag 1975.

Bullough, Vern: *Medieval Medical and Scientific Views of Women.* In: Viator 4, 1973, S. 487–493.

Bullough, Vern und Camero Campbell: *Female Longevity and Diet in the Middle Ages.* In: Speculum 55, 1980, S. 317–325.

Bunch, Charlotte: *Passionate Politics. Essays 1968–1986.* New York 1987.

Burghess, Glyn S.: *Marie de France. An Analytical Bibliography.* London 1977 (Research Bibliographies and Checklists).

Bynum, Caroline W.: *Jesus As Mother. Studies in the Spirituality of the High Middle Ages.* Berkeley/CA 1982.

Dies.: *Women Mystics and Eucharistic Devotion in the Thirteenth Century.* In: Women's Studies 11, 1984, S. 179–214.

Dies.: *Women's Stories, Women's Symbols. A Critique of Victor Turner's Theory of Liminality.* In: Moore und Reynolds (Hrsg.) 1984, S. 105–125.

Dies.: *Fast, Feast, and Flesh. The Religious Significance of Food to Medieval Women.* In: Representations 11, 1985, S. 1–25.

Dies.: ›*... And Woman His Humanity*‹. *Female Imagery in the Religious Writing of the Later Middle Ages.* In: Bynum, Harrell und Richman (Hrsg.) 1987, S. 257–288.

Dies.: *Holy Feast and Holy Fast. The Religious Significance of Food to Medieval Women.* Berkeley/CA 1987.

Bynum, Caroline W., Stevan Harrell und Paula Richman (Hrsg.): *Gender and Religion. On the Complexity of Symbols.* Boston 1987.

Byron, Lord: *Poetical Works.* Oxford o. J.

Cabré, Montserrat, Montserrat Carbonell und Milagros Rivera: *La història de les dones.* In: L'Avenc 134, Februar 1990, S. 57–63.

Cadden, Joan: *It Takes All Kinds. Sexuality and Gender Differences in Hildegard of Bingen's ›Book of Compound Medicine‹.* In: Traditio 40, 1984, S. 149–174.

Caenegem, R. C. van: *Guide to the Sources of Medieval History.* Amsterdam 1978.

Caesarius von Arles: *Regula ad virgines.* Übers. in: Règles monastiques d'Occident, IV–VIe siècle, d'Augustin à Ferréol. Eingeleitet von V. Desprez. In: Vie Monastique 9, Abbaye de Bellenfontaine 1980, S. 169–211.

Cahner, Max: *Debat epistolar entre Bernat Fenollar i Isabel Suaris.* In: Els Marges 10, 1977, S. 71–75.

Calvi, Giulia: *Corpi sani, corpi malati.* In: Il corpo tra nature e cultura. 1987, S. 42–64.

Cantarella, Eva: *Tacita Muta. La donna nella città antica.* Rom 1985.

Caplan, Pat und Janet Burja (Hrsg.): *Women United, Women Divided. Cross Cultural Perspectives on Female Solidarity.* London 1978.

Carbonell, Montserrat, Mary Nash und Milagros Rivera: *La storia delle donne in Spagna.* In: Quaderni Storici 63, 1986, S. 995–1009.

Carlé, Birte: *Structural Patterns in the Legends of the Holy Women of Christianity.* In: Aspects of Female Existence. Kopenhagen 1980, S. 76–86.

Caskey, Noelle: *Interpreting anorexia nervosa.* In: Suleiman (Hrsg.) 1986, S. 174–189.

Cassin, Elena: *Le Proche-Orient ancient. Virginité et strategie de sexe.* In: Le Mythe de la virginité perdue à travers les siècles et les continents. Paris 1981, S. 241–258.

Castaldi, Serena und Liliana Caruso (Hrsg.): *L'altra faccia della storia (quella femminile).* Mesina, Florenz 1975.

Castelli, Elizabeth: *Virginity and its Meaning for Women's Sexuality in Early Christianity.* In: Journal of Feminist Studies in Religion 2, 1986, S. 61–88.

Caulfield. Minna D.: *Ché cos'è naturale nel sesso? La sessualità nell'evoluzione umana.* In: Memoria 15, 1985, S. 21–38 (Feminist Studies 2, 1985).

Cavendish, Margaret: *The Description of a New World Called the Blazing World.* London 1666.

Cavin, Susan: *Lesbian Origins*. San Francisco 1985.
Centro di Documentazione delle Donne di Bologna: *La ragnatela dei rapporti. »Patronage« e reti di relazione nella storia delle donne*. Turin 1988.
Chicago, Judy: *Through the Flower. My Struggle as a Woman Artist*. New York 1977.
Chodorow, Nancy: *The Reproduction of Mothering. Psychoanalysis and the Sociology of Gender*. Berkeley 1978. (Deutsch: *Das Erbe der Mütter. Psychoanalyse und Soziologie der Geschlechter*. München 1985.)
Christine de Pizan: *Œuvres poétiques*. Hrsg. von Maurice Roy. Paris 1886–1896 (Société des Anciens Textes Français).
Dies.: *Le Livre de la Mutacion de Fortune*. Hrsg. von Suzanne Solente. Paris 1959–1966.
Dies.: *Buch von den drei Tugenden*. Portugiesische Übers. von D. Carstens-Grokenberger. Münster/Westfalen 1961 (Portugiesische Forschungen der Görresgesellschaft, 2. Serie, Bd. 1. Englische Übers.: *The Treasure of the City of Ladies*. Übers. von Sarah Lawson. Harmondsworth/UK 1985).
Dies.: *Le Ditié de Jeanne d'Arc*. Hrsg. und übers. von Angus J. Kennedy und Kenneth Varty. Oxford 1972 (Medium Aevum Monographs 9).
Dies.: *Le Livre de la Cité des Dames*. Übers. und eingeleitet von Eric Hicks und Thérèse Moreau. Paris 1986 (Katalanische Übers. von Mercè Otero i Vidal: *La Ciutat de les Dames*. Edicions de l'Eixample. Barcelona 1990; deutsch: *Das Buch von der Stadt der Frauen*. Übers. von Margarete Zimmermann. Berlin 1986 und 4. Auflage München 1995).
Cirlot, J. E.: *Diccionario de símbols*. Barcelona 1969.
Cixous, Hélène: *Souffles*. Paris 1975.
Clark, Anna: *Women's Silence, Men's Violence. Sexual Assault in England, 1770–1845*. London, New York 1987.
Clark, Cecily: *La vie féminine en Angleterre au temps d'Alienor d'Aquitaine*. In: Cahiers de Civilisation Médiévale 29, 1986, S. 49–52.
Coleman, Emily: *Medieval Marriage Characteristics. A Neglected Factor in the History of Medieval Serfdom*. In: Journal of Interdisciplinary History 2, 1971, S. 205–219.
Dies.: *Infanticide in the Early Middle Ages*. In: Stuard (Hrsg.) 1976, S. 47–70. (Annales, E. S. C. 29, 1974, S. 315–335.)
Coloquio *hispano-francés: La condición de la mujer en la Edad Media*. Madrid 1986.
Il Corpo *tra natura e cultura*. Rom 1987 (Problemi del Socialismo 11).
I Corpi *possibili*. Memoria 3, 1982.
Courtly *Ideology and Woman's Place in Medieval French Literature*. In: Romance Notes 25/3, 1985.
Craveri, M.: *Sante e streghe. Biografie e documenti dal XIV al XVI secolo*. Mailand 1980.
Crónicas *de los Reyes de Castilla*. Hrsg. von Cayetano Rossell. Madrid 1953 (Biblioteca de Autores Españoles 68).
Curran, Patricia: *Grace Before Meals. Food Ritual and Body Discipline in Convent Culture*. Urbana/IL 1989.
Curtius, Ernst R.: *Europäische Literatur und Lateinisches Mittelalter*. Bern 1948.
D'Alverny, Marie-Thérèse: *Comment les théologiens et les philosophes voient la*

femme. In: Cahiers de Civilisation Médiévale 20, 1977, S. 105–129.

Daladier, Nathalie: *Le madri cieche*. In: Memoria 3, 1982, S. 9–21 (Nouvelles Revue de Psychoanalise 19, 1979).

Daly, Mary: *Kirche, Frau und Sexus*. Olten, Freiburg im Breisgau 1970.

Dies.: *Gyn/Ecology. The Metaethics of Radical Feminism*. London 1979. (Deutsch: *Gyn/Ökologie. Die Metaethik des radikalen Feminismus*. München, erw. Neuaufl. 1991.)

Dies.: *The Church and the Second Sex*. Boston 1985.

Damme, Catherine: *Infanticide. The Worth of an Infant under Law*. In: Medical History 22, 1978, S. 1–24.

Davies, Steven L.: *The Revolt of the Widows. The Social World of the Apocryphal Acts*. Carbondale/IL 1980.

De Mause, Lloyd: *The History of Childhood*. New York 1974.

Delphy, Christine: *Modo de producción doméstico y feminismo materialista*. In: Mujeres, ciencia y práctica política 1987, S. 17–28.

Dérouet, Bernard: *Une démographie sociale différentielle. Clé pour un système auto-régulateur des populations rurales d'ancien régime*. In: Annales, E. S. C. 35, 1980, S. 3–41.

Dérouet-Besson, Marie-Claude: ›*Inter duos scopulos‹. Hypothèses sur la place de la sexualité dans les modèles de la représentation du monde au XIe siècle*. In: Annales E. S. C. 36, 1981, S. 922–945.

Desclais Berkvan, Doris: *Enfance et maternité dans la littérature française des XIIe et XIIIe siècles*. Paris 1981.

Dhuoda: *Ausgewählte Schriften von Columban, Alkuin, Dodana, Jonas, Hrabanus Maurus, Notker Balbulus, Hugo von Sankt Viktor und Peraldus*. Einleitung und Übers. von P. Gabriel Meier. Freiburg im Breisgau 1980.

Dies.: *Manuel pour mon fils*. Einleitung, Text und Anmerkungen von Pierre Riché, übers. von B. Vregille und C. Mondésert. Paris 1975 (Sources Chrétiennes 225).

Dies.: *Educare nel Medioevo. Per la formazione di mio figlio. Manuale*. Übers. von Gabriella Zanoletti. Mailand 1982.

Dillard, Heath: *Daughters of the Reconquest. Women in Castilian Town Society, 1110–1300*. Cambridge 1984.

Diotima: *Il pensiero della differenza sessuale*. Mailand 1987. (Deutsch: *Der Mensch ist zwei. Das Denken der Geschlechterdifferenz*. Wien 1989 [Reihe Frauenforschung Bd. 11]).

Dow, Blanche H.: *The Varying Attitude Toward Women in French Literature of the Fifteenth Century*. New York 1936.

Dronke, Peter: *Medieval Latin and the Rise of European Love-lyric*. 2 Bde., II. Oxford 1968.

Ders.: *Poetic Individuality in the Middle Ages*. Oxford 1970.

Ders.: *Women Writers of the Middle Ages*. Cambridge 1984.

Duberman, Martin B., Martha Vicinus und George Chauncey Jr. (Hrsg.): *Hidden from History. Reclaiming the Gay and Lesbian Past*. New York 1989.

Duckett, Eleanor: *Women and Their Letters in the Early Middle Ages*. Baltimore 1965.

Duoda: *De mare a fill. Escrits d'una dona del segle IX*. Übers. von Mercè Otero. Barcelona 1989.

Dworkin, Andrea: *Our Blood. Prophecies and Discourses on Sexual Politics*. New York 1976.
Dies.: *Intercourse*. London 1987 und Arrow 1988.
Ecker, Gisela (Hrsg.): *Estética literaria feminista*. Barcelona 1986.
Egeria: *Die Pilgerreise der Aetheria (Peregrinatio Aetheriae)*. Eingeleitet und erklärt von Hélène Pétré, übers. von Karl Vretska. Stift Klosterneuburg bei Wien/NÖ 1958.
Dies.: *Pelegrinatge*. Hrsg. von Sebastian Janeras. Barcelona 1986.
Ehrenreich, Barbara und Deidre English: *Hexen, Hebammen und Krankenschwestern. The Witches Are Back!* 8. Aufl. München 1981.
Einhard: *Das Leben Kaiser Karls des Großen*. Leipzig o. J.
Ela Consolino, Franca: *Due agiografi per una regina. Radegonda di Turingia fra Fortunato e Baudonivia*. In: Studi Storici 29, 1988, S. 143–159.
Engels, Friedrich: *Der Ursprung der Familie, des Privateigentums und des Staates. Im Anschluß an Lewis H. Morgan's Forschungen*. Hottingen, Zürich 1884.
Ennen, Edith: *Frauen im Mittelalter*. Stuttgart 1984.
Epstein, Cynthia F.: *Deceptive Distinctions. Sex, Gender, and the Social Order*. New Haven/CT 1988.
Erickson, Carolly und Kathleen Casey: *Women in the Middle Ages. A Working Bibliography*. In: Medieval Studies 37, 1975, S. 341–359.
The Essential *Differences. Another Look at Essentialism*. In: Differences 1/2, 1989.
Evans, Sara: *Personal Politics*. New York 1980.
Falcón, Lidia: *La razón feminista*. I: *La mujer como clase social y económica. El modo de producción doméstico*. II: *La reproducción humana*. Barcelona 1981–1982.
Ferguson, M., M. Quilligan und N. Vickers (Hrsg.): *Rewriting the Renaissance. The Discourses of Sexual Difference in Early Modern Europe*. Chicago 1986.
Fernández Murga, F. und A. Pascual: *La traducción española del »De mulieribus claris« de Boccaccio*. In: Filología Moderna 55, 1975, S. 499–511.
Fiocchetto, Rosanna: *L'amante celeste. La distruzione scientifica della lesbica*. Florenz 1987.
Firestone, Shulamith: *The Dialectic of Sex. The Case for Feminist Revolution*. New York 1970. (Deutsch: *Frauenbefreiung und sexuelle Revolution*. Frankfurt am Main 1987.)
Fisher, Sheila und Janet E. Halley: *Seeking the Woman in Late Medieval and Renaissance Writings. Essays in Feminist Contextual Criticism*. Knoxville/TN 1989.
Flanagan, Sabina: *Hildegard of Bingen, 1098–1179. A Visionary Life*. New York 1989.
Flandrin, Jean-Louis: *La moral sexual en Occidente. Evolución de actitudes y comportamientos*. Barcelona 1984.
Flor *del tesoro de la belleza*. Vorwort von T. Vinyoles und J. Roma. Barcelona 1981.
Font Rius, José: *Cartas de población y franquicia en Cataluña*. Madrid, Barcelona 1969.
Fonte, Moderata: *Il merito delle donne, ove chiaramente si scuopre quanto siano elle degne e più perfette degli uomini*. Hrsg. von Adriana Chemello. Venedig 1988.

Forcey, Linda R.: *Mothers of Sons. Toward an Understanding of Responsibility.* New York 1987.
Foucault, Michel: *Sexualität und Wahrheit.* 3 Bde., Frankfurt am Main 1977–1986.
Ders.: *What Is an Author?* In: Bouchard (Hrsg.) 1977, S. 116–138. (Deutsch: *Was ist ein Autor?* In: Ders.: Schriften zur Literatur. 2. Aufl. Frankfurt am Main 1991.)
Ders.: *La pensée du dehors.* Paris 1986.
Fox Keller, Evelyn: *Liebe, Macht und Erkenntnis. Männliche oder weibliche Wissenschaft.* München, Wien 1986.
Freud, Sigmund: *Der Untergang des Ödipuskomplexes.* In: Studienausgabe, Bd. V: *Sexualleben.* Frankfurt am Main 1982.
Ders.: *Der Witz und seine Beziehung zum Unbewußten.* Frankfurt am Main 1992.
Friedman, Scarlet und Elizabeth Sarah (Hrsg.): *On The Problem of Men. Two Feminist Conferences.* London 1982.
Fuss, Diana: *Essentially Speaking.* New York 1989.
Gallop, Jane: ›Quand nos lèvres s'écrivent‹. Irigaray's Body Politic. In: Romanic Review 74/1, 1983, S. 77–83.
García Gallo, Alfonso: *L'évolution de la condition de la femme en Droit espagnol.* In: Annales de la Faculté du Droit de Toulouse 14, 1966, S. 73–96.
Gennep, Arnold van: *The Rites of Passage.* Chicago 1960.
Geyer-Kordesch, Johanna, und Kuhn, Annette (Hrsg.): *Frauenkörper-Medizin-Sexualität. Auf dem Weg zu einer neuen Sexualmoral.* Düsseldorf 1986.
Giannarelli, Elena: *La tipologia femminile nella biografia e nell'autobiografia del IV. secolo.* Rom 1980.
Gilbert, Harriet und Christine Roche: A Women's History of Sex. Winchester/MA 1988.
Gilbert, V. F. und D. S. Tatla: *Women's Studies. A Bibliography of Dissertations.* Oxford 1985.
Gilman, Charlotte Perkins: *Herland.* Hamburg 1980.
Gordon, Linda: *Heroes of Their Own Lives. The Politics and History of Family Violence.* New York 1988.
Gordon, Margaret T. und Stephani Riger: *The Female Fear.* New York 1988.
Grahn, Judy: *Mundane's World.* Freedom/CA 1988.
Grashof, Otto: *Das Benediktinerinnenstift Gandersheim und Hrotsvitha, die »Zierde des Benediktinerordens«.* In: Studien und Mitteilungen aus dem Benediktiner und dem Cistercienser Orden 6, 1884.
Green, Monica: *Women's Medical Practice and Health Care in Medieval Europe.* In: Signs, 14/2, 1989, S. 434–473.
Dies.: *Essay Review. Female Sexuality in the Medieval West.* In: Trends in History 4/4, 1990, S. 127–158.
Guerreau, Alain: *El feudalismo. Un horizonte teórico.* Barcelona 1984.
Guttentag, Marcia und Paul F. Secord: *Too Many Women? The Sex Ratio Question.* Beverly Hills/CA 1983.
Haight, Anne L.: *Hrotswitha of Gandersheim. Her Life, Times and Work, and a Comprehensive Bibliography.* New York 1965.

Hamblin, Angela: *What Can One Do with a Son? Feminist Politics and Male Children.* In: Friedman und Sarah (Hrsg.) 1982, S. 238–244.

Hameln, Glückel von: *Die Memoiren der Glückel von Hameln.* Autorisierte Übertragung nach der Ausgabe des Prof. Dr. David Kaufmann von Bertha Pappenheim. Wien 1910.

Haraway, Donna: *Primate Visions. Gender, Race and Nature in the World of Modern Science.* New York 1989.

Harding, Sandra: *The Science Question in Feminism.* Ithaca/NY 1986.

Helmholz, R. H.: *Infanticide in the Province of Canterbury During the Fifteenth Century.* In: History of Childhood Quarterly 2, 1975, S. 379–390.

Hentsch, Alice A.: *De la littérature didactique du Moyen Age s'adressant spécialment aux femmes.* Genf 1975.

Herlihy, David: *Life Expectancies for Women in Medieval Society.* In: Morewedge (Hrsg.) 1975, S. 1–22.

Hieronymus: *Cartas.* Hrsg. und übers. von D. Ruiz Bueno. Madrid 1962, 2 Bde., (Biblioteca de Autores Cristianos 219–220. Deutsch: *Briefe. Über die christliche Lebensführung.* Übers. von Ludwig Schade, bearbeitet von Johannes B. Bauer. München 1983).

Hiersemann, Conrad: *Die Abschnitte aus der Practica des Trottus in der Salernitanischen Sammelschrift ›De Aegritudinum Curatione‹.* Inaug. Diss., Institut für Geschichte der Medizin, Leipzig 1921.

Hildegard von Bingen: *Heilkunde. Das Buch von dem Grund und Wesen und der Heilung der Krankheiten.* Nach den Quellen übers. und erläutert von Heinrich Schipperges. 3. Aufl. Salzburg 1957.

Dies.: *Briefwechsel.* Nach den ältesten Handschriften übers. und nach den Quellen erläutert von Adelgundis Führkötter Osb. Salzburg 1965.

Hindman, Sandra L.: *With Ink and Mortar. Christine de Pizan's ›Cité des Dames‹ (An Art Essay).* In: Feminist Studies 10, 1984, S. 457–483.

Hollander, Nicole: *I'm in Training to Be Tall and Blonde.* New York 1979.

Hrotsvitha von Gandersheim: *Obras dramáticas.* Übers. von Julián Pemartin und Fidel Perrino. Barcelona 1959.

Dies.: *Hrotsvithae opera.* Von Paul von Winterfeld. In: MGH: Scriptores rerum germanicarum, in usum scholarum. Berlin 1965.

Dies.: *Hrotsvithae opera.* Hrsg. von Helene Homeyer. München 1970.

Dies.: *Werke in deutscher Übertragung.* Hrsg. von Helene Homeyer. Paderborn 1973.

Hufton, Olwens und Joan Scott: *Survey Articles. Women in History.* In: Past and Present 101, 1983, S. 125–157.

Humm, Maggie: *Feminist Criticism. Women as Contemporary Critics.* London 1986.

Huot, Sylvia: *Seduction and Sublimation. Christine de Pizan, Jean de Meun, and Dante.* In: Romance Notes 25/3, 1985, S. 361–374.

Hurd-Mead, Kate C.: *A History of Women in Medicine.* Haddan/CN 1938.

Irigaray, Luce: *Spéculum de l'autre femme.* Paris 1974. (Spanische Übers. Madrid 1978; Deutsch: *Speculum. Der weibliche Diskurs.* Frankfurt am Main 1980.)

Dies.: *Ce sexe qui n'en est pas un.* Paris 1977. (Deutsch: *Das Geschlecht, das nicht eins ist.* Berlin 1979.)

Dies.: *Et l'une ne bouge pas sans l'autre.* Paris 1979.
Dies.: *Amante marine de Friedrich Nietzsche.* Paris 1980.
Dies.: *Ethique de la différence sexuelle.* Paris 1984.
Dies.: *El cuerpo a cuerpo con la madre. El otro género de la naturaleza. El otro modo de sentir.* Barcelona 1985. (Deutsch: *Körper-an-Körper mit der Mutter.* In: Dies.: Zur Geschlechterdifferenz 1987.)
Dies.: *Egales à qui?* In: Critique 43/480, 1987, S. 420–437.
Dies.: *Sexes et parentés.* Paris 1987. (Deutsch: *Genealogie der Geschlechter.* Freiburg im Breisgau 1989.)
Dies.: *Zur Geschlechterdifferenz. Interviews und Vorträge.* Wien 1987 (Reihe Frauenforschung Bd. 5).
Jacobus, Mary: *Reading Woman. Essays in Feminist Criticism.* New York 1986.
Jacquart, Danielle und Claude Thomasset: *Sexualité et savoir médical au Moyen Age.* Paris 1985.
Janés, Clara: *Las primeras poetisas en lengua castellana.* Madrid 1986.
Jardine, Alice A.: *Gynesis. Configurations of Women and Modernity.* Ithaca, London 1985.
Jeffreys, Sheila: *The Spinster and her Enemies. Feminism and Sexuality, 1880–1930.* London 1985.
Jelinek, Estelle C. (Hrsg.): *Women's Autobiography. Essays in Criticism.* Bloomington 1980.
Dies.: *The Tradition of Women's Autobiography. From Antiquity to the Present.* Boston 1986.
Johanna von Orléans: *Procès et mort de Jeanne d'Arc.* Forest d'Aubignosc 1981.
Jungfräulichkeit. Feministische Studien, 5. Jg., Heft 1, 1986.
Kaminsky, Amy K. und Elaine D. Johnson: *To Restore Honor and Fortune. The Autobiography of Leonor López de Córdoba.* In: Stanton (Hrsg.) 1984, S. 70–80.
Kammeier-Nebel, Andrea: *Empfängnisverhütung, Abtreibung, Kindestötung und Aussetzung im frühen Mittelalter.* In: Affeldt und Kuhn (Hrsg.) 1986, S. 136–151.
Kaufman, Gloria und Mary K. Blakely (Hrsg.): *Pulling Our Own Strings. Feminist Humor and Satire.* Bloomington/IN 1980.
Kaufman, Linda (Hrsg.): *Gender and Theory. Dialogues on Feminist Criticism.* Oxford, New York 1989.
Kellum, Barbara A.: *Infanticide in England in the Later Middle Ages.* In: History of Childhood Quarterly 1, 1974, S. 367–388.
Kelly, Joan: *Early Feminist Theory and the ›Querelle des Femmes‹.* In: Dies.: Women, History, and Theory. Chicago 1984, S. 65–109. (Signs 8–1, 1982, S. 4–28).
Kempe, Margery: *The Book of Margery Kempe. A Modern Version by W. Butler-Bowdon.* London 1936.
Kennedy, Angus J.: *Christine de Pizan. A Bibliographical Guide.* London 1984 (Research Bibliographies and Checklists 42).
King, M. L. und A. Rabil: *Her Immaculate Hand. Selected Works by and about the Women Humanists of Quattrocento Italy.* Binghamton/NY 1983.
Kirshner, Jules und Suzanne F. Wemple (Hrsg.): *Women of the Medieval World.* London 1985.

Knibiehler, Yvonne und Catherine Fouquet: *L'histoire des mères du moyen-age à nos jours.* Paris 1980.

Dies.: *La femme et les médicins. Analyse historique.* Paris 1983.

Koch, Gottfried: *Frauenfrage und Ketzertum im Mittelalter. Die Frauenbewegung im Rahmen des Katharismus und des Waldensertums und ihre sozialen Wurzeln (12.–14. Jahrhundert).* Berlin 1962.

Kolodny, Anette: *The Lady's Not for Spurning. Kate Millett and the Critics.* In: Jelinek (Hrsg.) 1980, S. 238–259.

Koonz, Claudia: *Post Scripts.* In: The Women's Review of Books VI/4, Januar 1989, S. 19–20.

Kotthof, Helga: *Das Gelächter der Geschlechter. Humor und Macht in Gesprächen von Frauen und Männern.* Frankfurt am Main 1988.

Dies.: *Vom Lächeln der Mona Lisa zum Lachen der Hyänen.* In: Dies. (Hrsg.): Das Gelächter der Geschlechter 1988, S. 123–153.

Kristeva, Julia: *Women's Time.* Übers. von Alice Jardine und Harry Blake. In: Signs 7/1, 1981, S. 13–35 (zuerst erschienen: Le Temps des Femmes. In: Cahiers de Recherche des Sciences des Textes et Documents 5, 1979, S. 5–19).

Dies.: *Stabat mater.* In: Dies.: Histoires d'amour. Paris 1983, S. 295–327.

Küchler, Walther: *Schön Annie, Fraisne und Griselda.* In: Die Neueren Sprachen 35, 1927, S. 489–497.

La Belle, Jenijoy: *Herself Beheld.* Ithaca/NY 1988.

Labalme, Patricia H. (Hrsg.): *Beyond Their Sex. Learned Women of the European Past.* New York 1980.

Labarge, Margaret W. (Hrsg.): *La mujer en la Edad Media.* Madrid 1988.

Laín, Pedro: *El cuerpo humano. Teoría actual.* Madrid 1989.

Lakoff, Robin: *Language and Woman's Place.* New York 1975.

Langer, W. L.: *Infanticide. A Historical Survey.* In: History of Childhood Quarterly 1, 1974, S. 353–366.

Le Guin, Ursula K.: *Up to Earth.* In: The Women's Review of Books VI, 5, Februar 1989.

Leandro de Sevilla: *De la instrucción de las vírgenes y desprecio del mundo.* Übers. von Jaime Valázquez. Madrid 1979.

Lefkowitz, Mary R.: *Heroines and Hysterics.* London 1982.

Lefkowitz, Mary R. und Maureen B. Fant: *Women's Life in Greece and Rome. A Source Book in Translation.* London 1982.

Lerner, Gerda: *The Creation of Patriarchy.* New York 1986. (Deutsch: *Die Entstehung des Patriarchats.* Frankfurt am Main, New York 1991.)

Lexikon *des Mittelalters.* München, Zürich 1980.

Leyser, Karl J.: *Rule and Conflict in an Early Medieval Society. Ottonian Saxony.* London 1979.

Libreria delle donne di Milano: *Non credere di avere dei diritti. La generazione della libertà femminile nell'idea e nelle vicende di un gruppo di donne.* Turin 1987. (Deutsch: *Die weibliche Freiheit entsteht.* Berlin 1988.)

Life *and Death in Sexuality. Reproductive Technologies and AIDS.* In: Differences 1, 1989.

Lindgren, Uta: *Wege der historischen Frauenforschung.* In: Historisches Jahrbuch 109, 1989, S. 211–219.

Lispector, Clarice: *Le pasión según G. H.* Übers. von Alberto Villalba. Barcelona 1988. (Deutsch: *Die Passion nach G. H.* Frankfurt am Main 1990.)

Lobato, María Luisa: *El ideal de mujer en los escritores doctrinales de los siglos XV y XVI.* In: Revista Augustiniana 29, 1988, S. 725–736.

Long, Diana E.: *Going with the Flow.* In: The Women's Review of Books VI/8, Mai 1989, S. 21–22.

Lonzi, Carla: *Sputiamo su Hegel.* Mailand 1974.

Loraux, Nicole: *Notes sur un impossible sujet de l'histoire.* In: Cahiers du GRIF, 37/38, 1988, S. 113–124.

Lorris, Guillaume de und Jean de Meun: *Der Rosenroman.* 3. Aufl. o. O. 1987.

Mackay, Angus und Geraldine Mackendrick: *La semiología y los ritos de violencia. Sociedad y poder en la Corona de Castilla.* In: En la España Medieval 11, 1988, S. 261–301.

Madri e non madri. In: Memoria. Rivista di Storia delle Donne 7, 1983.

Magli, Ida: *La donna, un problema aperto.* Florenz 1974.

Dies.: *Monachesimo femminile.* In: Castaldi und Caruso (Hrsg.) 1975, S. 125–132.

Dies.: *La sessualità maschile.* Mailand 1989.

Magli, Patrizia: *Il doppio gioco del corpo.* In: Il corpo tra natura e cultura 1987, S. 94–108.

Dies. (Hrsg.): *Le donne e i segni.* Ancona 1988.

Mai, Georges: *L'autobiographie.* Paris 1970.

Marchand, James: *The Frankish Mother. Dhuoda.* In: Wilson (Hrsg.) 1984, S. 30–63.

Margolis, Nadie: *Christine de Pizan. The Poetess as Historian.* In: Journal of the History of Ideas 47, 1986, S. 361–383.

Marguerite de Navarre: *L'Héptameron.* Hrsg. von Michel François. Paris 1953.

Dies.: *Théatre profane.* Hrsg. von V. L. Saulnier. Genf 1978.

Marie de France: *Les lais de Marie de France.* Hrsg. von Jean Rychner. Paris 1966 (Les Classiques Français du Moyen Age 93).

Dies.: *Los lais de María de Francia.* Übers. und mit einer Einleitung von Ana María Valero de Holzbacher. Madrid 1978.

Dies.: *Die Lais.* Übers., mit einer Einleitung, einer Bibliographie sowie Anmerkungen versehen von Dietmar Rieger unter Mitarbeit von Renate Kroll. München 1980.

Dies.: *Los lais de María de Francia.* Übers. und eingel. von Luis Alberto de Cuenca. Madrid 1987. (Selección de Lecturas Medievales 26).

Mason, Mary G.: *The Other Voice. Autobiographies of Women Writers.* In: Brodzki und Schenck (Hrsg.) 1988, S. 19–44.

Mason-Hohl, Elizabeth: *Trotula. Eleventh century gynecologist.* In: Medical Women's Journal 47, 1940, S. 349–356.

Matheolus: *Les Lamentations de Mathéolus.* Text, übers. und kommentiert von A. G. Van Hamel, 2 Bde., Paris 1892 und 1905 (Bibliothèque de l'Ecole des Hautes Etudes).

McGinn, B., J. Meyendorf und J. Leclerq (Hrsg.): *World Spirituality.* Bd. 16: Christian Spirituality: Origins to the XIIth Century. New York 1985.

McLaughlin, Mary M.: *Survivors and Surrogates. Children and Parents from the*

Ninth to the Thirteenth Centuries. In: Lloyd De Mause: The History of Childhood. New York 1974, S. 101–181.

McLean, Ian: *The Renaissance Notion of Woman. A Study in the Fortunes of Scholasticism and Medical Science in European Intellectual Life.* Cambridge 1980.

McNamara, Jo-Ann: *Sexual Equality and the Cult of Virginity in Early Christian Thought.* In: Feminist Studies 3, 1976, S. 145–158.

Dies.: *A New Song. Celibate Women of the First Three Christian Centuries.* In: Women and History 6/7, 1983 und New York 1983.

Dies.: *Muffled Voices. The Lives of Consecrated Women in the Fourth Century.* In: Nichols und Shank (Hrsg.) 1984, S. 11–27.

Dies.: *A Legacy of Miracles. Hagiography and Nunneries in Merovingian Gaul.* In: Kirshner und Wemple (Hrsg.) 1985, S. 36–52.

McNamara, Jo-Ann und Suzanne F. Wemple: *The Power of Women Through the Family in Medieval Europe, 500–1100.* In: Feminist Studies 1, 1973, S. 125–141.

MGH, Bd. I, II, IV, XVI. Berlin 1965.

Mellor, Ann: *On Feminist Utopias.* In: Women's Studies 9, 1982, S. 241–262.

Mémoires *de femmes.* In: Pénélope 12, 1985.

Miles, Margaret R.: *The Virgin's One Bare Breast. Female Nudity and Religious Meaning in Tuscan Early Renaissance Culture.* In: Suleiman (Hrsg.) 1986, S. 193–208.

Dies.: *From Ascetics to Anorexics.* In: The Women's Review of Books V/2, Nov. 1987, S. 22–23.

Miller, Nancy (Hrsg.): *The Poetics of Gender.* New York 1986.

Millett, Kate: *Sexual Politics.* New York 1969. (Deutsch: *Sexus und Herrschaft. Die Tyrannei des Mannes in unserer Gesellschaft.* München 1974.)

Dies.: *Flying.* New York 1974.

Misch, Georg: *Geschichte der Autobiographie.* Frankfurt am Main 1969.

Mitchell, W. J. T. (Hrsg.): *On Narrative.* Chicago 1981.

Molina, Angel L.: *Don Frey Martín López, maestre de las Ordenes de Calatrava y Alcántara, Adelantado mayor de Murcia.* In: Anuario de Estudios Medievales 11, 1981, S. 749–758.

Moi, Toril: *Teoría literaria feminista.* Madrid 1988. (Deutsch: *Sexus – Text – Herrschaft. Feministische Literaturtheorie.* Bremen 1989.)

Montanari, Massimo: *Campagne medievali. Strutture produttive, rapporti di lavoro, sistemi alimentari.* Turin 1984.

Moore, R. L. und F. E. Reynolds (Hrsg.): *Anthropology and the Study of Religion.* Chicago 1984.

Moreno, Amparo: *La otra »política« de Aristóteles.* Barcelona 1988.

Morewedge, R. T. (Hrsg.): *The Role of Women in the Middle Ages.* Albany, New York 1975.

Moseley, K. L.: *The History of Infanticide in Western Society.* In: Issues of Law and Medicine 1, 1986, S. 345–361.

Motherhood and Sexuality. In: Hypathia. A Journal of Feminist Philosophy, Herbst 1986.

Mujeres, ciencia y práctica política. Madrid 1987.

Muñoz, Angela (Hrsg.): *Las mujeres en el cristianismo medieval. Imágenes teóricas y cauces de actuación religiosa.* Madrid 1990.

Muñoz, Angela und Cristina Segura (Hrsg.): *El trabajo de las mujeres en la Edad Media hispana*. Madrid 1988.

Muñoz Fernández, Angela: *Mujer y experiencia religiosa en el marco de la santidad medieval*. Madrid 1988 (Colección Laya 2).

Muraro, Luisa: *Guglielma e Manfreda. Storia di un' eresia femminista*. Mailand 1985. (Deutsch: *Wilemina und Manfreda. Die Geschichte einer feministischen Häresie*. Freiburg im Breisgau 1987.)

Nash, Mary (Hrsg.): *Més enllà del silenci. Les dones a la Història de Catalunya*. Barcelona 1988.

Nelken, Margarita: *Las escritoras españolas*. Barcelona 1930.

Newman, Barbara: *Sister of Wisdom. St. Hildegard's Theology of the Feminine*. Berkeley, Los Angeles 1987.

Nichols, John A. und Lillian T. Shank (Hrsg.): *Distant Echoes. Medieval Religious Women, I*. Kalamazoo/MI 1984.

Nicholson, Linda J. (Hrsg.): *Feminism and Postmodernism*. New York 1989.

Nisard, Charles: *Des rapports d'intimité entre Fortunat, S. Radegonde et l'abbesse Agnès*. In: Comptes Rendus de l'Académie des Inscriptions et Belles Lettres 15, 1989, S. 30–49.

Nuevas perspectivas sobre la mujer. Madrid 1982.

Oakley, Ann: *La mujer discriminada. Biología y sociedad*. Madrid 1977.

Offen, Karen: *Sur les origines des mots »féminisme« et »féministe«*. In: Revue d'Histoire Moderne et Contemporaine 34, 1987, S. 492–496.

Dies.: *Defining Feminism. A Comparative Historical Approach*. In: Signs 14, 1988, S. 119–157.

Dies.: *The Use and Abuse of History*. In: The Women's Review of Books VI/7, April 1989, S. 15–16.

Olney, James (Hrsg.): *Autobiography. Essays Theoretical and Critical*. Princeton 1980.

Olsen, Tillie: *Mother to Daughter, Daughter to Mother, Mothers and Mothering. A Reader and Diary*. London 1985.

Opitz, Claudia: *Hunger nach Unberührbarkeit? Jungfräulichkeitsideal und weibliche Libido im späteren Mittelalter*. In: Feministische Studien, Jg. 5, Heft 1, 1986, S. 59–75.

Ortner, Sherry und Harriet Whitehead (Hrsg.): *Sexual Meanings. The Cultural Construction of Gender and Sexuality*. Cambridge 1981.

Otero, Mercè: *Casta fuit, lanam fecit*. In: María Dolores Verdejo Sánchez (Hrsg.): La condición de la mujer a través de textos latinos. Málaga 1992, S. 125–138.

Pagels, Elaine: *The Gnostic Gospels*. New York 1979. (Deutsch: *Versuchung durch Erkenntnis. Die gnostischen Evangelien*. Frankfurt am Main 1987.)

Dies.: *Adam, Eve, and the Serpent*. New York 1988. (Deutsch: *Adam, Eva und die Schlange. Die Geschichte der Sünde*. Reinbeck 1994.)

Papa, Cristina: *Radegonda e Batilde. Modelli di santità regia femminilie nel regno merovingio*. In: Benedictina 36, 1989, S. 13–33.

Parto e maternità. Momenti della biografia femminile. In: Quaderni Storici 44, 1980.

Pateman, Carole: *The Sexual Contract*. Stanford/CA 1988.

Payer, Pierre J.: *Sex and the Penitentials. The Development of a Sexual Code 550–1150.* Toronto 1984.
Paz y Meliá, A.: *Trotula, por maestre Joan.* In: Revista de Archivos, Bibliotecas y Museos, 1987, S. 506–512.
Pereira, Michela: *Maternità e sessualità femminile nell'opera di Ildegarda di Bingen.* In: Quaderni Storici 44, 1980, S. 564–579.
Dies. (Hrsg.): *Né Eva né Maria. Condizione femminile e immagine della donna nel Medioevo.* Bologna 1981.
Dies.: *Un trattato medievale sul corpo delle donne. Il ›De secretis mulierum‹.* In: Memoria 3, 1982, S. 108–113.
Dies.: *Le visioni di Ildegarda di Bingen.* In: Memoria 5, 1982, S. 34–45.
Pérez de Tudela, María Isabel: *La mujer castellano-leonesa durante la Alta Edad Media.* Madrid 1983.
Dies.: *Acerca de la condición de la mujer castellano-leonesa en la Baja Edad Media.* In: En la España Medieval 4/2, 1984, S. 765–796.
Pérez de Urbel, Fray Justo: *El ruiseñor del claustro.* In: Ders.: Semblanzas benedictinas. II: Monjes ilustres. Madrid 1926.
Pernoud, Régine: *Jeanne d'Arc.* Paris 1959. (Deutsch: *Jeanne d'Arc. Glaube, Kraft, Vision.* München 1995.)
Pitch, Tamar: *In viaggio.* In: Memoria 3, 1982, S. 32–38.
Planté, Christine: *Femmes exceptionelles. Des Exceptions pour quelle règle?* In: Les Cahiers du GRIF 37/38, 1988, S. 91–112.
Pomeroy, Sarah B.: *Goddesses, Whores, Wives, and Slaves. Women in Classical Antiquity.* New York 1975. (Deutsch: *Frauenleben im klassischen Altertum.* Stuttgart 1985.)
Pompeia, Núria: *Maternasis.* Barcelona 1967.
Dies.: *La educación de Palmira.* Barcelona 1971.
Dies.: *Cambios y recambios.* Barcelona 1981.
Rábade, María Pilar: *La mujer en las crónicas reales castellanas del siglo XV.* In: Anuario de Estudios Medievales 17, 1987, S. 533–550.
Dies.: *El arquetipo femenino en los debates intelectuales del siglo XV castellano.* In: En la España Medieval 11, 1988, S. 261–301.
Raccontare, raccontarsi. In: Memoria 8, 1983.
Raimbault, Ginette und Caroline Eliacheff: *Les indomptables. Figures de l'anorexie.* Paris 1989, S. 13–32.
Raymond, Janice G.: *A Passion for Friends. Towards a Philosophy of Female Affection.* Boston 1986. (Deutsch: *Frauenfreundschaft. Philosophie der Zuneigung.* 2. Aufl. München 1990.)
Reiter, Rayna R. (Hrsg.): *Toward an Anthropology of Women.* New York 1975.
Resnick, I. M.: *»Risus monasticus«. Laughter and Medieval Culture.* In: Revue Bénédictine 97, 1987, S. 90–100.
Rich, Adrienne: *Of Woman Born. Motherhood as Experience and as Institution.* London 1977. (Deutsch: *Von Frauen geboren. Mutterschaft als Erfahrung und Institution.* München 1979.)
Dies.: *Compulsory Heterosexuality and Lesbian Existence.* In: Signs 5, 1980, S. 631–660.
Dies.: *On Lies, Secrets, and Silence.* Virago, London 1980.
Riché, Pierre: *Die Karolinger. Eine Familie formt Europa.* Stuttgart 1987.

Ders.: *Ecoles et enseignement dans le Haut Moyen Age.* Paris 1989.
Riley, Denise: *Am I That Name? Feminism and the Category of Women in History.* London 1988.
Rinser, Luise: *Mirjam.* 8. Aufl. Frankfurt am Main 1994.
Riot-Sarcey, Michèle, Christine Planté und Eleni Varikas: *Femmes sujets de discours, sujets de l'histoire.* In: Cahiers du GRIF 37/38, 1988, S. 21–23.
Riu, Manuel: *La pobreza y la asistencia a los pobres en la Cataluña medieval.* Barcelona 1981–1982.
Rivera, Milagros: *El dot i el Iloc de la dona a la societat medieval.* In: L'avenc 48, 1982, S. 69–73.
Dies.: *Los ritos de iniciación a la Orden Militar de Santiago.* In: Anuario de Estudios Medievales 12, 1982, S. 279–301 (Acta Historica et Archaeologica Mediaevalia 5/6, 1984–1985, S. 111–128).
Dies.: *Corrientes historiográficos en el análisis de la presencia de las mujeres en la historia.* In: Langaiak 12, 1988, S. 7–12.
Dies.: *Dret i conflictivitat social de les dones a la Catalunya pre-feudal i feudal.* In: Nash (Hrsg.) 1988, S. 53–71.
Dies.: *Las freilas y los ritos de iniciación a la Orden de Santiago en la Edad Media.* In: Quaderni Stefaniani 7, 1988, S. 19–26.
Dies.: *Las infanzonas de Aragón en la época de Jaime II.* In: Muñoz und Segura (Hrsg.) 1988, S. 43–48.
Dies.: *La historiografía de mujeres en la Europa medieval.* In: Historia Social 4, 1989, S. 137–147.
Dies.: *Religiosidad para mujeres/religiosidad para hombres. Sexo y género en el modelo monástico de Fructuoso de Braga.* In: Muñoz (Hrsg.) 1990, S. 19–30.
Dies.: *Modelos de participación de las mujeres en la vida económica bajomedieval. Le ›Livre des Trois Vertus‹ de Christine de Pizan (1364–1430).* In: Simonetta Cavaciocchi (Hrsg.): La donna nell'economia (sec. XIII–XVIII). Florenz 1990, S. 605–611.
Robinson, J. M. (Hrsg.): *The Nag Hammadi Library.* New York 1977.
Rodríguez del Padrón o de la Cámara, Juan: *Triunfo de las donas* (vor 1445). Veröffentlicht bei Colección de libros publicados por la Sociedad de Bibliófilos Españoles. Madrid 1884, Bd. 22.
Rose, Mary B. (Hrsg.): *Women in the Middle Ages and the Renaissance. Literary and Historical Perspectives.* Syracuse, New York 1986.
Rossi, L.: *Das ›Dekameron‹ und die Romantradition. Die außerordentliche Geduld der Griselda.* In: Vox romanica 44, 1985, S. 16–32.
Rossi, Rosa: *Esperienza interiore e storia nell'autobiografia di Teresa d'Avila.* Bari 1977.
Dies.: *Il castello interiore di Teresa D'Avila.* In: Memoria 8, 1983, S. 72–84.
Dies.: *Teresa de Jesús, II, La mujer y la palabra.* In: Mientras Tanto 15, 1983, S. 29–46.
Rowland, Beryl: *Medieval Woman's Guide to Health. The First English Gynecological Handbook.* Kent/OH 1981.
Rubin, Gayle: *The Traffic in Women. Notes on the Political Economy of Sex.* In: Reiter (Hrsg.) 1975, S. 156–210.
Russ, Joanna: *The Female Man.* London 1985.

Russel, Elizabeth: *A la recerca del paradìs. La utopia vista per la dona*. In: Encontre d'escriptors del Mediterrani. Valencia 1986, S. 69–75.

Dies.: *Women's Utopias and Dystopias*. In: Occasional Papers 4, University of Hull, English Department, März 1989 (ohne Seitenangabe).

Sahlins, Marshall: *Culture and Practical Reason*. Chicago 1976.

Ders.: *The Use and Abuse of Biology. An Anthropological Critique of Sociobiology*. Ann Arbor/MI 1976.

Sankovitch, Tilde A.: *French Women Writers and the Book. Myths of Access and Desire*. Syracuse/NY 1988.

Sau, Victoria: *Comportamiento psicológico de la mujer en relación con el ciclo menstrual y uno de sus más frecuentes malestares. El síndrome premenstrual*. Unveröffentlichte Doktorarbeit, Universität Barcelona, September 1989.

Schulenburg, Jane T.: *Strict Active Enclosure and Its Effects on the Female Monastic Experience (500–1000)*. In: Nichols und Shank (Hrsg.) 1984, S. 51–86.

Dies.: *The Heroics of Virginity. Brides of Christ and Sacrificial Mutilation*. In: Rose (Hrsg.) 1986, S. 29–72.

Schulte, E. van Kessel (Hrsg.): *Donne e uomini nella cultura spirituale. Women and Men in Spiritual Culture, XIV–XVII centuries*. Den Haag 1986.

Schultz, Irmgard: *Überlegungen zu einer feministischen Staatstheorie anhand von Jean Bodin (1429–1569)*. In: beiträge zur feministischen theorie und praxis 13, 1985, S. 9–22.

Schwartz, Hillel: *Never Satisfied. A Cultural History of Diets, Fantasies, and Fat*. New York 1986.

Schwarzer, Alice: *Der Kleine Unterschied und seine großen Folgen*. Frankfurt am Main 1975.

Scott, Joan W.: *Gender and the Politics of History*. New York 1988.

Segura, Cristina: *Participación de la mujer en la reproblación de Andalucía, siglos XIII y XV*. In: Nuevas perspectivas sobre la mujer. Madrid 1982, S. 61–70.

Segura Graiño, Cristina: *Las mujeres en el medioevo hispano*. Madrid 1984 (Cuadernos de Investigación Medieval 1–2).

Sellers, Susan (Hrsg.): *Writing Differences. Readings from the Seminar of Hélène Cixous*. Milton Keynes/UK 1988.

Sesso. Differenza e simbiosi. Memoria 24, 1988.

Shahar, Shulamith: *The Fourth Estate. A History of Women in the Middle Ages*. London 1983.

Shorter, Edward: *A History of Women's Bodies*. New York 1982. (Deutsch: *Der weibliche Körper als Schicksal. Zur Sozialgeschichte der Frau*. 1987.)

Singer, Charles und Dorothea: *Origini della Scuola di Salerno. Saggio di Storia della medicina*. Leipzig 1924.

Sissa, Giulia: *Le corps virginal. La virginité féminine en Grèce ancienne*. Paris 1987.

Smith, Sidonie: *A Poetics of Women's Autobiography. Marginality and the Politics of Self-Representation*. Bloomington/IN 1987.

Solente, Suzanne: *Christine de Pisan*. Paris 1969.

Specht, Edith: *Parthenogenese und Kopfgeburten. Zur Aneignung weiblicher Potenz im Klassischen Athen*. In: Feministische Studien, 5. Jg., Heft 1, 1986, S. 76–85.

Spender, Dale: *Man Made Language*. London 1980.

Dies.: *Women of Ideas (and What Men Have Done to Them)*. O.O. 1983.

Dies.: *The Writing or the Sex? Or Why You don't Have to Read Women's Writing to Know its no Good.* Oxford 1989.

Spivak, Gayatri C.: *Displacement. – Derrida and After*. Bloomington/IN 1983, S. 169–195.

Staderini, Michi: *Prostituzione e nuovo femminismo*. In: Memoria 13, 1986, S. 31–38.

Stanko, Betsy: *Intimate Intrusions. Women's Experience of Male Violence*. Boston 1989.

Stanton, Domna: *Autogynography. Is the Subject Different?* In: Dies. (Hrsg.) 1984, S. 3–20.

Dies. (Hrsg.): *The Female Autograph*. New York 1984.

Stuard, Susan M.: *Dame Trot*. In: Signs 1, 1975, S. 537–542.

Dies. (Hrsg.): *Women in Medieval Society*. Philadelphia 1976.

Dies.: *Women in Medieval History and Historiography*. Philadelphia/PA 1987.

Suleiman, Susan R. (Hrsg.): *The Female Body in Western Culture. Contemporary Perspectives*. Cambridge/MA 1986.

Tavormina, M. Teresa: *Of Maidenhood and Maternity. Liturgical Hagiography and the Medieval Ideal of Virginity*. In: The American Benedictine Review 31, 1980, S. 384–399.

Teresa de Jesús: *Castillo interior o Las Moradas*. In: Obras completas. Madrid 1970, S. 384–480.

Dies.: *Libro de la vida*. Hrsg. von Jorge García López. Barcelona 1989.

Thukydides: *Geschichte des Peloponnesischen Krieges*. Eingel. und übertragen von Georg Peter Landmann. Zürich, Stuttgart 1960, III/36 und 67, IV/48, V/32 und 116.

Thompson, E. A.: *The ›Passio S. Sabae‹ and Early Visigothic Society*. In: History 4, 1955, S. 331–338.

Trexler, R. C.: *Infanticide in Florence. New Sources and First Results*. In: The History of Childhood Quarterly 1, 1974, S. 98–116.

Trocta Salernitana: *Il ›De mulierum passionibus‹*. Übers. von Clodomiro Mancini. Genua 1962 (Scientia Veterum 31).

Trotula: *The Diseases of Women by Trotula of Salerno*. Übers. von Elizabeth Mason-Hall. Hollywood/CA 1940.

Trotula de Ruggiero: *Sulle malattie delle donne*. Übers. von Matilde Nubié und Adriana Tocco. Turin 1979.

Tubert, Sylvia: *La sexualidad femenina y su construcción imaginaria*. Madrid 1988.

Turín, Adela und Nella Bosnia: Arturo y Clementina. Barcelona 1976.

Turner, Victor und Edith Turner: *Image and Pilgrimage in Christian Culture Anthropological Perspectives*. New York 1978.

Turner, Victor: *The Forest of Symbols. Aspects of Ndembu Ritual*. Ithaca, New York 1967.

Ders.: *Dramas, Fields, and Metaphors*. Symbolic Action in Human Society. Ithaca, New York 1974.

Ders.: *The Ritual Process. Structure and Anti-Structure*. Ithaca, New York 1977. (Deutsch: *Das Ritual. Struktur und Anti-Struktur*. Frankfurt am Main, New York 1989.)

Ders.: *Social Dramas and Stories About Them.* In: W. J. T. Mitchell (Hrsg.) 1981.

Valera, Diego de: *Tratado en defensa de las virtuosas mujeres (vor 1445).* Veröffentlicht bei Colección de libros publicados por la Sociedad de Bibliófilos Españoles. Madrid 1880, Bd. 16.

Venantius Fortunatus: *Vita S. Radegundis.* In: MGH: Scriptores rerum merovingicarum, II, S. 364–377.

Ders.: Vie de Radégonde. Übers. von René Aigrain. Paris 1909.

Villena, Isabel de: *Protagonistes femenines a la ›Vita Christi‹.* Hrsg. von Rosanna Cantavella und Luïsa Parra. Barcelona 1987 (Classiques Catalanes 15).

Violi, Patrizia: *L'infinito singolare. Considerazioni sulla differenza sessuale nel linguaggio.* Verona 1986.

Visca, Danila: *Il sesso infecondo. Contraccezione, aborto e infanticidio nelle società tradizionali.* Rom 1977.

Vizmanos, Francisco de B.: *Las vírgenes cristianas de la Iglesia primitiva. Estudio histórico y antología patrística.* Madrid 1949.

Vonyoles, Teresa-Maria und Margarida González: *Els infants abandonats a les portes de l'Hospital de Barcelona (anys 1426–1439).* In: Riu (Hrsg.) 1981–1982, S. 191–285.

Vorágine, Santiago de la: *La Leyenda Dorada.* Übers. von J. M. Macías. 2 Bde., Madrid 1982, S. 982.

Wall, Kathleen: *The Callisto Myth from Ovid to Atwood. Initiation and Rape in Literature.* Montreal, Quebec 1988.

Warner, Marina: *Alone of All Her Sex. The Myth and the Cult of the Virgin Mary.* London 1981, und New York 1983. (Deutsch: *Maria. Geburt, Triumph, Niedergang und Rückkehr eines Mythos.* München 1982.)

Dies.: *Joan of Arc. The Image of Female Heroism.* London 1981 und New York 1982.

Warren, Mary Ann: *Gendercide.* Totowa/NY 1985.

Weinbaum, Batya: *El curioso noviazgo entre feminismo y socialismo.* Madrid 1984.

Wemple, Suzanne F.: *Women in Frankish Society. Marriage and the Cloister, 500 to 900.* Philadelphia 1981.

Dies.: *Sanctity and Power. The Dual Pursuit of Medieval Women.* In: Bridenthal, Koonz und Stuard (Hrsg.) 1987, S. 131–151.

Willard, Charity Cannon: *Isabel of Portugal and the French Translation of the ›Triunfo de las Doñas‹.* In: Revue Belge de Philologie et d'Histoire 43, 1965, S. 961–969.

Dies.: *Christine de Pizan. Her Life and Works.* New York 1984.

Dies.: *The Franco-Italian Professional Writer. Christine de Pizan.* In: Wilson (Hrsg.) 1984, S. 333–364.

Wilson, Katharina M. (Hrsg.): *Medieval Women Writers.* Manchester 1984.

Dies.: *The Saxon Canoness. Hrotsvit of Gandersheim.* In: Dies. (Hrsg.) 1984, S. 30–64.

Dies. (Hrsg.): *Hrotsvit of Gandersheim, Rara Avis in Saxonia?* Ann Arbor/MI 1987.

Wittig, Monique: *Les Guérrillères.* Paris 1969.

Dies.: *Le corps lesbien.* Paris 1973.

Yenal, Edith: *Christine de Pizan. A Bibliography of Writings by Her and About Her.* Metuchen/NY 1982.

Yourcenar, Margarita: *María Magdalena o la sahación.* In: Fuegos. Madrid 1983, S. 73–78.

Zerilli, Linda: *In the Beginning Rape.* In: The Women's Review of Books VI/6, März 1989, S. 16.

Zeydel, Edwin: *The Reception of Hrotsvitha by the German Humanists after 1493.* In: Journal of English and German Philology 44, 1945, S. 239–249.

Ders.: *Were Hrotsvitha's Dramas Performed During Her Lifetime?* In: Speculum 20, 1945, S. 443–456.

Ders.: *A Chronological Hrotsvitha Bibliography through 1700, with Annotations.* In: Journal of English and Germanic Philology 46, 1947, S. 290–294.

Register

(Personennamen, Orte und besprochene Texte)

Aachen 64
Abaelard 20, 161
 ›Historia calamitatum‹ 161
Abd Ar-Rahman III. 82
Adams, Parveen 74, 121–122
Aelred 59
Agnes 48, 50–51, 54–57, 60–62
Agrippina 161
 ›Memorias‹ 161
Agueda, Heilige 211
Aguilar 174
Ägypten 40, 132
Aischylos 132
Alexandrien 40
Alfons XI. 171
Alkuin 65, 81
 ›Liber de virtutibus‹ 65
Alonso de Robles, Hernán 176
Alonso 174
Amorós, Celia 147
Ampurien 64
Andreas 34
Antequera, Fernando de 175
Arabien 40
Arcana, Judith 75
 ›Every Mother's Son‹ 75
Aristoteles 29, 99, 126
 ›Über die Poetik‹ 99
Asien 41
Athen 27
Augustinus 25, 61, 160–161, 178, 197, 199
 ›Bekenntnisse‹ 160–161, 178
 ›Der Gottesstaat‹ 199
Augustus 105
Austrasien 51
Ayerbe-Chaux, Reinaldo 162, 170–171, 177

Barcelona 64–65
Barthes, Roland 167
Baudonivia 48, 51–55
 ›Vita Radegundis‹ 54
Beauvais 185

Beda 81
Bell, Rudolf 59
Benedikt, Heiliger 81
Benton, John F. 107–109, 112
Berg Nebo 39
Berg Sinai 39, 41
Berg Tabor 40
Bernhard von Clairvaux 60
 ›Spirituali amicitia‹ 60
Bernhard von Septimanien 64–65, 77
Bernhard, Sohn von Dhuoda 65
Bethlehem 40
Bithynien 40
Boccaccio, Giovanni 32–33, 47, 154–157, 185, 199
 ›Griselda‹ 156
 ›De mulieribus claris‹ 32
 ›Corbaccio‹ 157
 ›Decamerone‹ 47, 156–157
Boethius 81
Bologna 184
Boswell, John 60, 132
Bradstreet, Anne 179
 ›To My Dear Children‹ 179
Braidotti, Rosi 13, 130
Breslau 107
Brodzki, Bella 168
 ›Life/Lines‹ 168
Brown, Beverley 121–122
Brown, Judith 60
Brunhilde, Königin von Austrasien 51
Bruno, Bruder Ottos des Großen 79, 82
Bynum, Caroline W. 44–46, 57f., 210
Byron, Lord 88

Caesaria, Äbtissin von Arles 55
Caesarius von Arles 38
 ›Regula ad virgines‹ 38
Calatayud 171
Calatrava, Meister von 172

Calvi, Giulia 115
Carillo, Teresa Fernandez 173
Carillo, María García 173
Carlini, Benedetta 60
Carmona 171
Carneas 39
Carillo, Sancha 171
Castel, Etienne du 185
Cavallo Boggi, Pina 105, 112
Cavendish, Margaret 179, 200
   ›Description of a New World‹ 200
   ›True Relation‹ 179
Cavin, Susan 149, 151–153, 158
Cellini, Benvenuto 160
Celtis, Conrad 86
Cereta, Laura 33, 185
Chalzedon 40
Chaucer, Geoffrey 47, 154
Chicago, Judy 110, 112, 193
   ›The Dinner Party‹ 110, 193
Chlodwig (Chlothar), König der Franken 50, 54–55
Chodorow, Nancy 72–74
   ›The Reproduction of Mothering‹ 72–74
Christiana von Stommeln 161
Christine de Pizan 17, 21, 25, 162, 170, 182–204, 206–207, 210–213, 215
   ›Avision Christine‹ 190
   ›Chemin de Long Etude‹ 190
   ›Dit de Poissy‹ 187
   ›Ditié de Jeanne d'Arc‹ 191–192
   ›Epistre Othea‹ 189, 192
   ›La Cité des Dames‹ 21–22, 25, 182–184, 189, 191–197
   ›La Mutacion de Fortune‹ 162, 170, 185, 187, 190, 192
   ›Livre des Trois Vertus‹ 186, 193
   ›Livre du corps de policie‹ 190
   ›Tresor de la Cité des Dames‹ 193
Cicero 23
Cixous, Hélène 111, 127
Clemens Romano 30
Cluny 66
Coca (Segovia) 39
Coleman, Emily 140–144, 146, 148
Compiègne 192

Conesford (England) 167
Córdoba 82, 170, 173–175, 180
   ›Crónica de Juan II‹ 175

Daladier, Nathalie 132–133
Daly, Mary 29
Dänemark 155
Davies, Steven 34
Deleuze, Gilles 127
Denis Piramus 136
›De secretis mulierium‹ 196
Dhuoda 18, 22–24, 63–72, 75–78, 191
   ›Liber Manualis‹ 65–67, 191
Dronke, Peter 64, 67, 80, 82–83, 87–90
   ›Women Writers of the Middle Ages‹ 89
Duguesclin, Beltrán 172
Duoda vgl. Dhuoda
Dworkin, Andrea 208–211
   ›Intercourse‹ 208

Eco, Umberto 99
   ›Der Name der Rose‹ 99
Egeria 35–37, 39–43, 46–47
   ›Itinerarium‹ 39, 42
Einhard 22–23, 80, 217
   ›Vita Caroli‹ 22–23, 80
Elefantus 65
Engels, Friedrich 203
   ›Der Ursprung der Familie‹ 203
Ephesos 40–41
Erfurt 108
Eros Juliae 105–106, 110
Euripides 132
Eustochium 37–38, 81
Eva 24, 189

Febvre, Lucien 9
Fedele, Cassandra 185
Firestone, Shulamith 201
   ›The Dialectic of Sex‹ 201
Fontenay 64
Forum Romanum 31
Foucault, Michel 95, 125, 127, 129, 167
Francien 135–136
Frankenreich 22, 50, 64

Franz von Assisi 45
Freud, Sigmund 12, 77, 125–126, 128, 169, 207–209

Galeran de Beaumont 136
Galatien 40
Galen 103
Gallaecia 39
Gandersheim, Kloster von 80–81, 85, 90, 92, 100
Gennep, Arnold van 43
Gerberga II., Äbtissin 82, 90
Gerona 64
Gérson, Jean 189
Gessen 40
Gilman, Charlotte Perkins 201, 207
›Herland‹ 201, 207
Goethe, Johann W. 160
Gothien 48
Grahn, Judy 201
›Mundanes's World‹ 201
Grashof, Otto 87
Gregor I., Papst 150
Gregor von Tours 51
Grimm, Jacob 87
Griselda 47, 155, 157–158
Guglielma 183
Guibert von Nogent 161
›Vita sua‹ 161
Gutiérrez de Hinestrosa, Ruy 171
Guttentag, Marcia 149–151

Hadrian 92
Hamburg 35–36
Hameln, Glückel von 35–36
›Memoiren‹ 35–36
Haro, María de 171
Hastings 135
Heidenheim 17
Heiliges Land 36, 39
Heinrich I. von Sachsen 80
Heinrich II., König von Kastilien 172–173
Heinrich III., König von Kastilien 175
Heinrich II., König von England 136
Heloise 20

Herlihy, David 146
Hieronymus 37–39, 42
Hiersemann, Conrad 106–107
Hildegard von Bingen 17, 20, 23, 89, 110, 123–124, 161
›Liber causae et curae‹ 110, 120–123
›Subtilitates‹ 110
Hildesheim 80
Hippolyt, Heiliger 174
›Hohelied der Liebe‹ 38
Horaz 81
Hortensia 31–33
Hrotsvitha von Gandersheim 17, 19, 24, 79–100, 211, 215
›Agnes‹ 85–87, 91, 94
›Apokalypse‹ 84
›Carmen de gestis Oddonis Imperatoris‹ 85, 90
›Das Leiden‹ 85, 92, 97
›Das Martyrium‹ 85
›Die Bekehrung der Buhlerin‹ 94–95
›Die Bekehrung des Feldherrn‹ 83, 91
›Fall und Bekehrung‹ 85
›Fall und Bekehrung der Maria‹ 84, 93
›Die Geschichte von ...‹ 84
›Die Himmelfahrt‹ 85
›Die Leiden der Heiligen‹ 83
›Die Wiedererweckung der Drusiana‹ 83, 91
›Primordia Coenobii Gandersheimensis‹ 85
›Sapientia‹ 84, 92, 95–97
Hugeburc 17
›Vita Willibaldi‹ 17–18
Hugo Talbot von Cleuville 136
Huot, Silvia 199
Hurd-Mead, Kate 112

Île de France 136, 141–142, 144
Ines, Heilige 211
Irigaray, Luce 11, 111, 119, 121, 127, 129–130
›Körper-an-Körper‹ 111
›Speculum‹ 127

Isidor von Sevilla 81, 156

Jacobus, Mary 169–170
Jardine, Alice 9–10
Jericho 40
Jerusalem 39–40
Job 39
Johann II., König von Kastilien 175
Johanna von Orléans 191–192, 206, 208–211
Johannes, Evangelist 34, 41
Johannes, Heiliger 34, 41
Juan Manuel, Don 171
Juliana von Norwich 162, 166–168, 179
Justin II. 50
Justinian 61

Kain 88
Kapadokien (Kappadozien) 40
Karfanaum 40
Karl der Große 22–23, 63–64
Karl der Kahle 64–65
Karl V., König von Frankreich 185
Karl VII. 191
Katalonien 64
Katharina von Siena 57
Katharina von Lancaster 175
Kastilien 172, 175
Kathalina, Heilige 211
Kempe, Margery 162, 166–167, 179, 211
  ›The Book‹ 179
Konstantinopel 40–41
Korinth 29
Kotthoff, Helga 98–100
  ›Das Gelächter der Geschlechter‹ 99
Kraut, Georg 105
  ›Trotulae curandarum‹ 105
Kristeva, Julia 121, 216
Küchler, Walther 155–156

Lacan, Jacques 125–126
Le Guin, Ursula K. 182, 201
Leandro de Sevilla 99–100
  ›De Institutione Virginum‹ 99
Leodegar, Heiliger 140

Leonor von Aquitanien 136
Lerner, Gerda 93,131, 203
Lessing, Doris 166, 180–181
  ›Das goldene Notizbuch‹ 166
Liafburga 140
Lidwina von Schiedam 57
Lispector, Clarice 46
López de Córdoba, Leonor 160, 162, 170–181
  ›Memoiren‹ 162, 170, 177–180
López de Córdoba, Lope 172
López de Córdoba, Martin 171
Lucanus 81
Ludwig der Fromme 64
Ludwig VII., König von Frankreich 136
Ludwig von Guyenne 190

Madrid 108
Magli, Ida 49, 212
Magli, Patrizia 116–119
Magnin, Charles 81
Manfreda von Pivorano 183
Margarita von Alexandrien, Heilige 211
Margarita von Navarra 189
  ›Heptaméron‹ 189
Margarita von Nevers 190
Maria Magdalena 33, 196
Maria von Champagne 136
Maria von Meulan oder Beaumont 136
Marie de France 130, 134–139, 153, 155
  ›Fresne‹ 134–139, 153–158
  ›Milun‹ 139
Maria, Tochter von Christine de Pizan 187
›Marienevangelium‹ 33–34
Martin von Tours, Heiliger 50
Mas i Pujol, Margarida 162
  ›Exposició‹ 162
Mason, Mary G. 162, 167, 179
Mason-Hohl, Elizabeth 112
Matheolus 194
  ›Lamentationes‹ 194
Mathilde, Ehefrau von Heinrich von Sachsen 80

McNamara, Jo-Ann 47
Medea 133
Melania, die Ältere 36
Melania, die Jüngere 36
Mellor, Ann 200
Meun, Jean de 188, 217
Miles, Margaret R. 58, 62
Millett, Kate 10, 165–167, 180–181
   ›Flying‹ 165
   ›Sexual Politics‹ 10, 165
Montaigne 160
Montiel 172
Montreuil, Jean de 187
Morus, Thomas 183
   ›Utopia‹ 183
Moses 40

Nazareth 40
Newcastle, Herzog 180
Nisard, Charles 57
Nogarola, Isotta 185
Norwich 167
   ›Showings‹ 179
Notker 81
Noyon 50

Ödipus 125, 132
Opitz, Claudia 210
Orest 133
Otto I., Kaiser 80, 82, 85
Ovid 67, 81, 196
   ›Amores‹ 67

Paris 184, 186, 189, 192
Pateman, Carole 204–205
   ›The Sexual Contract‹ 204
Paula 36
Paulus Diaconus 40
Paulus von Tarsus 29, 34, 87
Pelagia 63
Pelagia, Heilige 211
Pelagius 82
Pemartín, Julián 88
Pemenia 36
Pereira, Michela 146–147
Pérez de Guzmán, Fernán 176–177
   ›Generaciones‹ 176
Pérez de Urbel, Fray Justo 87

›Semblanzas‹ 87
Perpetua 161
Perrino, Fidel 88
Peter I. von Kastilien 171–172, 175
Petrarca 154, 156, 184
Petrus, Apostel 34
›Philippevangelium‹ 33
Pippin der Kurze 85
Pitch, Tamar 35
Pizan, Jean 190
Plantagenet Gottfried 136
Poissy 186, 191
Poitiers 50, 56, 211
Provence 137
Prudentius 81

Quintilian 31
   ›Institutiones Oratoriae‹ 31

Radegunde 48, 50–57, 59–62, 71, 211
Ranke, Leopold von 27
Ratherius von Verona 80, 82
Regensburg 82–83
Rich, Adrienne 68, 72
   ›Tagebuch‹ 68
Riché, Pierre 72
Riley, Denise 13
Rom 131, 148, 193
Roussillon 64
Rosenroman 187–189, 192, 194
Rousseau, Jean-Jacques 160, 205
Rossi, Rosa 162
Rouen 192
Russ, Joanna 201
   ›The Female Man‹ 201
Russell, Elizabeth 200, 207
Rychner, Jean 156

Sabas, Heiliger 48
Sachsen 79, 92, 97
Sainte-Croix, Kloster 50
Sainte Marie 50–54, 56
Salerno 107–108
Salutati, Coluccio 185
Sankt Emmeram, Kloster 82
Santaella 174
Santiago de la Voragíne 55

›Goldene Legende‹ 55
Schenck, Celeste 168
›Schöne Annie‹ 140, 154
Schultz, Irmgard 203
Schwarzer, Alice 119
Scrovegni, Maddalena 185
Secord, Paul F. 149–151
Segovia 39, 171
Septimanien 18, 64
Sevilla 172–173
Shaftesbury 136
Sidney 204
Sigibert 51
Silvia 36
Singer, Charles 107
Singer, Dorothea 107
Smith, Sidonie 164
Sophokles 132
Spanische Mark 64–65
Sparta 27
Spender, Dale 87
St.-Germain-des-Prés 141
Staderni, Michi 95
Sudhoff, Karl 106

Tanis 40
Taurus 40
Terenz 81
Teresa de Avila 162
   ›Castillo interior‹ 162
   ›Libro de la Vida‹ 162
Thais 63
Theodosius 39
Thomas de Pizan 184–185
Thomas von Aquin 189
Thukydides 28–29
   ›Geschichte des Peloponnesischen Krieges‹ 28
Tolosa 65
Toskana 60
Treviso 50

Trocta Salernitana: siehe Trotula
Trocula: siehe Trotula
Trota: siehe Trotula
Trotula 102–116, 123, 125–129, 210, 216
   ›De mulierium passionibus‹ 102, 104, 107–110, 112–115, 128, 210, 216
   ›Trotula major‹ 104
   ›Trotula minor‹ 104
Trotula de Ruggiero: siehe Trotula
Turner, Victor 43–44

Uzès 64–65

Valerius von Bierzo 40
Venantius Fortunatus 50–54, 56–57, 59–61, 81
   ›Vita Sanctae Radegundis‹ 51
Villena, Isabel de 180
Virgil 81
Vulgata 81

Walker, Alice 93
Wibert, Mönch 20
Wilhelm der Eroberer 135
Wilhelm, Sohn von Dhuoda 18, 64–65, 68, 76
Willard, Charity C. 192
Willibald 17
Wilson, Katharina 81, 88
Wittig, Monique 201
   ›Guérrillères‹ 201
Wolf, Hans K. 105, 107, 110

Xanthipa 34

Yokaste 133

Zerilli, Linda 204–205

HISTORISCHE FORSCHUNG IM
WIENER FRAUENVERLAG/MILENA Verlag

REIHE FRAUENFORSCHUNG BAND 22

Judith JESCH
FRAUEN DER VIKINGZEIT

Übersetzt von Johann Heiss
340 Seiten, zahlreiche Abbildungen öS 298,-/DM 45,-/sfr 45,-

Die englische Historikerin hat die verstreuten Zeugnisse über
die Frauen der Vikingzeit gesammelt und die Puzzleteile aus
Archäologie, Runentexten, Zeugnissen von Kolonistinnen,
Blicken fremder Völker auf die VikingerInnen, Kunst und
Mythos zu einem spannenden Bilderbogen
des Mittelalters zusammengesetzt.

A-1080 Wien, Lange Gasse 51/10
Tel. 0222/402 59 90

Über Literatur

Albin Lesky:
Geschichte der griechischen Literatur
dtv 4595

Michael v. Albrecht:
Geschichte der römischen Literatur
dtv 4618 (2 Bände)

Reinhard Baumgart:
Deutsche Literatur der Gegenwart
Kritiken, Essays, Kommentare
dtv 4674

Barbara Becker-Cantarino:
Der lange Weg zur Mündigkeit
Frauen und Literatur
dtv 4548

Joachim Bumke:
Höfische Kultur
dtv 4442

Siegmar Döpp:
Werke Ovids
dtv 4587

Umberto Eco:
Lector in fabula
Die Mitarbeit der Interpretation in erzählenden Texten
dtv 4531

Die Grenzen der Interpretation
dtv 4644
Zwischen Autor und Text
Interpretation und Überinterpretation
dtv 4682

K.R. Eissler:
Goethe
dtv 4457 (2 Bände)

Die englische Literatur
Herausgegeben von Bernhard Fabian
Epochen – Formen – Autoren
dtv 4494 / 4495

Dieter Kartschoke:
Geschichte der deutschen Literatur im frühen Mittelalter
dtv 4551

Joachim Bumke:
Geschichte der deutschen Literatur im hohen Mittelalter
dtv 4552

Thomas Cramer:
Geschichte der deutschen Literatur im späten Mittelalter
dtv 4553

Georg Lukács:
Theorie des Romans
dtv 4624

Peter von Matt:
Liebesverrat
Die Treulosen in der Literatur
dtv 4566
Das Schicksal der Phantasie
Studien zur deutschen Literatur
dtv 4692

Martin Meyer:
Ernst Jünger
dtv 4613

Mario Praz:
Liebe, Tod und Teufel
Die schwarze Romantik
dtv 4375

Theodore Ziolkowski:
Das Amt der Poeten
Die deutsche Romantik und ihre Institutionen
dtv 4631

Geschichte der deutschen Literatur im Mittelalter

Dieter Kartschoke:
Geschichte
der deutschen
Literatur
im frühen Mittelalter

dtv

Joachim Bumke:
Geschichte
der deutschen
Literatur
im hohen Mittelalter

dtv

Thomas Cramer:
Geschichte
der deutschen
Literatur
im späten Mittelalter

dtv

Dieter Kartschoke:
Geschichte der
deutschen Literatur
im frühen Mittelalter
Originalausgabe
dtv 4551

Joachim Bumke:
Geschichte der
deutschen Literatur
im hohen Mittelalter
Originalausgabe
dtv 4552

Thomas Cramer:
Geschichte der
deutschen Literatur
im späten Mittelalter
Originalausgabe
dtv 4553

Das reichhaltige moderne Studienwerk für alle, die an der Literatur- und Kulturgeschichte des deutschen Mittelalters interessiert sind. Vor dem Hintergrund der politischen, sozialen und kulturellen Verhältnisse werden die literarischen Strömungen, Formen und Gattungen sowie die Dichter und Schriftsteller mit ihren Werken und ihrem Publikum ausgiebig geschildert.

Der Begriff Literatur ist sehr weit gefaßt – er reicht von Zaubersprüchen und einfachen Liedern über die reiche Lyrik und die großen Epen, Bibelübersetzungen, Predigten und Mysterienspielen bis zu Legenden und Viten und zu Städtechroniken, Rechts- und Naturbüchern. Es ist die Literatur aus acht Jahrhunderten, von den ersten, oft fragmentarisch überlieferten althochdeutschen Zeugnissen bis zu den Schriften der Humanisten Erasmus und Melanchthon.

Lebendiges Mittelalter

Joachim Bumke:
Höfische Kultur
Literatur und
Gesellschaft im
hohen Mittelalter
dtv 4442

Umberto Eco:
**Kunst und
Schönheit im
Mittelalter**
dtv 4603

Heinrich Fichtenau:
**Lebensordnungen
des 10. Jahrhunderts**
Studien über
Denkart und
Existenz im einstigen
Karolingerreich
dtv 4577

Karl August Fink:
**Papsttum und
Kirche im
abendländischen
Mittelalter**
dtv 4619

Ferdinand
Gregorovius:
**Geschichte der Stadt
Rom im Mittelalter**
Vollständige
Ausgabe in 7 Bänden
Herausgegeben von
Waldemar Kampf
dtv 5960

Karl Jordan:
Heinrich der Löwe
dtv 4601

Ernst H.
Kantorowicz:
**Die zwei Körper des
Königs**
dtv 4465

**Lebendiges
Mittelalter**
Ein Lesebuch
Hrsg. v.
Brigitte Hellmann
dtv 4669

Richard Kieckhefer:
**Magie im
Mittelalter**
dtv 4651

Jacques Le Goff:
**Die Intellektuellen
im Mittelalter**
dtv 4581

Norbert Ohler:
**Reisen im
Mittelalter**
dtv 30057
**Sterben und Tod im
Mittelalter**
dtv 30383

Pierre Riché:
Die Karolinger
dtv 4559

Steven Runciman:
**Geschichte der
Kreuzzüge**
dtv 4670

Ferdinand Seibt:
Karl IV.
Ein Kaiser in Europa
dtv 4641

Karl-Ferdinand
Werner:
**Die Ursprünge
Frankreichs bis zum
Jahr 1000**
dtv 4653